高等职业教育“十二五”规划教材

21世纪高职高专规划教材

（物流类）

物流仓储与配送实务

主　编　周晓杰

副主编　侯秋琚

参　编　孟　洁　李　兵　董　黎　郭美娜

张晶南　贾铁刚　陈　馨　吴　鹏

机械工业出版社

本书在借鉴与吸收国内外物流管理理论和最新研究成果的基础上，结合我国物流发展与职业教育现状，以仓储和配送管理为核心，系统介绍物流仓储管理的基本理论、库场规划和仓储设备、仓储作业管理及操作、库存控制与管理方法、特种物品与仓储安全质量管理、仓储保税制度、现代信息技术在仓储中的应用、物流配送管理、配送中心、配送中心选址与规划、配送运作管理和电子商务与物流配送。

本书注重实用、观念新，内容丰富、适用性强，结合高职高专教育的特点，突出实用性和操作性。本书具有广泛的适用性，既可以作为高职高专及成人教育物流管理专业、交通运输专业、国际贸易专业的专业课教材，也可以作为仓储配送与物流专业人员的岗位培训教材或参考书。

为方便教学，本书配备电子课件等教学资源。凡选用本书作为教材的教师均可登录机械工业出版社教育服务网www.cmpedu.com注册后免费下载。如有问题请致信 cmpgaozhi@sina.com，或致电 010-88379375 联系营销人员。

图书在版编目（CIP）数据

物流仓储与配送实务/周晓杰主编. —北京：机械工业出版社，2011.1（2016.1重印）
高等职业教育“十二五”规划教材
21世纪高职高专规划教材. 物流类
ISBN 978-7-111-33161-2

Ⅰ.①物… Ⅱ.①周… Ⅲ.①物流-仓库管理-高等学校：技术学校-教材②物流-配送中心-企业管理-高等学校：技术学校-教材 Ⅳ.①F253

中国版本图书馆CIP数据核字（2011）第010866号

机械工业出版社（北京市百万庄大街22号 邮政编码100037）
策划编辑：余茂祚 责任编辑：赵志鹏 孟 铮
版式设计：张世琴 责任校对：任秀丽
封面设计：赵颖喆 责任印制：乔 宇
北京京丰印刷厂印刷
2016年1月第1版·第2次印刷
169mm×239mm·15.75印张·304千字
4 001—5 500册
标准书号：ISBN 978-7-111-33161-2
定价：28.00元

凡购本书，如有缺页、倒页、脱页，由本社发行部调换
电话服务
服务咨询热线：010-88379833
读者购书热线：010-88379649
网络服务
机 工 官 网：www.cmpbook.com
机 工 官 博：weibo.com/cmp1952
教育服务网：www.cmpedu.com
金 书 网：www.golden-book.com

21世纪高职高专规划教材
编 委 会 名 单

前　言

物流仓储与配送管理是一门理论与实务相结合的综合性学科，随着现代物流业的发展，仓储与配送管理逐渐在物流管理中处于核心地位，已成为供应链管理的核心环节。本书系统地介绍了物流和配送的基础知识，阐述了仓储业务流程和配送中心管理过程，侧重于仓储与配送流程、作业环节、操作要点的讲解与训练。本书注重实用、观念新，内容丰富、适用性强，结合高职高专教育的特点，突出实用性和可操作性。

本书由辽宁轨道交通职业学院周晓杰任主编，辽宁机电职业技术学院侯秋琚任副主编，辽东学院孟洁，沈阳铁路机械学校李兵，包头铁道职业技术学院董黎、吴鹏，上海市交通学校陈馨，大连职业技术学院郭美娜，沈阳市金融学校张晶南、贾铁刚参加编写。具体分工如下：周晓杰（第3章、第4章）、侯秋琚（第5章、第8章、第12章）、孟洁（第9章、第11章）、李兵（第1章）、董黎（第6章）、张晶南（第2章）、贾铁刚（第7章）、郭美娜（第10章）、陈馨、吴鹏（第11章）。本书在编写过程中，借鉴并参考了大量的书籍、文献，引用了许多专家学者的观点以及研究成果，在此，诚挚地向他们表示衷心的感谢！由于编写时间仓促以及编者水平有限，书中难免存在疏漏，恳请广大读者和有关专家批评指正，提出宝贵意见，以便进一步修订完善。

本书具有广泛的适用性，既可以作为高职高专及成人教育物流管理专业、交通运输专业、国际贸易专业的专业课教材，也可以作为仓储配送与物流专业人员的岗位培训教材或参考书。

编　者

目　录

第1章　物流仓储管理概述

【本章学习目标】

了解仓储的概念和发展，掌握仓储的功能及任务，掌握仓储管理的目标、任务、原则与要求，了解仓储在现代物流中的意义与作用。

1.1　仓储概述

1.1.1　仓储的概念

1. 仓储概念　所谓仓储，即通过仓库对暂时不用的物品进行保护、管理、贮藏以备使用。“仓”也称为仓库，是专门用来存放物品的建筑物或场地，可以是房屋建筑、大型容器、洞穴，也可以是其他特定的场地等。“储”即保护、管理、储藏物品。

仓储活动是社会化大分工和商品交换的产物。在社会分工和专业化生产条件下，为保持社会再生产过程的顺利进行，必须储存一定量的物资，以满足一定时期内社会生产和消费的需要。如何妥善地解决生产与消费或供给与需求的时空差异，是物流系统中仓储环节所要解决的问题，当产品不能被即时消耗掉，需要暂时存放在专门的场所时就产生了静态的仓储；而将物品存入仓库以及对存放在仓库中的物品进行保管、控制、提供使用等的管理则形成了动态仓储。

2. 仓储的产生和发展　储存是伴随着剩余产品的产生而出现的。原始社会末期，当某个人或某个部落的生产出现了暂时的自给有余时，储备便产生了，但是这时的储备规模小、数量少。随着生产力的发展，相继出现了人类历史上的三次社会大分工，促使手工业从农业中分离出来。工业革命后，商品储备逐渐从附属于某部门、某企业的状况，分离为一个独立的行业——仓储业。我国的近代仓储业起源于商品流通领域。近代中国的商业性仓库称之为“堆栈”，即堆存和保管物品的场所，我国工商业发展较快的东南沿海地区和沿江地区的堆栈业较发达。新中国成立以后，政府对私营仓库进行了公私合营，建立并发展为新中国的仓储业。随着现代科学技术和生产力的进一步发展，仓库已由过去单纯的作为储存、保管商品的场所，逐步向商品配送服务中心发展。随着现代物流的发展，现代仓储必然朝着社会化、专业化、标准化、机械化、自动化的方向发展。

1.1.2　仓储的任务

仓储的基本任务是存储保管、存期控制、数量管理以及质量维护。同时提供增值服务也是仓储的主要任务。

（1）存储保管　存储是最基本的仓储任务，存储是指在一定的场所，将物品收存并进行妥善保管，确保被存储的物品不受损害。存储的目的是确保存储物的价值不受损害，保管人的主要义务就是妥善保管好存储物。

（2）存期控制　物品的存储可能是长期行为，也可能只是短期行为。仓储好比“蓄水池”，当交易不顺畅时，将物品储存与保管，等待有利的交易机会。存期控制的任务主要是对物品确定储存时机、计划存放时间、选择储存地点。

（3）数量管理　仓储的数量管理包括两个方面。一是存货人交付保管的物品数量和提取的物品数量必须一致；二是保管人根据存货人的要求分批收货和分批出货，严格控制存储的数量，随时向存货人提供存货数量，以便存货人控制。

（4）质量管理　根据收货时物品的质量交还仓储物是保管人的基本义务。为了保证仓储物的质量不发生变化，保管人需要采取先进的技术、合理的保管措施，妥善保管仓储物。仓储物发生危险时，保管人不仅要及时通知存货人，还需要及时采取有效的措施减少损失。

（5）流通加工　在库物品的流通加工是生产过程的一种补充加工，即对在库物品根据需要施加包装、分割、计量、分拣、刷唛头、拴标签以及组装等简单作业，以提高物流速度和物品的利用率以及物品附加值，提供增值服务。

1.1.3　仓储的作用

在社会生产与生活中，由于生产与消费的节奏的不一致，商品在流通过程中的储存和滞留就成了必然。如何在生产与消费或供给与需求的时间差中，妥善地保持物品的完好性，仓储发挥了极其重要的作用。

1. 保证社会再生产的顺利进行

（1）克服生产与消费在地理上的分离　从空间角度讲，社会生产与消费的矛盾主要表现在生产与消费在地理上的分离。随着社会生产的发展，物品的生产者逐渐与消费者分离，生产的规模越大越集中，越需要寻求更大的市场，就必须依靠运输把产品运送到其他市场上销售。生产的社会化决定了生产与消费的矛盾不是逐渐缩小而是逐渐扩大。生产过程所需的原材料、燃料、辅助材料和半成品的合理储备，可以防止因缺货造成的生产停顿，保证及时供应，满足生产的需要。

（2）衔接生产与消费在时间上的背离　物品的生产和消费之间，有一定的时间间隔，在物品从生产过程进入到消费过程之前，不能被即时消费的大多数物品，都需要停留一定的时间，需要用仓储手段进行储存。例如，有的物品是季节生产、常年消费；有的物品是常年生产、季节消费；也有的物品是季节生产、季节消费，或是常年生产、常年消费。

（3）调节生产与消费在方式上的差别　社会生产的专业化程度越高，一个工厂生产的产品品种就越少，但数量却很大。相反，消费者却要求更广泛的品种和更多样化的商品。仓储就是在这样一个复杂的过程中，把生产和消费联系起来，在品种和数量上不断进行调整。

2. 保持物品原有使用价值　物品在消费之前必须保持其使用价值，否则将会被废弃，但由于其本身的性质以及自然的、社会的、技术的因素，都可能使物品的使用价值在数量上减少，在质量上降低。因此，在仓储过程中必须进行科学管理，加强对物品的养护，采取合适的养护措施，防止因损坏而丧失价值，保持处于暂时停滞状态的物品的使用价值。

3. 降低物流成本、提高经济效益　在仓储过程中，为了保证物品的使用价值在时空上的顺利转移，必然要消耗一定的物化劳动和活劳动。而做好仓储管理，就可以减少在仓储过程中的物质耗损和劳动消耗，加速物品的流通和资金的周转，从而节省费用支出，降低物流成本，开拓“第三方利润源”，提高经济效益。

4. 优化物品流通　物品流通过程中许多环节属于仓储，所消耗和占用的人力、物力、财力多，受自然的、社会的各种因素影响大，组织管理工作有很强的经济性。因此，仓储活动直接影响到物品流通工作的质量。

1.2　仓储管理概述

1.2.1　仓储管理的概念与目标

1. 仓储管理概念　仓储管理就是对仓库及仓库内的物品所进行的管理，是仓储机构为了充分利用自己所具有的仓储资源提供高效的仓储服务所进行的计划、组织、控制和协调的过程。具体来说，仓储管理包括仓储资源的获得、经营决策、商务管理、作业管理、仓储保管、安全管理、人事劳动管理和经济管理等一系列管理工作。

2. 仓储管理的目标　从供应链一体化的角度来看，仓储管理不仅是对仓储业务活动与作业过程的管理，而且包括仓储的战略规划和以仓库定位为中心的物流网络设计与物流节点布局。其目标是实现储存合理化，合理储存的实质是在保证储存功能实现的前提下的尽可能少的投入。

（1）质量标志　物品的使用价值只有通过物流才能得以最终实现，而保证被储存物的质量，是完成储存功能的根本要求。

（2）数量标志　在保证存储功能实现的前提下有一个合理的数量范围。仓储管理的科学化和合理化程度，决定着仓储管理中的物品数量。

（3）时间标志　在保证存储功能实现的前提下寻求一个合理的储存时间，储存量越大消耗速率越慢，则储存的时间必然长，相反则必然短。在具体衡量时往往用周转速度指标来反映时间标志，如周转天数、周转次数等。在总时间一定的前提下，个别被储物的储存时间也能反映储存的合理程度。

(4) 结构标志　储存的合理性可以从被储存物不同品种、不同规格、不同花色储存数量的比例关系上对其进行判断，尤其是从相关性很强的各种物品之间的比例关系上更能反映储存合理与否。由于这些物品之间的相关性很强，只要有一种物品出现耗尽，即使其他种物品仍有一定数量，也会无法投入使用。所以，不合理的结构的影响面并不仅局限在某一种物品身上，而是有着扩展性的。

(5) 费用标志　仓租费、维护费、保管费、损失费以及资金占用利息支出等，都能从实际费用上判断出储存的合理与否。

1.2.2　仓储管理的任务与原则

1. 仓储管理的任务

(1) 利用市场经济的手段获得最大的仓储资源配置　根据市场供求关系确定仓储的建设，依据竞争优势选择仓储地址，以生产差别商品决定仓储专业化分工和确定仓储功能，以确定的功能决定仓储布局，根据设备利用率决定设备配置等。

(2) 以高效率为原则组织管理机构　仓储组织机构的设置以实现仓储经营的最终目标为原则，建立结构简单、分工明确、互相合作和互相促进的管理机构和管理队伍。充分发挥人的作用实现团体的力量。

(3) 以不断满足社会需要为原则开展商务活动　商务工作是仓储对外的经济联系，包括市场定位、市场营销、交易和合同关系、客户服务、争议处理等。仓储商务是经营性仓储生存和发展的关键工作，是经营收入和仓储资源充分利用的保证。仓储管理必须最大限度地提供仓储物品，满足市场需要。

(4) 以高效率、低成本为原则组织仓储生产　仓储生产包括货物入库、储存、出库作业，仓储物验收、理货交接，在仓储期间的保管照料、质量维护、安全防护等。仓储生产的组织遵循高效、低耗的原则，充分利用机械设备、先进的保管技术、有效的管理手段，实现仓储快进、快出，提高仓储利用率，降低成本，不发生差、损、错事故，保持连续、稳定的生产。

(5) 从技术到精神领域提高员工素质　仓储管理的一项重要工作就是不断提高员工的素质，根据企业形象建设的需要加强对员工的约束和激励。在仓储管理中重视员工的地位，在信赖中约束、在激励中规范，使员工能人尽其才，形成热爱企业、积极向上的精神面貌。

2. 仓储管理的原则

(1) 保证质量原则　仓储管理中的一切活动，都必须以保证在库物品的质量为中心。因此，为了完成仓储管理的基本任务，仓储活动中的各项作业必须有质量标准，并严格按标准进行作业。

（2）注重效率原则　仓储的效率表现在仓容利用率、货物周转率、进出库时间、装卸车时间等指标上，表现为“快进、快出、多存储、保管好”的高效率仓储。仓储效率的提高关系到整个物流系统的效率和成本。

（3）确保安全原则　仓储活动的不安全因素，有的来自库存物品，有的来自装卸搬运作业过程；还有的来自人为破坏。因此一定要贯彻执行“安全第一，预防为主”的安全生产方针。

（4）重视服务原则　仓储管理就是围绕着服务定位开展的关于如何提供服务、改善服务、提高服务质量的管理，仓储的服务水平与仓储经营成本有着密切的相关性，仓储服务管理就是要在降低成本和提高服务水平之间保持平衡。

（5）讲求效益原则　仓储过程中所消费的物化劳动和活劳动的补偿是由社会必要劳动时间决定的，为实现一定的经济效益目标，必须要以最少的人、财、物的消耗，及时准确地完成最多的储存任务。

1.2.3　仓储管理模式的选择

仓储管理模式是库存保管的方法和措施的总和。选择适当的仓储管理模式，既可以保证企业的资源供应，又可有效地控制仓储成本。

1. 按仓储活动的运作方分类　仓储管理模式按仓储活动的运作方分为自建仓库仓储、租赁仓库仓储和第三方仓储。

（1）自建仓库仓储　自建仓库仓储是指企业自己修建仓库进行仓储。自建仓库仓储可以加强仓储控制能力，提高管理灵活性，降低仓储长期成本，树立企业良好形象。但是却长期占用企业资金，并且存在位置和结构的局限性。

（2）租赁仓库仓储　租赁仓库仓储就是委托营业型仓库进行仓储管理。租赁仓库仓储可以降低企业的资本投资，灵活地满足企业的额外库存需求，减少管理的难度，实现规模经济，降低仓储成本，提高企业经营活动的柔性。但同时也增加了企业控制库存的难度和风险，在租赁仓库中泄露有关商业机密的风险也比自建仓库大得多。

（3）第三方仓储　第三方仓储是指企业将仓储管理等物流活动转包给外部公司，由外部公司为企业提供综合物流服务。它不同于一般的租赁仓库仓储，不仅仅提供存储服务，而且还可以为货主提供一整套物流服务。第三方仓储有利于企业有效利用资源，扩大市场，进行新市场的测试，也有利于企业降低运输成本。但也会产生对物流活动失去直接控制的问题。

总之，自建仓库仓储、租赁仓库仓储和第三方仓储各有优势，企业决策的依据是物流的总成本最低。企业可以根据各个区域市场的具体情况，分别采用不同的仓储管理模式。

2. 按库存所有权分类　仓储管理模式按库存所有权可以划分为寄售和供应商管理库存等。

（1）寄售　寄售（Consignment）是指供应商将物品直接存放在用户的仓库中，并拥有库存的所有权，用户只在领用这些物品后才与供应商进行货款的结算。这种仓储管理模式是企业实现“零库存资金占用”的一种有效方式，其实质是供应商实现产成品库存实物零库存，而产成品库存资金占用不为“零”，用户实现的是库存原材料或存货商品资金占用为“零”，而实物不为“零”。从供应商方面看，寄售的优点是有利于节省供应商在物品库存方面的仓库建设投资和日常仓储管理方面的投入，大大降低物品的仓储成本；从用户方面来看，寄售有利于保证原材料或存货物品的及时供应而又不占用资金，可以大大节约采购成本。

（2）供应商管理库存　供应商管理库存（Vendor Managed Inventory，VMI）是由供应商等上游企业基于其下游客户的生产经营、库存信息，对下游客户的库存进行管理与控制（中华人民共和国国家标准《物流术语 GB/T 18354—2001》）。供应商管理库存通常可以理解为企业的原材料库存由供应商进行管理，当企业需要时再运送过来。在这种模式下选择一个稳定、可靠、高效的供应商是将仓储管理安全转移给供应商的必要保证。

1.3　现代物流与仓储

1.3.1　现代物流的本质

现代物流是将原本分散的运输、储存、搬运、包装、流通加工、配送、信息处理等要素有机结合的产物，是一体化物流。

1. 现代物流以实现客户满意为第一目标　满足客户需要是市场经济条件下一切企业经营活动的出发点。在现代物流中，在物流体系的基本建设上，要求物流网络、信息系统、作业系统和组织结构等的设立必须围绕客户需要这一基本出发点。

2. 现代物流贯穿整个社会再生产过程　现代物流不仅包括生产和流通过程，还包括消费过程。从零售商到最终消费者的末端物流，已成为某些物流企业的目标市场。现代物流不仅关注供应商→制造商→分销商→零售商→用户的正向物流，也关注回收物流、废弃物物流、退货物流等逆向物流。

3. 现代物流的对象除了物品还包括服务和信息　现代物流的对象，早已超越了实物商品，而是扩大到了服务及其相关信息。

4. 现代物流是效率和效果的统一　现代物流的效率表现在以最低的物流成本满足客户的多样化的需求，效果通过物流的速度、准时性、差异化等反映出来。而效率与效果之间存在诸如运输速度与运输费用、服务水平与库存水平、标准化与差异化的矛盾，现代物流则是针对客户的不同偏好或优先顺序，提供不同的物流战略，以求得效率与效果的统一。

5. 现代物流实现了对商品、服务及相关信息的一体化管理　现代物流是从供应商开始到最终用户的整个流通过程发生的商品实体运动及相关服务的一体化过程。现代物流正是系统管理思想与物流实践和理论相结合的产物。

1.3.2　现代物流对传统仓储业的整合

现代物流发展迅速，物流基础设施建设也有了很大的提高，但我国仓储业发展明显滞后，仓库的低水平建设与管理依然存在，仓储技术发展不平衡，现代化程度低，大部分仓库设施陈旧落后。不少仓库仍处在人工作业的原始状态；人抬、肩扛，工作效率低下，物品在仓库中滞留的时间过长或因保管不善而破损、霉变、损失严重，增大了物流成本。现代化、专业化仓库的比例明显偏低，不适应现代物流的要求。由于经营管理水平低，大部分仓储企业处于亏损状态，竞争力较弱。因此，我国仓储业的经营方式必须顺应我国经济和现代物流的发展趋势而发展。

1. 传统仓储企业面临的挑战

（1）客户需求发生了重大变化　传统仓储企业的客户主要有两类：一是制造企业；二是批发与零售企业。从传统的流通渠道角度来看，商流是从制造商经批发、零售商至消费者的流动，与之相对应的物流则是从制造商经储运企业或储运部门至批发、零售企业再到消费者的流动。现在，消费市场客户需求已从少品种、大批量、少批次、长周期转变为多品种、小批量、多批次和短周期。为适应客户需求的这一重大变化，商品流通渠道发生了大规模重组，带动了物流渠道的重组，在物流领域出现了物流中心、配送中心，为客户提供物流、配送服务，传统仓储所提供的简单的储存、运输、包装等服务在物流渠道的重组中逐渐被集成化、系列化、增值化的现代物流和配送服务所取代。

（2）仓储企业存在着管理体制、经营管理机制等方面的困境　近年来，我国仓储企业虽从狭隘的部门管理走向新时期的供应链管理，但在由部门管理向供应链管理转变的过程中，新型的仓储管理机制还没有健全，新的体制尚未理顺，行业协会的服务、协调作用还很有限。由于仓储管理涉及铁路、民航、交通、内外经贸、农业、部队后勤等部门，如何促进仓储业的联合经营和管理，存在着不同的系统和部门之间的协调和统一管理的问题。同时，工业企业自有分销体系和直销系统的建立，产品品种的增多及供应商的增加，会使仓储企业由于效率低、服务不灵活、分销能力差的缺点而不适应现代供应链快速反应的要求，致使配合厂商的促销活动提供适当的库存控制、配送及其他物流增值服务等问题更加突出。

2. 传统仓储企业向现代物流的转变

（1）第三方物流　我国传统的仓储企业正在加快向第三方物流转变。我国内地将有更多传统的仓储企业加快向第三方物流转变，利用自己的优势，扩大客户群，提升市场竞争力。另外，我国一些企业的仓储或储运部门由于缺乏竞争力，其仓储需求除了向自建、合建的仓储公司释放外，今后也将会更多地向专业仓储公司释放，特别是外商独资与中外合资企业，将首先释放仓储需求。

（2）扩展服务范围　我国加入 WTO 以后，更多的境外企业进入了我国内地，我国内地与世界经济的联系越来越紧密，同时仓储物流市场的竞争也日趋激烈。单纯的仓储服务将逐渐转向全程服务，服务的对象将细分，延伸服务受到青睐。我国内地的仓储企业要积极改变传统的功能单一、服务粗放的经营模式，加快更新改造，积极向集仓储、运输、包装、配送、信息、流通加工等物流功能的现代化物流中心转变，为社会提供高质量、高效率、低成本、专业化的物流服务。仓储企业要根据自身特点，确立在整个物流服务体系中的重要地位和作用，以此为目标进行相应的改革和重组，并与同行业企业建立良好的合作关系，以实现资源的充分利用和有效配置。

（3）仓储管理系统的广泛应用　由于市场环境的变化和现代管理理念的不断更新，一个企业能否实现良性运营，最关键的一点就是管理人员在最短的时间内掌握现场的变化，并进行准确的判断和采取快速的应对措施。因此，高效率、信息化、现代化的仓储管理系统的应用已经势在必行，尤其是在企业采用 JIT 准时制（Just in Time）、快速反应（Quick Response，QR）、自动补货模式（Continuous Replenishment Program，CRP）等战略时，这一形势就更为明显。

（4）供应商管理库存　供应商管理库存是一种以用户和供应商都获得最低成本为目的，在共同协议下由供应商管理库存，并不断监督协议执行情况和修正协议内容，使库存管理得到持续改进的合作性策略，是一种新的、有代表性的库存管理方法。未来 VMI 的发展趋势为集中模式，即供应商、第三方物流企业、用户企业组成一个虚拟团队，由第三方物流企业作为供应商和用户企业的中介，负责接受供应商的指令协调运输、存货、补货、对产品进行检验等。在此模式下，VMI 实际上起到了整合供应链的作用，不仅能整合资源、降低成本，而且能起到提高服务水平、降低风险的作用。因此，有第三方物流企业参与的 VMI 集中模式将会成为未来库存管理的一种发展趋势，基于 VMI 的仓储管理系统也将会得到进一步的研究和完善。

（5）扩张、并购、重组　我国内地的仓储企业大多规模小、实力弱、能力低，在与国际大型仓储公司的市场竞争处于不利地位。因此，内地的中小型物流企业，有一部分将利用国内的网络及设施，人才、资本和成本低等的本土优势，与国内外大型物流企业建立战略合作伙伴关系，改变传统的区域点阵式企业组织，通过各种合作方式，建立起跨地区的物流组织体系，形成全国性或地区性甚至全球性的物流企业集团；一部分企业将可能被大型物流企业收购、兼并，成为大型跨国物流企业的配套企业，成为供应链的重要组成部分；还有一部分企业将进行战略性重组和改造，充分发挥其专业化、规模化优势，建立信息管理系统，将仓储服务与工商企业的生产和销售紧密融合，强化服务意识，完善服务功能，提供真正的仓储管理及其配套服务，从而向综合物流企业发展。最终形成经营主体、投资主体的多元化，物流服务形式的多样化，拥有雄厚的资金、先进的技术和设备、先进的管理理念与经验以及全球性服务网络的跨国综合仓储企业。

案例分析 1

从沃尔玛零售业成功的物流模式看现代物流的发展趋势

1. 物流企业的竞争发展——全球化　全球性规模经营的力度加大，对配送中心的要求也随之增高。沃尔玛自己的物流系统不仅仅局限于美国国内，而要求它跨国与全球性的发展。从沃尔玛在中国入世之后进入中国的步伐和在世界范围内的发展规模来看，全球化是世界经济发展的必然趋势。根据中国加入 WTO 协议，国外物流公司可以独资在中国开展业务。同时，物流业的市场准入也得到金融服务业、基础电信服务业和专业服务市场的支持，这必然大大推动现代物流业的发展，从而在全世界范围内配置和整合物流资源，大大降低物流成本。

2. 现代物流发展的关键——信息化　沃尔玛的全球采购战略、配送系统、商品管理、电子数据系统、天天平价战略在商业界都是可圈可点的经典案例。沃尔玛所有的成功都是建立在利用信息技术整合优势资源、信息技术战略与零售业整合的基础之上。全世界零售业的同行都知道沃尔玛的信息系统是最先进的，其主要特点是投入大、功能全、速度快、智能化和全球联网。信息化是现代物流的基础，现代物流是一个系统工程，它所肩负的使命是用物流成本与物流服务水平来衡量的，要求更低的成本，更快的反应速度，更高的服务水平。要充分开发物流这一“第三利润源泉”，实现物流现代化，就必须把信息化作为发展现代物流的主要方向。物流公共信息平台的建立与成功运转将大大提高我国物流企业的现代化水平。

3. 现代物流企业降低成本的必由之路——一体化　沃尔玛的物流系统给出了我们又一个重要启示：物流系统优化是其降低供应链运营总成本的最显著商机所在。所谓物流资源整合是将原本相互联系却被分割开来进行管理的各种物流活动，重新整合为一个整体，如包装、保管、运输、仓储等原本是一些相互联系紧密的活动。

4. 总结　物流是由许多要素组成的社会大系统，系统功能的发挥依赖于各个要素的整合和一体化，也需要不同距离的各个组成部分之间的信息传递、联接和协调。随着经济全球化进程的加快，物流系统和物流企业也面临着全球化的竞争趋势。

（资料来源：科技创业月刊 2004 年第 12 期　作者：刘亚丽　武汉大学商学院）

思考题：

1. 沃尔玛物流的成功之处在哪里？

2. 现代物流发展趋势是什么？

思考与练习

1. 什么是仓储？在现代物流中具有哪些功能？
2. 简述仓储的重要意义。
3. 储存合理化的标志是什么？
4. 仓储管理的任务是什么？
5. 现代仓储业如何向现代物流转变？

第 2 章　库场规划和仓储设备

【本章学习目标】

了解仓库的概念、功能，仓库规划的意义，仓库的结构，自动化立体仓库的概念及类型；掌握仓库的分类，仓库规划过程中应考虑的因素、原则及内容，仓库结构及布局，堆场管理，立体仓库的功能、构成及使用条件，仓储设备中的货架、托盘叉车等内容。

能够正确运用仓储规划原则进行基础性的仓储规划，能够根据库房结构正确划分库房的作业区域，根据仓储设备特点和仓库情况选用合适的仓储设备。

2.1　仓库的功能及分类

2.1.1　仓库的概念与功能

1. 仓库的概念　仓库是保管、存储物品的建筑物和场所的总称。仓库的概念可以理解为是用来存放物品包括商品、生产资料、工具或其他财产，及对其数量和价值进行保管的场所或建筑物等设施，还包括用于防止减少或损伤物品而进行作业的土地或水面。从社会经济活动看，无论生产领域，还是流通领域都离不开仓库。

2. 仓库的功能　仓库的功能看起来只有存储，就是暂时存放物品，但实际上还有许多其他功能。下面我们分别介绍仓库在存储货物、维护加工、运输中转、信息传递、客户服务等方面的功能。

（1）存储货物　存储货物是仓库最基本的功能。

1）库存。由于物料需求预测的不确定性，企业必须持有一定的安全库存。不满足需求就有可能导致收入减少，更坏的是会影响企业在客户中的信誉。同样，对提供季节性商品的企业会在销售季节后存留大量货物，不得不将存货放在仓库中。

2）保护物品。仓库配有安全系统，避免了物料在仓库中丢失、烧毁、雨淋及浸泡或其他气候的影响。

3）隔离危险与污染源。避免危险品存放在生产工厂。因为在仓库里不进行生产操作，所以它是隔离危险物与污染源的最理想的地方。

（2）维护加工　仓库在仓储物品的同时，无论从管理责任还是经济利益上考虑，都需要防止仓储物品发生不正常的变化，这就需要仓库对仓储物品进行维护、护养，确保仓储物品的品质不变。由于流通加工的发展，物品在仓储阶段处于停滞状态，是开展加工的最佳时机，不影响仓储物流通的速度。仓库不仅具备储存、保管货物的设备，而且还增加了分袋、配套、捆装、流通加工、移动等设施。这样，既扩大了仓库的经营范围，提高了物品的综合利用率，又方便了消费者，提高了服务质量。

（3）运输中转　一方面，从时间上，仓库起到存储货物的作用；另一方面，从空间上，仓库在整合运输、分发货物等方面也发挥着重要的作用。这也是传统仓储向物流中心发展的功能。

1）整合。整合是将同一企业不同生产地点生产的产品或不同企业的产品集中起来，运送到一个客户那里，利用批量运输的优势，降低成本，通常是周期库存，周期一般是每周或每月。一般情况下，供应商与客户的距离较大，而批量不是很大，这样，在供应商与仓库之间可以采用运输成本较高，但发运速度也较快的零担货运方式。而在仓库与客户之间可以采用运输成本较低的整车运输方式。这种方式要求仓库距离供应商较近。如图 2-1 所示。

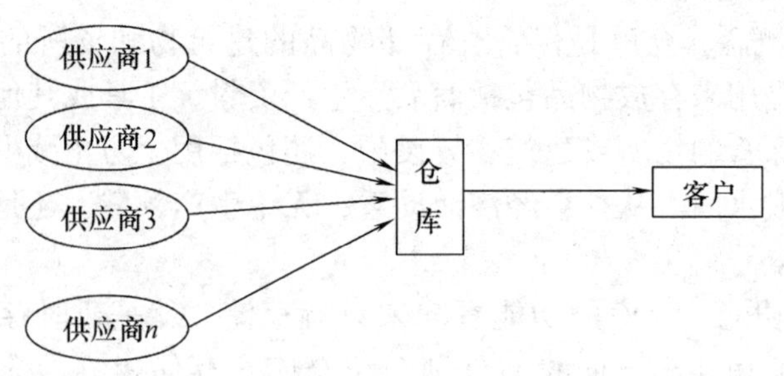

图 2-1　仓库在运输整合中的作用

2）分发。分发的过程与整合相反，是从供应商那里将物品以整车发运的方式运到仓库存储、中转，再从仓库分发到不同客户那里。在这种方式中，与整合发运不同，仓库距离客户较近。如图 2-2 所示。

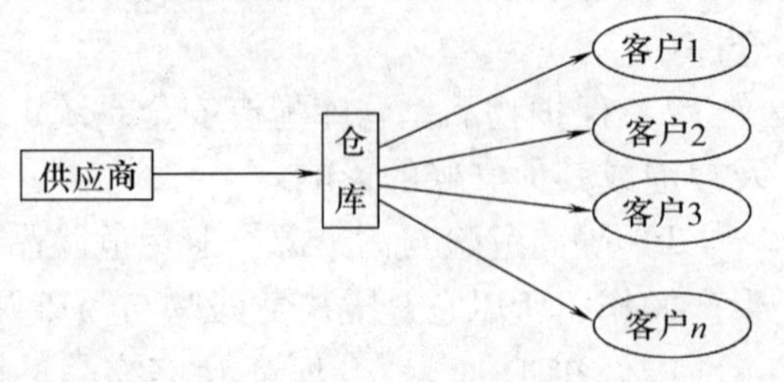

图 2-2　仓库在运输分发中的作用

3）交叉发运。交叉发运是指在物流配送中心，将来自各供应商的物品按客户订货的要求进行分拣装车，并按客户规定的数量与时间要求进行送货。在交叉发运的情况下，仓库仅是一个具有分拣装运功能的配送中心，有利于缩短交货周期、减少库存、提高库存周转率，从而节约成本。如图 2-3 所示。

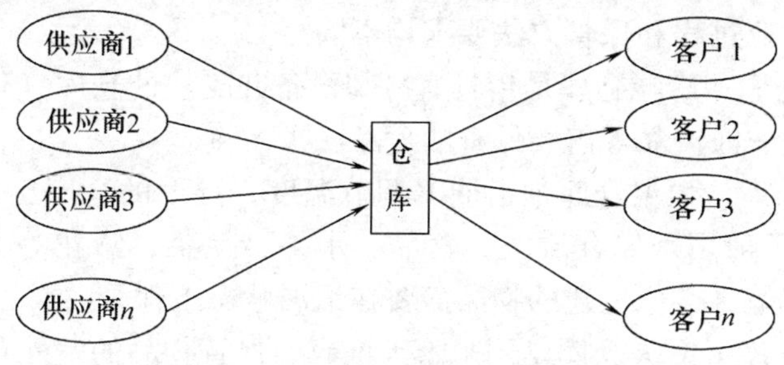

图 2-3　仓库在交叉发运中的作用

（4）信息传递　仓库是物流的节点，物品入库和出库都需要经过仔细的检查与核对，并需要完整的记录，因而仓库信息是物品的最为准确的信息，也是动态物流中最为准确的信息。存货人对仓储物品的数量管理有赖于仓库的统计和盘点，并由仓库提供。仓库是物流信息的最重要的组成环节。目前，在仓库的信息传递方面，越来越多的企业依赖于计算机和互联网。例如，许多企业通过电子数据交换系统（Electronic Data Interchange，EDI）或条码技术来提高仓库物品的信息传递速度的准确性，通过互联网（Internet）来及时了解仓库的使用情况和物品的存储情况。

（5）响应客户需求　一个仓库就可以成为一个客户服务设施，可以更换破损或过期的货物，进行市场调查，甚至提供售后服务。

2.1.2　仓库的分类

1. 根据营运形态分类

（1）营业仓库　营业仓库是仓库经营者根据相关法律取得营业资格的仓库。是面向社会服务的或以一个部门的物流业务为主，兼营其他部门的物流业务如商业、物资、外贸等系统的储运公司的仓库等。营业仓库由仓库所有人独立经营或者由分工的仓库管理部门独立核算经营。

（2）自用仓库　自用仓库是各生产或流通企业，为了本企业物流业务的需要而修建的附属仓库。这类仓库只储存本企业的原材料、燃料、产品或商品，一般工厂、企业、商店的仓库以及部队的后勤仓库，都属于这一类。

（3）公用仓库　公用仓库属于公共服务的配套设施，为社会物流服务的公共仓库，如火车站的货场、港口码头仓库、公路货运站仓库等。其特点是公共、公益性强，面向各行各业及千家万户。其功能比较单一，仓库结构相对简单。

2. 根据保管形态分类

（1）普通仓库　普通仓库是指常温下的一般仓库。用于存放一般性物品，对于仓库没有特殊的要求，只要求具有一般通用的库房和堆场，用于存放普通物品，如一般的金属材料仓库和机电产品仓库等。仓库设施较为简单，但储藏的物品种类繁杂，作业过程和保管方法要求均不同。

（2）冷藏仓库　冷藏仓库是指具有冷却设备并隔热的仓库（10℃以下）。主要用来储存肉类、海产品等需要保鲜的食品。

（3）恒温仓库　恒温仓库是指能够调节温度、湿度的仓库（温度大致在10～20℃之间）。一般用来储存罐头、食品、水果、蔬菜、鲜花等物品。在寒冷、酷热的地区和季节，类似上述的物品需要在恒温状态下保管。

（4）露天仓库　露天仓库是用来露天堆码、保管物品的室外仓库。

（5）储藏仓库　储藏仓库是保管散粒谷物、粉体的仓库，以筒仓为代表。

（6）危险品仓库　危险品仓库是用来专门储存（如燃油、炸药、烟花爆竹、化学药品和天然气等）易燃、易爆物品的仓库。为了防止意外，一般都将危险品仓库设在远离人群的偏僻地带。

（7）水上仓库　水上仓库是漂浮在水面上的储藏货物的泵船、囤船、浮驳或其他水上建筑，如把木材保管在划定水面的室外仓库里。

3. 根据功能分类

（1）储存仓库　储存仓库主要对物品进行保管，以解决生产和消费的不均衡，如季节生产的大米储存到第二年出售；常年生产的化肥，要想在春、秋季节集中供应，只有通过仓储来解决。

（2）流通仓库　流通仓库除了具有保管功能外，还能进行流通加工、装配、简单加工、包装、理货以及运输工具中转等。具有周转快、高附加值、时间性强的特点，从而减少在连接生产和消费的流通过程中商品因停滞而花费的费用。

（3）专用仓库　专用仓库是保管钢铁、粮食等某些特定货物的仓库。

（4）保税仓库　保税仓库是指经海关批准，在海关监管下，专供存放未办理关税手续而入境或过境货物的场所。也就是说，保税仓库是获得海关许可的能长期储存外国货物的本国国土上的仓库。同样，保税货场是获得海关许可的能装卸或搬运外国货物并暂时存放的场所。

4. 按建筑形式分类

（1）平房仓库　平房仓库一般只有一层建筑，不设楼梯，有效高度不超过6米，构造简单，全部仓储作业都在一个层面上进行，方便物品在仓库内装卸和搬运，各种设备（如通风、供水、供电）的安排和维护比较方便，而且仓库地面能承受较重的货物的堆放。

（2）楼房仓库　楼房仓库是指在二层以上建筑的仓库。上下楼的物品运送依靠垂直输送设备（如电梯或倾斜带式输送机等）。楼房仓库比平房仓库占地面积小，在土地价格昂贵的国家比较多见。而且，楼房仓库可以适用于不同的使用要求，如办公室与库房可以分别使用不同的楼面；分层的仓库结构将库区自然分开，这有助于仓库的安全和防火等。

（3）地下仓库　利用山洞或修建在地下的仓库，具有恒温、密闭的优点。

2.2　仓库规划与布局

2.2.1　仓库规划

1. 仓库使用规划的意义　为了有效利用仓库，提高仓库的存货能力和周转货物的速度，使仓库的作业有条不紊地进行，必须对仓库进行合理的使用规划，进行分区分类、专业化分工、储存和作业划分，提高仓库的效率和能力，促进仓库效率的提高。仓库使用规划就是为了方便作业、提高库场利用率和作业效率、提高货物保管质量，依据专业化、规范化、效率化的原则对仓库的使用进行分工和分区，而确定货位安排、作业路线布局。合理地使用仓库，可以实现仓库的高效率并促使效益提高。仓库使用规划体现了实际的仓库设施特征和储存产品的运动。

2. 仓库规划过程中应考虑的因素

（1）与仓库类型相适应　分析库房所在的仓库的类型，明确库房定位、规模，综合考虑储存物品的类别、安全性质、仓储经营的特点、吞吐量大小及合理的作业流程，并制订出与仓库类型相适应的库房内部规划。

（2）与周边环境相适应　仓库的规划应该在总体规划中综合考虑，防止一些资源的不必要的闲置和浪费。同时，库房的位置要合理，要按照作业的连续性和比例合理性确定库房的位置以及内部各功能区的分布。

（3）整体性、合理性、前瞻性　库房总体规划是一个整体工程，要考虑到企业自身的规模，不能一味求大、求好。从宏观上综合各种因素，兼顾企业和库房未来的发展计划和要求，制订合理的库房规划，具有一定的前瞻性。

（4）符合安全、卫生要求　仓库是集中储存大量物品的场所。为避免重大损失，仓库的防火、防盗安全措施非常重要。多数物品还要求防水、防潮、防风吹日晒、防尘，库房要为物品的保管创造适宜的环境和良好的条件。另外，对于特殊物品，如放射性物质，要注意防辐射；有毒气体和物品，工作人员在工作中要避免中毒；食品、调料品等物品，在保管过程中要注意符合国家相关的卫生检疫规定。

3. 仓库使用规划的原则

（1）仓库专业化　分工和专业化是现代社会大生产的标志，分工和专业化促进了生产力的发展，提高了社会劳动生产率，为社会创造了巨大的财富。仓库生产作业的分工和专业化是必不可少的，仓库管理同样需要分工和专业化。分工和专业化的意义在于：可以有针对性地进行设备、场地的建设，为实现机械化、自动化创造了条件，会大大提高作业效率和改善作业条件；促使管理和作业人员熟练地掌握专业和特定的技术、知识，提高效率和工作质量；有利于建立准确的定额、指标等管理体系，便于考查、评判优劣，鼓励先进鞭策落后，便于明确责任；有利于降低仓储成本，减少损耗，提高经济效益和企业竞争力。仓库的专业化分工是依据库场存放和作业的物品的种类、流向、数量以及库场的结构、位置来确定的。对于只储存单一货种的专业仓库，其库场必然是单一货种的专业化存储和作业。而对于综合性质仓库，为了开展专业化分工，将库场进行专业化分区段，不同的区段只承担某类物品和一种流向物品的存储和作业，实现局部的专业化分工。

（2）效率化　除了通过专业化分工提高仓库的管理质量外，仓库规划的重要目的是实现高效率的仓库管理和使仓库作业能高效率地进行，实现货物周转速度的提高，减少压仓压库的现象，特别是中转型仓库，高效率的周转是仓库的生命。对任何仓库来说，快捷的货物进出、方便的作业、高效率的作业速度都受到送货人、提货人的欢迎的。稳定的仓库规划，使仓位的使用固定化，方便员工熟悉和实现快速的货物查询。

（3）充分利用仓容　仓库使用规划是在现有仓库的基础上所进行的规划，要根据现有仓库的场地特性、设备条件、针对仓储的物品种类，合理地进行规划，使仓库的每一个空间都可以得到充分的利用。作业便捷的货位用于周转量大的物品仓储，而不便操作的货位用于保管长期存放的物品。作业线路的合理化，不仅要实现作业的快捷，还要使作业线路最少地占用仓库面积，提高存货空间。分散或集中作业都能满足仓储作业的需要，但对于不同的仓储物、不同的作业方式，对空间使用会有极大的差别，应根据仓储作业的需要划分作业区。向高处发展是提高仓库使用空间的有效手段，在仓储使用规划时应尽可能地利用高度。

（4）从企业管理的原则进行规划　企业在生产单位和机构设定上要遵循以任务为目标、专业分工、管理幅度和管理层次合理的原则。将此原则运用到仓库管理之中，则会出现以专业分区，管理幅度划分仓库区间的仓库分段、分片的仓库管理。通过合适的管理幅度的划分，使得人员管理到位、责任明确，员工激励和监督能有效进行，保证仓库管理有条不紊，员工的劳动业绩得以准确的反映，便于考核，避免作业交叉、管理重叠或出现真空地带。随着信息技术的广泛应用，管理信息和管理手段的改进，会使管理幅度增大，管理趋向于集中。

4. 仓库规划的内容

（1）确定库房总体布局　根据库房作业和管理的需要，应对整个库房的所有设施、设备、人员进行规划，确定保管区、收发货区、通道、墙间距、办公区等的分布，并对各类设备、各种仓储商品、库房内各方位进行编号和区分，便于商品的快速查找和作业正常有序地进行。

（2）划分库房内作业区　对所在库房的作业区，依据专业化的原则进行作业区细分。按照仓储物品的物化特性、作业要求的不同，划分为不同的作业区，如电视机制造企业库房可分为电阻区、集成电路区、电容区、印制品区、大件区和小件区等。

（3）安排货位　为了实现库房安全管理和提高仓库的使用效率，应将库房划分出一定的货位，并对货位进行编号；确定库房内的作业通道，保证每一个货位都能与通道相通，方便人员、设备通行及作业效率的提高，并确定仓库作业流程、出入口和运送方向。

（4）确定库房的主要经济指标　这些指标包括库房主要设备利用率、库房吞吐储存能力、库存周转率和储存能力利用率等。

（5）制订库房管理制度　按照员工的管理幅度，确定班、组人员管理范围，确定库房工作岗位和岗位责任。

（6）规划库房的未来发展　包括库房的未来规模的可扩张性，以及库房机械化水平的发展目标和技术改造方向，如库房的机械化和自动化水平等。

2.2.2　仓库结构

仓库的结构对于实现仓库的功能起着很重要的作用。因此，仓库的结构设计应作如下两大方面的考虑。

1. 库房的建筑结构

（1）平房建筑和多层建筑　仓库的结构，从出入库作业的合理化方面看，尽可能采用平房结构，这样一来，储存物品就不必上下移动，因为利用电梯将储存物品从一个楼层搬到下一个楼层费时费力，而且电梯往往也是产品流转中的一个瓶颈设备，因为有许多材料搬运机械通常都会竞相利用数量有限的电梯，影响仓库作业效率。即使采用倾斜输送机也流量有限。但是在城区内，尤其是在商业中心地区，那里的土地有限且昂贵，为了充分利用土地，采用多层建筑成为最佳的经济选择。在采用多层仓库时，要特别重视对物品上下楼的通道建设。如果是周转量大的流通仓库，则二层采用立交斜路方式，车辆可直接行驶到二层仓库，二层同时也是可以进行收货、验货、保管的场所，而一层则可作为笨重物品保管和配货、大型车辆装卸的场所。

（2）库房出入口和通道　作为载货汽车和库房的出入口，要求宽度和高度的最低限度必须达到4m。作为铲车的出入口，则宽度和高度必须达到2.5～3.5m。通常库房出入口采用卷帘或铁门。库房内的通道是保证库内作业的顺畅的基本条件，通道应延伸到每一个货位，使每一个货位都可以直接进行作业，通道需要路面平整和平直，减少转弯和交叉。作业大型卡车入库的通道应大于3m。

（3）立柱　库房内的立柱，是出入库作业的障碍，会导致保管效率低下，因而立柱应尽可能减少。一般仓库的立柱间隔，因考虑出入库作业的效率，以汽车或托盘的尺寸为基准，通常以7m的间隔较适当。它适合2台大型货车的宽度（2.5m×2）或3台小型载货车（1.7m×3）的作业间隔；采取托盘存货或作业的，因托盘的种类和规格不同，以适合放标准托盘6个为间隔，如采用标准托盘的间隔略大于7.2m（1.2m×6）。平房建筑的仓库，拓宽立柱间隔较为容易，可以实现较大的立柱间距。而钢骨架建筑的仓库可不要立柱。

（4）顶棚的高度　由于实现了仓库的机械化、自动化，因此现在对仓库顶棚的高度也提出了很高的要求。叉车的标准提升高度是3m，而使用多段式高门架的时候，要达到6m。另外从托盘装载物品的高度看，包括托盘的厚度在内，密度大且不稳定的物品，通常以1.2m为标准，密度小而稳定的货物，通常以1.6m为准。以其倍数（层数）来看，1.2m×4=4.8m，1.6m×3=4.8m，因此，仓库的顶棚高度最低应该是5~6m。

（5）地面　地面的承载能力必须根据具体承载物品的种类或堆码高度来确定。通常，普通仓库1m^2地面承载力为3t，流通仓库的地面承载力，则必须保证重型叉车作业的足够受力。关于地面的形式，有低地面和高地面两种。为了防止雨水流入仓库，低地面式的地面比基础地面高出20~30cm，而且由于叉车的结构特点，出入口是较平稳的坡度。高地面式的高度要与用于出入库的车厢的高度相符合。通常，大型载货车（5t以上）为1.2~1.3m，小型载货车（3.5t以下）为0.7~1.0m，铁路货车站台为1.6m。一般情况下，在经营原材料和半成品的仓库，因为载重汽车直接出入库的效率较高，所以低地面式较为有利。而流通型仓库，因为在库内分货、配货，并根据物品的不同，采取不同的存放方式，有些就陈列在柜台。因此，高出地面的台式地面较为适合。

（6）库窗　库窗用于仓库的采光和通风，因此，窗户的形状、尺寸、位置和数量应能保证库内采光和通风的需要，而且要求开闭方便，关闭严密。库窗主要有高窗、天窗、地窗三种形式，为了防盗、防雨，一般采用高窗和天窗。

（7）站台与雨篷　库房外的站台便于装卸和车辆进出仓库。站台平面应与车厢地面和仓库地面平齐，但一般要比库外地面高出1.1m左右。站台宽度根据库内流动机械的回转半径确定，一般为6~8m。站台围绕库房四周构筑。雨篷主要是防止商品进出仓库时被雨雪浸淋。其宽度一般大于站台2~4.5m。

2. 库房的平面结构　库房内墙所包围的面积（如有立柱应减去立柱所占面积）称为可使用面积。可使用面积包括作业区、存储区和其他区域。

（1）作业区　作业区是指库房内进行仓储作业的区域。按在作业区内进行的作业的不同，可以相应地划分为收货区、检验区、分拣区、配送区和发货区等。收货区为准备入库的物品暂存之用。检验区用于对欲入库的物品进行检验，完成核对凭证和物品数量、质量检验等。分拣区是用来完成物品的分拣归类的区域。出库的物品在配送区完成打包、装箱、堆垛等作业。记录送货单之后，送入发货区等待发运出库。

（2）存储区　存储区是进行物品储存的主要场所，是库房的主体部分，主要有货架等储存设备。

（3）其他区域　包括作业通道和墙间距等区域。

（4）办公区　办公区是库房管理人员办公场所，可设在库内也可设在库外。但最好设在库外，使库房能存放更多的商品。

2.2.3　仓库布局

1. 仓库总体布局

（1）仓库总体布局的原则与功能要求　仓库总体布局是指在一定区域或库区内，对仓库的数量、设施、道路等各要素进行科学规划和整体设计，仓库的布局应满足以下原则与功能要求：

1）仓库布局的原则

①尽可能采用单层设备，这样造价低，资产的平均利用率也高。

②使物品在出入库时单向和直线运动，避免逆向操作和大幅度变向的低效率运作。

③采用高效的物料搬运设备及操作流程。

④在仓库里采用有效的存储计划。

⑤在物料搬运设备大小、类型、转弯半径的限制下，尽量减少通道所占用的空间。

⑥尽量利用仓库的高度，也就是说有效地利用仓库的容积。

2）仓库的功能要求

①仓库位置应便于物品的入库、装卸和提取，库内区域划分明确、布局合理。

②集装箱物品仓库与零担物品仓库尽可能分开设置，库内物品应按发送、中转、到达物品分区存放，并分线设置货位，以防商务事故的发生；要尽量减少物品在库内的搬运距离，避免任何迂回运输，并要最大限度地利用空间。

③有利于提高装卸机械的装卸效率，满足先进装卸工艺和设备的工作要求。

④仓库应配置必要的安全、消防设施，以保证安全生产。

⑤仓库货门的设置，即要考虑集装箱和货车集中到达时的同时装卸作业要求，又要考虑由于增设货门而造成堆存面积的损失。

（2）仓库的总体构成　一个仓库通常由生产作业区、辅助生产区和行政生活区三大部分组成。如图 2-4 所示。

1）生产作业区。它是仓库的主体部分，是物品储运活动的场所，主要包括储货区、铁路专用线、道路和装卸台等。

储货区是储存保管的场所。具体分为库房、货棚和货场。货场不仅可存放物品，同时还起着货位的周转、调剂和作业作用。铁路专用线、道路是库内外的物品运输通道，物品的进出库、库内物品的搬运，都通过这些运输线路。专用线应与库内其他道路相通，保证畅通。装卸站台是供火车或汽车装卸物品的平台，有单独站台和库边站台两种，其高度和宽度应根据运输工具和作业方式而定。

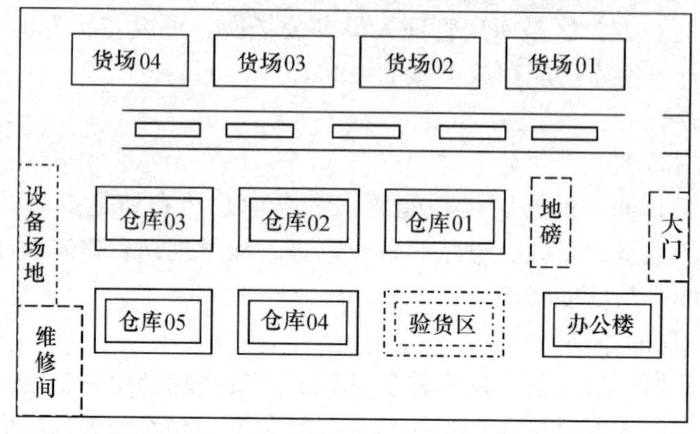

图 2-4　仓库总体布局示意图

2）辅助生产区。辅助生产区是为物品储运保管工作服务的辅助车间或服务站，包括车库、变电室、油库和维修车间等。

3）行政生活区。行政生活区是仓库行政管理机构和生活区域。一般设在仓库入口附近，便于业务接洽和管理。行政生活区与生产作业区应分开，并保持一定距离，以保证仓库的安全及行政办公人员生活的安静。

2. 仓库货区布置

（1）仓库货区布置的基本思路

1）根据物品特性分区、分类储存，将特性相近的物品集中存放。

2）将单位体积大、质量大的物品存放在货架底层，并且靠近出库区和通道。

3）将周转率高的物品存放在进出库装卸、搬运最便捷的位置。

4）将同一供应商或者同一客户的物品集中存放，以便于进行分拣配货作业。当仓库作业过程中出现某种物品物流量大、搬运距离远的情况时，则说明仓库的货位布局是不合理的。

（2）仓库货区规划应注意的问题

1）仓库货区要与经营现场靠近，通道顺畅。

2）每个仓库有相应的进仓门和出仓门，并有仓库名标牌。

3）仓库办公室尽可能设置在仓库货区附近，并有仓库名标示牌。

4）测定安全存量、理想最低存量或定额存量，并有标示牌。

5）按存储容器的规格、楼面载重承受能力和叠放的限制高度将仓库货区划分为若干货位，并用油漆或美纹胶在地面标明仓位名、通道和通道走向。

6）仓库货区内要留有必要的待验区、待处理区、隔离区（包括废次品存放区）、物料暂存区和发货区等。

7）仓库货区设计必须将安全因素考虑在内，须明确规定消防器材所在位置、消防通道和消防门的位置及救生措施等。

8）每个仓库的进口处，须张贴仓库平面图，表明该仓库所在的地理位置、周边环境、仓库货区的货位、仓库入口、各类通道、窗和电梯等。如图 2-5 所示。

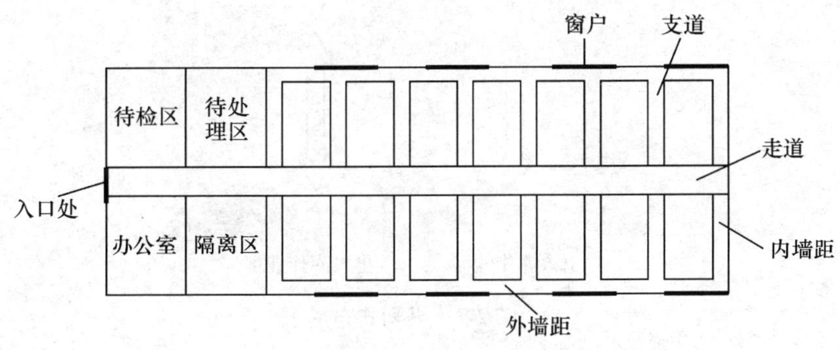

图 2-5　库区平面布置

（3）货区布置形式　货区布置形式既要提高仓库平面和空间利用率，又要提高物品保管质量，方便进出库作业，从而降低物品的仓储处置成本。

1）仓库平面布置。仓库平面布置是指对货区内的货垛、通道、垛间（架间）距、收发货区等进行合理的规划，并正确处理它们的相对位置。主要依据库存各类物品在仓库中的作业成本，按成本高低分为 A、B、C 类，A 类物品作业量大，应占据作业最有利的货位，B 类次之，C 类再次之。仓库平面布置的形式有垂直式布置和倾斜式布置两种。

①垂直式布置。货垛或货架前排列与仓库的侧墙互相垂直或平行，具体包括横列式布局、纵列式布局和纵横式布局。

横列式布局是指货垛或货架的长度方向与仓库的侧墙互相垂直。其主要优点：主通道长且宽，副通道短，整齐美观，便于存取盘点，如果用于库房布局，还有利于通风和采光。如图 2-6 所示。

纵列式布局是指货垛或货架的长度方向与仓库侧墙平行。其主要优点：可以根据库存物品在库时间的不同和进出频率程度安排货位；在库时间短、进出频繁的物品放置在主通道两侧；在库时间长、进出不频繁的物品放置在里侧。如图 2-7 所示。

图 2-6　横列式布局

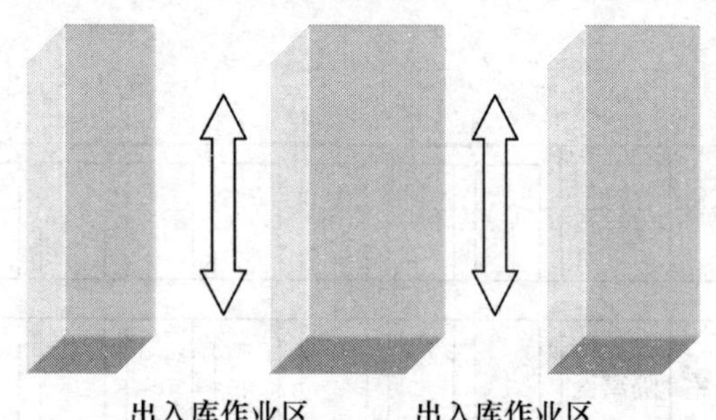

图 2-7　纵列式布局

纵横式布局是指在同一保管场所内，横列式布局和纵列式布局兼而有之，可以综合利用两种布局的优点。如图 2-8 所示。

图 2-8　纵横式布局

②倾斜式布置。倾斜式布置指货垛或货架与仓库侧墙或主通道成 60°、45°或 30°夹角。具体包括货垛（架）倾斜式布局和通道倾斜式布局。

货垛倾斜式布局是横列式布局的变形，它是为了便于叉车作业、缩小叉车的回转角度、提高作业效率而采用的布局方式。如图 2-9 所示。

图 2-9　货垛倾斜式布局

通道倾斜式布局。通道倾斜式布局是指仓库的通道斜穿保管区，把仓库划分为具有不同作业特点的区域，如大量储存和少量储存的保管区等，以便进行综合利用。在这种布局形式下，仓库内形式复杂，货位和进出库路径较多。如图 2-10 所示。

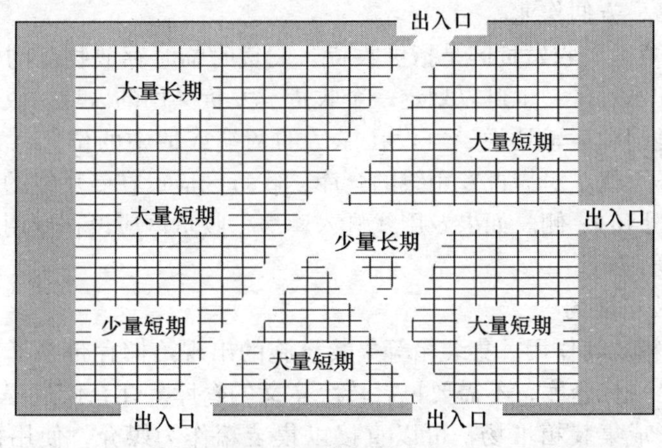

图 2-10　通道倾斜式布局

2）仓库空间布置。也称为仓库内部竖向布局，是指库存物品在仓库立体空间上布局，其目的在于充分有效地利用仓库空间。其形式主要有就地堆码，利用托盘、集装箱堆码，上货架、架上平台存放和空中悬挂。

（4）库内非保管场所的布置　应尽量扩大保管面积，缩小非保管面积。非保管面积包括通道、墙间距、收发货区等。

1）通道。库房内的通道分为运输通道（走道）、作业通道（走道）和检查通道。

①运输通道供装卸搬运设备在库内行走，其宽度主要取决于装卸搬运设备的外形尺寸和单元装卸的大小。运输通道的宽度一般为 1.5～3m。

②作业通道是供作业人员存取搬运物品的行走通道。其宽度取决于作业方式和货物的大小。当通道内只有一人作业时，其宽度的计算公式为

$$a = b + l + 2c$$

式中 a——作业通道的宽度；

b——作业人员身体的厚度；

l——货物的最大长度；

c——作业人员任务余量。

如果使用手动叉车进入作业通道作业，则通道宽度应视手动叉车的宽度和作业特点而定。一般情况下，作业通道的宽度为1m左右。

③检查通道是供仓库管理人员检查库存物品的数量及质量而行走的通道，其宽度只要能使检查人员自由通过即可，一般为0.5m左右。

2）墙间距。一方面是使货垛和货架与库墙保持一定距离，避免物品受潮，同时也可作为检查通道和作业通道。墙间距一般宽度为0.5m左右，当兼做作业通道时，其宽度须增加一倍。墙间距兼做作业通道是比较有利的，它可以使库内通道形成网络，方便作业。

3）收发货区。收发货区是指供收货、发货时临时存放物品的作业场地，可分为收货区和发货区，也可以划定一个收货、发货共用的区域。收发货区的位置应靠近库房进门和运输通道，可设在库房的两端或适中的位置，并要考虑到收货、发货互不干扰。对靠近专用线的仓库，收货区应设在专用线的一侧，发货区应设在靠近公路的一侧。如果专用线进入库房，收货区应设在专用线两侧。

3. 堆场管理

（1）集装箱堆场

1）集装箱及其作用。集装箱等集装设施的出现给储存带来了新的观念。集装箱本身便是一栋仓库，不需要再有传统意义的仓库。在仓储过程中，以集装箱存放物品，形成集装箱堆场，可以直接以集装箱作为媒介，使用机械装卸、搬运。可以从一种运输工具直接方便地换装到另一种运输工具，或从发货方的仓库经由海、陆、空等不同运输方式，无需开箱检验，也无需接触或移动箱内物品，直接运到收货人的仓库，省去了入库、验收、清点、堆垛、保管、出库等一系列储存作业。这样不仅装卸快、效率高，而且最大限度地减少了在仓储与装卸搬运过程中对各种物品的损伤，并且，在某种程度上还可以减少包装费用。因而，对改变传统储存作业有很重要的意义，是储运合理化的一种有效方式。集装箱的种类很多，最典型的是普通集装箱，还有笼式集装箱、罐式集装箱、台架式集装箱、平台集装箱、折叠式集装箱等，许多种类的集装箱和相应的托盘在形态上区别并不大，但尺寸相差较大。

集装箱的主要特点是“集小为大”，而这种集小为大是按标准化、通用化要求进行的。这就使中、小件散杂物品以一定规模单元进入运输流通领域，形成了规模优势。集装的效果实际上是这种规模优势的效果。

2）集装箱堆场布局结构。集装箱堆场是堆存和保管集装箱的场所。根据集装箱堆存量的大小，堆场可分为混合型和专用型两种形式。专用型堆场是根据集装箱货运站的生产工艺转箱、周转箱和维修箱等的生产工艺操作和不同的功能要求，并尽可能缩短运送距离，避免交叉作业，便于标准便捷地取放所需集装箱，以利于管理。

①合理的集装箱堆场布局应符合下列原则：

a. 中转箱区应布置在便于集装箱能顺利地由一辆车直接换装到另一辆车的交通方便处。

b. 周转和维修箱区应布置在作业区外围，靠近维修车间一侧，以便于运送和维修，减少对正常作业的干扰。

c. 合理布置箱位。合理布置箱位是指要充分利用堆场面积，又要留足运输通道和装卸作业区及箱与箱之间的距离，做到安全方便。

d. 合理利用与选择装卸机械和起重运输设备。除保证作业机械进出场区畅通和足够的作业半径外，应尽量减少机械设备的行走距离，提高设备利用率。

e. 场区内要有一定坡度，以利于排水。

f. 堆场场地必须耐用，应根据堆场层数进行设计与处理。

②集装箱堆场设计时应考虑的因素

a. 人力资源。由于采用集装箱堆存可以减少许多拆箱、倒箱工作，给进出堆场的装卸作业也带来了许多便利条件，降低了劳动强度，因此，可以比其他形式的堆场在人员数量上有较大的缩减。

b. 土地使用。由于港口运输的需要，集装箱堆场通常设置在港口、码头附近，占用港口场地的费用是任何内陆地点都不能相比的，况且现在对土地改良和对污染物联合治理的要求越来越高。值得一提的是，地皮和场地一直都是仓库系统设计中财务分析的最重要的组成部分。因此，尽管集装箱堆场较一般的内陆仓库具有很多优势，但是，在实际集装箱堆场的设计中应尽可能减少堆场的占地面积，以节省占地费用。

c. 单位操作和堆存成本。单位操作和堆存的真实成本很难精确地计算出，特别是在最佳操作的评估、堆场的管理作业、进出堆场的复合操作以及物品的损坏和变质等都很难精确计算。但在设计集装箱堆场时还应该尽量充分地考虑各方面因素。

③集装箱堆场的设计目标。在设计集装箱堆场时，考虑上述三个要素的同时，还应该尽量达到下面三项目标：

a. 服务的精确性。由于集装箱存放物品无需拆箱，所以，箱内物品的质量和数量完全靠物品证件以及其他相关单据来证明，同时在分类堆存时也完全依据证件及其单据进行分类，应尽量做到在集装箱堆场的存放与管理过程中认真细致，力求达到服务的精确性。

b. 单位堆存和流转速度。操作要求尽可能快，要与堆存区所要求的服务水平相适应。由于要尽量减少堆场的占地面积，所以在设计集装箱堆场及选取存放堆垛方式的过程中，要尽量增大单位堆存，同时尽量缩短保管时间，加快集装箱的流转速度，尽可能充分地发挥集装箱的优越性。

c. 旺季储存能力。这与前面的因素有关。有一条经验，系统设计者应该满足一定时期内95%的库存需求。这个时期可以是一个月或一年，依据服务类型来确定。最后的5%通常要花费巨大的代价才能满足。在集装箱码头中，泊位利用率是服务的一个重要因素，所以，及时抓住储运旺季，充分发挥集装箱堆场的优势，最大限度地利用集装箱堆场的储存能力是非常重要的。

（2）杂货堆场

1）杂货。杂货是指直接以物品包装形式进行流通的物品。物品的包装有袋装、箱装、桶装、捆装和裸装等，也包括采用成组方式流通的物品。杂货中相当一部分可以直接在堆场露天存放，如钢材、油桶、日用陶器和瓷器等。杂货在堆场存放要考虑是否需要苫盖、垫垛，以便排水除湿。杂货的杂性使得杂货的装卸、堆码作业效率极低，而且需要较大的作业空间，同时杂货容易混淆，需要严格地区分。

2）杂货堆场的货位布置形式。大多数杂货位布置形式均采用分类布置，即对存储杂物在性能一致、养护措施一致、消防方法一致的前提下，把堆场划分为若干保管区域；根据物品大类和性能等划分为若干类别，以便分类集中堆存。杂货堆场分区分类存放物品的作用如下：

①可以缩短货物收、发作业时间。

②可以合理利用有限的堆场占地面积。

③可以使堆场管理人员掌握物品进出场活动规律、熟悉物品性能和提高管理水平。

④可以合理配置和使用机械设施，提高机械化操作程度。

3）堆场分区分类的方法

①按照货物种类和性能进行分区分类。这是大多数堆场采用的分区分类方法，就是按货主单位经营货物来分类，把性能互不影响、互不抵触的物品，在同一堆场内划定在同一货区里集中储存。

②按照物品发往地区进行分区分类。这种方法主要适用于储存期限不长，而进出数量较大的中转性质的堆场。具体做法是，物品按照交通工具划分为公路、铁路、水路，再按到达站、港的线路划分。这种分区分类方法，虽然不分物品种类，但是对于危险品、性能互相抵触的物品，还是应该分别存放。

4）杂货堆场货区布置。根据物品不同的性质，对各种堆存的物品进行合理的分类之后，即可按照堆场的货区进行分类堆放。堆场的货区布置形式主要有三种。横列式、纵列式和混合式。目前，杂货堆场常采用的货位布置形式主要是作业通道呈垂直方向排列，以利于物品的装卸、搬运。在布置货位时，要留出适当的垛距。垛距是为了区分不同品种规格或不同批次的物品而划定的分界道，又作为物品进出的通道，管理检查物品的通道。

(3) 散货堆场　散货是指未包装、无标志的小颗粒物品，直接以散装方式进行运输、装卸、仓储保管和使用。在仓储中不受风雨影响的散货一般直接堆放在散货堆场上，如砂、石、煤和矿石等。散货堆场根据所堆存散货的种类不同，地面的结构不完全相同，可以是砂土地面和混凝土地面等。由于存量巨大，地面要求有较高的强度；散货都具有大批量的特性，散货货场往往面积较大。为了便于疏通，采取明沟方式排水，并且通过明沟划分较大面积的货位。散装堆场都采用铲车或者输送带进行作业，所堆的垛型较为巨大。

2.3　自动化立体仓库

2.3.1　自动化立体仓库的概念

自动化立体仓库是由电子计算机进行管理和控制，不需要人工搬运作业，而实现收发作业的仓库。立体仓库是指采用高层货架以及货箱或托盘储存物品，用巷道堆垛起重机及其他机械进行作业的仓库。将上述两种仓库的作业结合称为自动化立体仓库。自动化立体仓库的产生和发展是生产力高度发展的结果。自动化立体仓库系统是在不直接进行人工处理的情况下自动的存储和取出物料的系统。是目前物流仓储领域里，计算机、高科技和物流技术的产物。这种仓库出现在20世纪60年代初期。随着物流技术日益被人们重视，对自动化立体仓库的研制和技术交流活动不断加强，使自动化立体仓库发展得很快。这类仓库不仅要充分发挥仓库的使用效能，满足物品存储的要求；同时要针对物品的特性，采用先进设备，确保物品的使用价值；而且还必须做到吞吐快捷，以利于加速运输工具的周转，促进物品的流通。

2.3.2　自动化立体仓库类型

自动化立体仓库可以按照存储物品的特性、自动化立体仓库的建筑形式及设备形式等进行分类，下面逐一进行介绍。

1. 按照储存物品的特性进行分类

(1) 常温自动化立体仓库系统　常温仓储系统的温度一般限制在5~40℃，相对湿度限制在90%以下，而室内相对湿度在90%以上的地区，或者冬天产生露水较为严重的地区，就必须特别注意防患。一般常温仓储系统为防止夏天产生高温导致仓储的物品变质，除了必须要有通风系统以外，其屋顶、墙壁都要覆盖隔热和防火材料。

（2）低温自动化立体仓库系统　该系统又包括恒温空调仓储系统、冷藏仓储系统和冷冻仓储系统等。

1）恒温空调仓储系统对于温湿度的要求是低温、低湿度，并且依照其存放的物品对于温湿度的要求而设计。除了要求内部空气不与外界直接对流外，其余系统的要求大致与常温仓储系统相同。由于温度要求均匀，所以其空调配置、管理与分布及其空间的利用，必须妥善规划。

2）冷藏仓储系统的温度必须控制在低温 0～5℃之间，主要用作水果的储存。与恒温空调系统相类似，要求较高的湿度控制。

3）冷冻仓储系统，一般而言要求在 -35～-2℃之间急速冷冻。但是由于钢材在 -20℃以下会有脆化现象，力学性能会急剧变化，所以冷冻自动仓库的钢材必须考虑使用低温材料以及低温焊材。当然，高架起重机以及周边配电系统也应该考虑环境冷冻因素。而其基础除了需要考虑一般冷冻仓库地板所需要的结冻断热因素外，由于必须高负荷承载，所以其地下隔热层的设计也应该慎重考虑。

（3）防爆型自动仓储系统　主要以存放具有挥发性或易于燃爆的物品为主，所以其系统中使用的电器电控照明等设备，必须考虑其功能，按照不同的防爆等级来设计，因此会有不同的造价。

2. 按照自动化立体仓库建筑物形式进行分类　按照建筑物形式划分可以将自动化立体仓库分为自立式钢架仓储系统和一体式钢架仓储系统。

（1）自立式钢架仓储系统　自立式钢架仓储系统是在现有的厂房或新建筑物内，独立安装仓储系统，所以其钢架与建筑物是各自分离的结构体。钢架设计必须能够承受负载重量以及由于地震所造成的短期负载，而风力计算则由建筑物承担。自立式仓储系统可视为设备安装在建筑物内，自立式钢架仓储系统一般以15m 高度以下较为经济，因为当高于 15m 时，建筑物内部必须采用挑空结构，且地板负荷会超过地压力，需要进行基础补强，所以不经济。不过在地质不佳的地区即使是 15m 以下的自立式仓库，也可能需要打桩，因此，不可未经过确认便轻易安装。自立式钢架仓储系统，其结构体与建筑物可以分开施工，且钢架安装都可以在室内进行，不受外部气候影响，所以施工期较短。根据仓储系统的规模大小不同，一般而言，现场施工试车平均在 3～5 个月即可完成。

（2）一体式钢架仓储系统　一体式钢架仓储系统是指钢架与建筑物结构是一体的，其钢架除了承受本身储存品的负荷以外，还必须承受仓顶重量以及风力、地震等外力所产生的应力。一体式钢架自动仓库的高度一般在 15m 以上，目前国外的高架起重机已经有 40m 高。对于高层的一体式仓储系统需要考虑避雷系统，但是如果仓库外表的材质是铝、锌、铜板时，避雷系统的铜线必须隔离保护，否则一旦雨水促使铜离子与锌板发生反应，屋顶会很快被侵蚀而漏水。

3. 按照自动化立体仓库设备的形式进行分类　按照自动化立体仓库设备的形式来划分，自动仓储系统可以分为单位负载式自动化立体仓库、开放式钢架、封闭式钢架、推回式钢架、重力式钢架以及水平式钢架子母车系统等。

2.3.3　自动化立体仓库的构成

自动化立体仓库一般由高层货架、巷道堆垛起重机、周边搬运系统和控制系统构成。

1. 高层货架　高层货架一般为钢铁结构构成储存物品的单元格，单元格内放置托盘装载物品。一个货位的地址由其所在的仓库编号、货架的排数、列数及层数来唯一确定，自动出入库系统据此对所有货位进行管理。

2. 巷道堆垛起重机　巷道堆垛起重机沿仓库轨道水平方向移动，载货平台沿堆垛机支架上下移动，起重机货叉可借助伸缩机构向平台的左右方向移动存取货物。它是由机架、运行机构、升降机构、货叉伸缩机构和电气控制设备组成。

3. 周边搬运系统　周边搬运系统包括搬运机、自动导向车、叉车、台车和托盘等，其作用是配合巷道堆垛机完成货物运输、搬运、分拣等作业，还可以临时取代其他主要搬运系统，使自动存取系统维持工作，完成货物出入库作业。

4. 控制系统　自动化立体仓库的控制形式有手动控制、随机自动控制、远距离自动控制和计算机自动控制四种。

存取系统的计算机中心或中央控制室接收到出库或入库信息后，通过对输入信息的处理，由计算机发出出库或入库的指令，巷道机、自动分拣机及其他周边搬运设备按指令启动，协调完成自动存取作业，管理人员在控制室对整个过程进行监控和管理。

2.3.4　自动化立体仓库的功能

自动化立体仓库的功能一般包括自动收货、存货、取货、发货和信息查询等。

1. 收货　收货是指仓库从供应方接收各种产品、材料或半成品，存入仓库的过程。收货时需要提供运输车辆停靠的站台或场地，需要升降平台作为站台和载货车辆之间的过桥，需要装卸机械完成装卸作业。卸货时需要检查物品的品质和数量以及物品的完好状态，确认完好后方能入库存放。一般的自动化立体仓库从物品卸载经查验进入自动控制系统的接货设备开始，将信息输入计算机，生成管理信息，由自动控制系统进行物品入库的自动操作。

2. 存货　存货是指自动化系统将物品存放到规定的位置，一般放在高层的货架上。存货之前首先要确定存货的位置，某些情况下可以采取分区固定存放的原则，即按物品的种类、大小和包装形式来实行分区存放。这既能提高仓库的利用率，又可以节约存取时间。

3. 取货　取货是指自动化系统根据需求从库房货架上取出所需物品。取货可以有不同的取货原则，通常采用的是先进先出的原则，即在出库时，先存入的物品先被取出。对某些自动化仓库来说，必须能够随时存取任意货位上的物品，这要求搬运设备和地点能频繁更换。

4. 发货　发货是指取出的物品按照严格的要求发给客户。根据服务对象的不同，有的自动化仓库只向单一客户发货，有的则需要向多个客户发货。发货时需要配货，即根据使用要求对物品进行配套供应。

5. 信息处理　信息处理是指能随时查询仓库的有关信息并伴随查询各种作业产生信息和报表单据。在自动化立体仓库中可以随时查询库存信息、作业信息以及其他相关的信息，这种查询可以在仓库范围内进行，有的也可以在其他部门或分厂进行。

2.3.5　自动化立体仓库的优缺点

1. 自动化立体仓库优点

（1）自动化立体仓库可以节省劳动力，节约占地　由于自动化立体仓库采用计算机等先进的控制手段，采用高效率的巷道堆垛起重机，使仓库的生产效率得到了较大的提高，一个很大的仓库只需要几个工作人员来进行管理，节省了大量的劳动力。同时，仓库的劳动强度也大大地减轻，劳动条件得到改善。自动化立体仓库的高层货架能合理地使用空间，使单位土地面积存放货物的数量得到提高。在相同的土地面积上，自动化立体仓库比普通仓库存储能力高出几倍，甚至十几倍。在相同储存量的情况下，自动化立体仓库节约了大量的土地。

（2）自动化立体仓库出入库作业迅速、准确，缩短了作业时间　现代化的物品流通要求快速、准确。自动化立体仓库由于采用了先进的控制手段和作业机械，采用最快的速度、最短的距离送取物品，使物品的出入库时间大大缩短。同时，仓库作业准确率高，仓库与供货单位、用户能够有机地协调，这有利于缩短物品流通的时间。

（3）提高仓库的管理水平　由于计算机控制的自动化仓库结束了繁杂的台账手工管理办法，使仓库的账目管理及大量资料数据通过计算机存储，随时需要，随时调出，既准确无误，又便于情报分析。从库存量上，自动化立体仓库可以将库存量控制在最经济的水平，在完成相同的物品周转量的情况下，自动化立体仓库的库存量可以达到最小。

（4）自动化立体仓库有利于物品的保管　在自动化立体仓库中，存放的物品多、数量大、品种多样。由于采用货架-托盘系统，物品在托盘或货箱中，使搬运作业安全可靠，避免了物品包装破损、散包等现象。自动化立体仓库有很好的密封性能，为调节库内温度，对物品的保管、养护提供了良好的条件。在自动化立体仓库中配备有报警装置和排水系统，可以预防和及时扑灭火灾。

2. 自动化立体仓库的主要缺点

1）其结构较为复杂、配套设备较多、需要的建设费用和各种设备的投资高。

2）仓储作业流程要求非常严格、弹性较小、柔性较差、整体配套水平要求高。

3）货架安装时的精度要求很高、施工比较困难、施工周期长，而且时间长，成本较高。

4）建成后，各种设备的保管、保养要求非常高。

2.3.6 自动化立体仓库的使用条件

自动化立体仓库具有一般普通仓库不可比拟的优点。但是建立和使用自动化立体仓库需要具备一定的条件。

1. 物品出入库要频繁和均衡　自动化立体仓库具有作业迅速、准确的特点，一般出入库频繁的物品使用自动化仓库较合适，否则自动化的上述特点便不能得到充分地体现。自动化立体仓库要求均衡的作业，出入库频率不可忽高忽低，否则仓库作业停顿的时间过长或过短都不利于自动化立体仓库发挥应有的效用。应当看到，影响仓库作业频率和均衡程度的因素不在仓库本身，而主要取决于存货、供货和用货部门的支配。因此，建立和使用自动化立体仓库时应有充分的准备。

2. 要满足仓库建设的一些特殊要求　自动化立体仓库的建设要求比普通仓库的建设要求特殊一些，因为使用高层货架，仓库的地坪承载能力要比普通的仓库大好几倍。要建造具有相当承压能力的地坪，就必须考虑建库地址的地质状况。自动化立体仓库进行自动作业，巷道堆垛起重机自动从货架中送取货箱和托盘，对货架的规格尺寸有严格的要求；对巷道堆垛起重机前进与后退、上升与下降、水平和垂直偏差要求也非常严格；从被存放的物品本身看，要求外部规格形状不能变化太大。所有这些特殊要求，在设计时就必须充分考虑到，否则就不能保证仓库作业的正常进行。

3. 一次性投资大　建造一座自动化立体仓库一次性投资大。自动化立体仓库的建设不仅要消耗大量的钢材和其他材料，而且设备费用也高。因此，要建造自动化立体仓库必须慎重考虑资金情况以及材料、设备的供应情况。

4. 自动化立体仓库的建设需要一支专业技术队伍　自动化立体仓库从建库到使用都需要一支专业队伍。自动化仓库的设计、材料、资金预算以及对投产后经济活动的分析预测等大量的基础工作必须在建库前完成。从计算机的安装，仓库作业程序的编制、调试和运转以及出现故障后的排除，都要求由懂计算机的专门人员进行操作。另外，如机械设备的管理维修等也需要配备相应的技术人员。

2.4 仓储设施与设备

仓库是物流的重要组成部分。仓库的设施、设备种类很多，为使其发挥最佳效用，必须进行合理的选择、配置与管理，应选择和配置最经济、合理、实用、先进的技术设备。除此之外，要求每一类设备都安全可靠，无论在什么作业条件下，都要具有良好的运行稳定性。随着科学化、现代化仓库的建立，仓库设备也在日益更新，朝着经济、适用、安全可靠、合理、稳定等方面发展。仓库设备在发挥仓库的功能中起着非常重要的作用，下面仅介绍几种常用的仓库设施、设备的结构、特点及用途。

2.4.1 货架

1. 货架的概念　就字面而言，货架泛指存放货物的架子。在仓库设备中，货架是指专门用于存放成件物品的保管设备。货架在仓库中占有非常重要的地位，随着现代工业的迅猛发展、物流量的大幅度增加，为实现仓库的现代化管理、改善仓库的功能，不仅要求货架的数量多、功能全，并能实现机械化、自动化。

2. 货架的作用及功能　货架在现代物流活动中，起着相当重要的作用，仓库管理实现现代化，与货架的种类、功能有直接的关系。货架的作用及功能有如下几个方面：

1）货架是一种架式结构物，可充分利用仓库空间，提高库容利用率，扩大仓库储存能力。

2）存入货架中的货物，互不挤压，物资损耗小，可完整保证物资本身的功能，减少货物的损失。

3）存取方便，便于清点及计量，可做到先进先出，能预定储放物品位置，方便管理。

4）保证存储物品的质量，可以采取防潮、防尘、防盗、防破坏等措施，以提高物品存储质量。

5）很多新型货架的结构及功能有利于实现仓库的机械化及自动化管理。

3. 几种常用的货架

（1）搁板式货架　搁板式货架通常为人工存取货方式，组装式结构，层间距均匀可调，货物也常为散件或不是很重的已包装物品（便于人工存取），货架高度通常在2.5m以下，否则人工难以触及（如辅以登高车则可设置在3m左右）。单元货架跨度（即长度）不宜过长，单元货架深度（即宽度）不宜过深，按其单元货架每层的载重量可分为轻型、中型、重型搁板式货架，层板主要有钢层板和木层板两种，如图2-11所示。

1）轻型搁板式货架。单元货架每层载重量不大于200kg，总承载量一般不大于2000kg。单元货架跨度通常不大于2m，深度不大于1m（多为0.6m以内），高度一般在3m以内，常见的为角钢式立柱货架结构，外观轻巧、漂亮，主要适用于存放轻、小物品。资金投入少，广泛用于电子、轻工、文教等行业物品的存放。

图2-11　搁板式货架

2）中型搁板式货架。单元货架每层载重量一般在200～800kg，总承载一般不大于5000kg。单元货架跨度通常不大于2.6m，深度不大于1m，高度一般在3m以内。如果单元货架跨度在2m以内，每层载重量在500kg以内，通常选用无梁式中型搁板式货架较为适宜；如单元货架跨度在2m以上，则一般只能选用有梁式中型搁板式货架。无梁式中型货架与有梁式中型货架相比，层间距可调余地更大、更稳固，与环境的协调性更好，更适于一些洁净度要求较高的仓库；有梁式中型搁板式货架则工业化特点强一些，较适用于存放金属结构的物品。中型搁板式货架应用广泛，适用于各行各业物品的存放。

3）重型搁板式货架。单元货架每层载重量通常在500～1500kg，单元货架跨度一般在3m以内，深度在1.2m以内，高度不限，且通常是与重型托盘式货架相结合与相并存；下面几层为搁板式，人工存取作业，高度在2m以上的部分通常为托盘式货架，使用叉车进行存取作业。主要用于一些既需要整托盘存取，又要零存零取的情况，在大型仓储式超市和物流中心较为常用。

（2）托盘式货架　托盘式货架俗称横梁式货架，或货位式货架，通常为重型货架，在国内的各种仓储货架系统中最为常见。首先，须进行集装单元化工作，即将物品包装及其重量等特性进行组盘，确定托盘的类型、规格、尺寸，以及单托载重量和堆高（单托货物重量一般在2000kg以内）。然后，由此确定单元货架的跨度、深度、层间距，根据仓库屋架下沿的有效高度和叉车的最大叉高决定货架的高度。单元货架跨度一般在4m以内，深度在1.5m以内，低、高位仓库货架高度一般在12m以内，超高位仓库货架高度一般在30m以内（此类仓库基本均为自动化仓库，货架总高由若干段12m以内立柱构成）。此类仓库中，低、高位仓库大多用前移式电瓶叉车、平衡重电瓶叉车、三向叉车进行存取作业，货架较矮时也可用电动堆高机，超高位仓库用堆垛机进行存取作业。此种货架系统空间利用率高、存取灵活方便，辅以计算机管理或控制，基本能达到现代化物流系统的要求。广泛应用于制造业、第三方物流和配送中心等领域，既适用于多品种小批量物品，又适用于少品种大批量物品存放。此类货架在高位仓库和超高位仓库中应用最多（自动化立体仓库中货架大多用此类货架）。如图 2-12 所示。

（3）贯通式货架　贯通式货架又称通廊式货架或驶入式货架。此类货架排布密集，空间利用率极高，几乎是托盘式货架的两倍，但物品必须是少品种大批量型，物品先进后出。首先，须进行集装单元化工作，确定托盘的规格、载重量及堆高。然后，由此确定单元货架的跨度、深度、层间距，根据屋架下沿的有效高度确定货架的高度。靠墙区域的货架总深度最好控制在 6 个托盘深度以内，中间区域可两边进出的货架区域总深度最好控制在 12 个托盘深度以内，以提高叉车存取的效率和可靠性（此类货架系统中，叉车为持续“高举高打”作业方式，叉车易晃动而撞到货架，故稳定性的考虑充分与否至关重要）。此类仓储系统稳定性较弱，货架不宜过高，通常应控制在 10m 以内，且为了加强整个货架系统的稳定性，除规格、选型要大一些外，还须加设拉固装置。单托物品不宜过大和过重。通常重量控制在 1 500kg 以内，托盘跨度不宜大于 1. 5m。常配叉车为前移式电瓶叉车或平衡重电瓶叉车。多用于乳品、饮料等食品行业，冷库中也较为多见。如图 2-13 所示。

图 2-12　托盘式货架

图 2-13　贯通式货架

（4）重力式货架　重力式货架由托盘式货架演变而成，采用辊子式轨道或底轮式托盘，轨道呈一定坡度（3°左右），利用货物的自重，实现货物的先进先出，一边进另一边出，适用于大批量、同类物品的先进先出存储作业，空间利用率很高，尤其适用于有一定质量保存期、不宜长期积压的物品。货架总深度（即导轨长度）不宜过大，否则不可利用的上下“死角”较大，影响空间利用，且坡道过长，下滑的可控性较差，下滑的冲力较大，易引起下滑不畅、阻住，托盘物品的倾翻。为使下滑流畅，如坡道较长，应在中间加设阻力装置，为使托盘物品下滑至最底端时不致因冲击力过大而倾翻，应在坡道最低处设缓冲装置和取货分隔装置，因此设计、制造、安装难度较大，成本较高。此类货架不宜过高，高度一般应在 6m 以内，单托货物重量一般在 1 000kg 以内，否则其可靠性和可操作性会降低。此类货架系统目前在国内应用不是很多。如图 2-14 所示。

（5）压入式货架　压入式货架又称后推式货架，也由托盘式货架演变而成，采用轨道和托盘小车相结合的原理，轨道呈一定的坡度（3°左右），利用物品的自重，实现托盘物品的先进后出，同一边进同一边出，适用于大批量少品种的物品存储，空间利用率很高，存取也较灵活方便。货架总深度不宜过深，一般在 5 个托盘深度以内，否则会因为托盘小车相互嵌入的缘故而使空间牺牲较大。单托货物重量一般在 1 500kg 以内，货架高度一般在 6m 以内。此类系统对货架的制造精度要求较高，托盘小车与导轨间的配合尤为重要，如制造、安装精度不高，极易导致货架系统的运行不畅。此类货架造价较高，广泛应用于冷库、图书、电子等行业，在国内已有一定的应用。如图 2-15 所示。

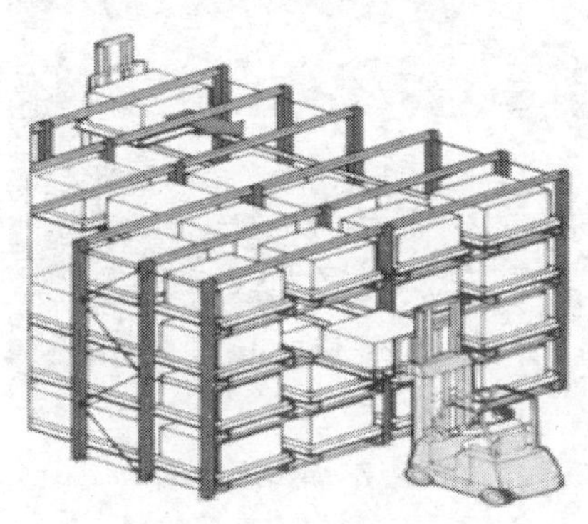

图 2-14　重力式货架

图 2-15　压入式货架

（6）阁楼式货架　阁楼式货架是在已有的工作场地或货架上建一个中间阁楼，以增加存储空间，可做二、三层阁楼，宜存取一些轻型、中小件物品。它适用于多品种大批量或多品种小批量及人工存取的物品存放。物品通常由叉车、液压升降台或货梯送至二楼、三楼，再由轻型小车或液压托盘车送至某一位置。此类系统，通常利用中型搁板式货架或重型搁板式货架作为主体和楼面板的支撑（根据单元货架的总载重量来决定选用何种货架），楼面板通常选用冷轧型钢楼板、花纹钢楼板或钢格栅楼板。近几年多使用冷轧型钢楼板，它具有承载能力强、整体性好、承载均匀性好、精度高、表面平整、易锁定等优势，有多种类型可选，并且易匹配照明系统，存取、管理均方便。单元货架每层载重量通常在

500kg 以内，楼层间距通常为 2. 2 ~2. 7m，顶层货架高度一般为 2m 左右，充分考虑人、机操作的便利性。此类货架在汽车零部件领域、汽车 4S 店、轻工、电子等行业有较多应用。如图 2-16 所示。

（7）钢结构平台　钢结构平台通常是在现有的车间（仓库）场地上再建一个二层或三层的全组装式钢结构平台，将使用空间由一层变成二层、三层，使空间得到充分利用。物品由叉车或升降台的货梯送上二楼、三楼，再由小车或液压拖板车运至指定位置。此种平台与钢筋混凝土平台相比，施工快、造价适中、易装易拆，且可易地使用、结构新颖漂亮。此种平台立柱间距通常在 4 ~6m 之间，一楼高 3m 左右，二、三楼高 2. 5m 左右，立柱通常采用方管或圆管制成，主、副梁通常用 H 型钢制成，楼面板通常采用冷轧型钢楼板、花纹钢楼板、钢格栅等，楼面载重量通常在每平方米 1 000kg 以内。此类平台可使仓储和管理得到最近距离的结合，楼上或楼下可作库房办公室。此类系统用于第三方物流、机械制造等行业。如图 2-17 所示。

图 2-16　阁楼式货架

图 2-17　钢结构平台

（8）悬臂式货架　悬臂式货架主要用于存放长形物料，如型材、管材、板材和线缆等，立柱多采用 H 型钢或冷轧型钢，悬臂采用方管、冷轧型钢或 H 型钢，悬臂与立柱间采用插接式或螺栓连接式，底座与立柱间采用螺栓连接式，底座采用冷轧型钢或 H 型钢。物品存取由叉车、行车或人工进行。货架高度通常在 2. 5m 以内（如由叉车存取货则可高达 6m），悬臂长度在 1. 5m 以内，每臂载重量通常在 1 000kg 以内。此类货架多用于机械制造行业和建材超市等。如图 2-18 所示。

（9）抽屉式货架　抽屉式货架通常用于存放模具等重物，而现场又无合适的叉车可用。组合装配、螺栓连接式货架结构，货架高度一般在 2. 5m 以下，除顶层外的几层均可设计制作成抽屉式结构，安全可靠，可轻松抽出重达 2 000kg/层的物品，辅之以起重机或手动或电动葫芦吊，轻松实现物品的存取作业。此类货架主要用于存放模具。如图 2-19 所示。

图 2-18 悬臂式货架

图 2-19 抽屉式货架

（10）牛腿式货架 牛腿式货架主要应用在自动化仓库中。此类货架系统所使用的托盘承载能力强、刚性好，如托盘承载很小可取消横梁，或货格较小而不用横梁，直接用塑料箱等置于牛腿之上，由堆垛机对物品进行自动存取作业。主要应用于烟草、电子、机械制造等行业。如图 2-20 所示。

（11）轻中型移动式货架 轻中型移动式货架也称密集架，由轻、中型搁板式货架演变而成，密集式结构，仅需设一个通道（宽 1m 左右），密封性好、美观实用、安全可靠，是空间利用率最高的一种货架。导轨可嵌入地面或安装于地面之上，货架底座沿导轨运行，货架安装于底座之上，通过链轮的手动或电动传动系统使每排货架轻松、平稳移动，货物由人工进行存取。为使货架系统运行中不致倾倒，通常设有防倾倒装置。此货架主要应用于档案馆、图书馆、银行、企业资料室、电子轻工等行业。如图 2-21 所示。

图 2-20 牛腿式货架

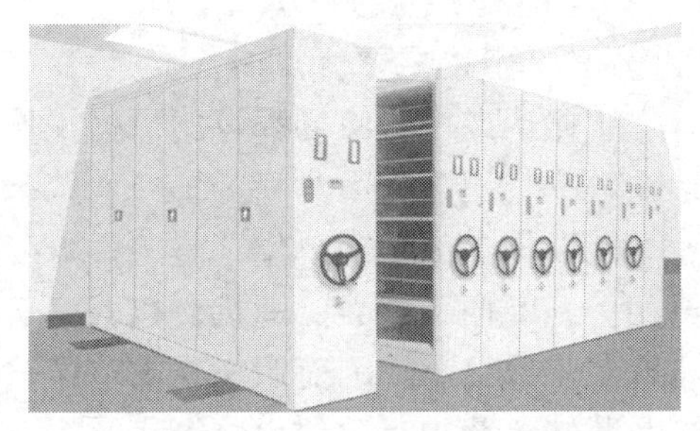

图 2-21 轻中型移动式货架

（12）旋转式货架 旋转式货架分水平旋转和垂直旋转两种，均是较为特殊的货架，自动化程度和密封性要求高，单个货架系统规模较小、单体自动控制、独立性强，可等同于某种动力设备来看待。此类货架造价较高，主要用于存放贵重物品如刀具等物品。如图 2-22 所示。

2.4.2 托盘

1. 托盘概述　托盘是用于集装、堆放、搬运和运输的放置作为单元负荷的物品和制品的水平平台装置。在平台上集装一定数量的单件物品，并按要求捆扎加固，组成一个运输单位，便于运输过程中使用机械进行装卸、搬运和堆存。这种台面有供叉车从下部插入并将台板托起的插入口。以这种结构为基本的台板和在这种基本结构基础上形成的各种集装器具都统称为托盘，如图 2-23 所示。

托盘是现代工商企业生产、运输、储存、包装及装卸的很重要的一种工具，随着机械化程度的提高，使用量也越来越大。据统计，美国托盘的使用达到了平均每个美国人可分到 10 个托盘的数量。托盘最初是在装卸领域出现，并发展为一种重要的运输设备。托盘的出现也促进了集装箱和其他集装方式的发展。现在，托盘与集装箱一样，成为最重要的集装方式，形成了集装系统的两大支柱。

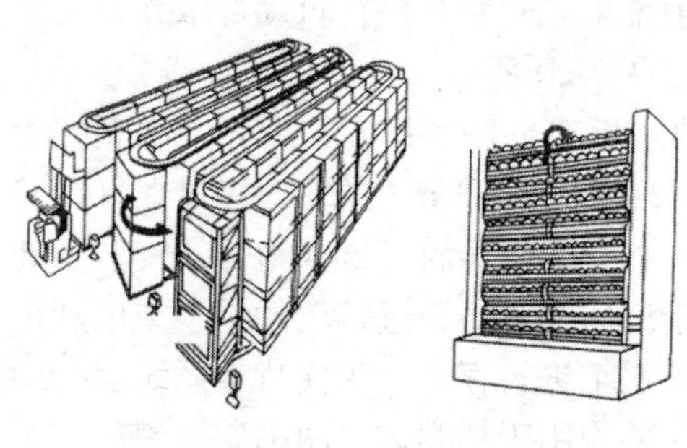

图 2-22　旋转式货架

图 2-23　托盘

2. 托盘的主要特点

1）托盘的主要优点

①搬运或出入库场都可用机械操作，减少货物堆码作业次数，从而有效提高运输效率，缩短货运时间。

②以托盘为运输单位，货运件数变少、体积重量变大，而且每个托盘所装数量相等，既便于点数、理货交接，又可以减少货损、货差事故。

③自重量小，因而用于装卸、运输托盘本身所消耗的劳动强度较小，无效运输及装卸负荷相对也较集装箱小。

④空返容易，空返时占用运力很少。由于托盘造价不高，又很容易互相代用，所以无需像集装箱那样必须有固定归属者。

2）托盘的主要缺点

①回收利用组织工作难度较大，会浪费一部分运力。

②托盘本身也占用一定的仓容空间。

3. 托盘的分类

（1）按托盘的适用性分类　按托盘的适用性分类可以将托盘分为通用托盘和专用托盘两大类。日本工业标准（Japanese Industrial Standards，JIS）托盘术语将通用托盘归纳为11种：平托盘、箱式托盘、筒仓式托盘、罐式托盘、立柱式托盘、滚轮托盘、滚轮箱+托盘、冷藏带轮箱式托盘、纸托盘、托板和托架等。

除上述通用托盘外，还有专用托盘，如油桶专用托盘等。

（2）按托盘的结构分类　按托盘的结构分类常见的托盘有平托盘、箱形托盘和柱形托盘三种。

1）平托盘。平托盘由双层板或单层板另加底脚支撑构成，无上层装置，在承载面和支撑面间夹以纵梁构成，可以集装物料，也可以使用叉车或搬运车等进行作业。如图2-24所示。

2）箱形托盘。箱形托盘以平托盘为底，上面有箱形装置，四壁围有网眼板或普通板，顶部可以有盖或无盖。它可用于存放形状不规则的物料。如图2-25所示。

3）柱形托盘。柱形托盘是在平托盘基础上发展起来的，分为固定式（四角支柱与底盘固定联系在一起）和可拆装式两种。

图2-24　平托盘

图2-25　箱形托盘

（3）按制作材料分类　按制作材料分类托盘可分为木托盘、金属托盘、塑料托盘、纸托盘和胶合板托盘等。

4. 托盘作业

（1）装盘码垛　装盘码垛是指在托盘上装放同一形状的立体形包装物品，可以采取各种交错咬合的办法码垛，这样可以保证托盘具有足够的稳定性，甚至不需要再用其他方式加固。

托盘上货体码放方式很多，主要有以下四种方式。

1）重叠式。重叠式各层码放方式相同，上下对应。这种方式的优点是工具操作速度快，各层重叠之后，包装物四个角和边重叠垂直，能承受较大的重量。

这种方式的缺点是，各层之间缺少咬合，稳定性差，容易发生塌垛。在货体底面积较大的情况下，采用这种方式可有足够的稳定性。一般情况下，重叠式码放再配以各种紧固方式，不但能保持稳定，而且装卸操作也比较省力。

2）纵横交错式。相邻两层物品的摆放旋转90°角，一层呈横向放置，另一层呈纵向放置。层间有一定的咬合效果，但咬合强度不高。这种方式装盘也较简单，如果配以托盘转向器，装完一层之后，利用转向器旋转90°，只用同一装盘方式便可实现纵横交错装盘，劳动强度和重叠式相同。

3）正反交错式。同一层中，不同列的物品以90°角垂直码放，相邻两层的物品码放形式是另一层旋转180°角的形式。这种方式类似于房屋建筑中砖的砌筑方式，不同层间咬合强度较高，相邻层之间不重缝，因而码放后稳定性很高，但操作比较麻烦，且包装体之间不是垂直面互相承受荷载，所以下部易被压坏。

4）旋转交错式。第一层相邻的两个包装体都互为90°角，两层间的码放又相互成180°角。这样相邻两层之间咬合交叉，其优点是，托盘物品稳定性高，不易塌垛。其缺点是，码放难度较大，且中间形成空穴，会降低托盘载装能力。

（2）托盘的塌垛　托盘的塌垛是物流过程中的一个较大的问题。一旦出现塌垛，不但会造成物品损坏，而且还会破坏物流过程的贯通性，降低物流速度和物流效率。在物流过程中出现的塌垛大体有以下四种情况：

1）货体倾斜。

2）货体整体移位。

2）货体部分错位外移，部分落下。

4）全面塌垛。

塌垛危险的发生一方面是由运输工具、运输线路及路况意外事故等外部原因造成的；另一方面是由于码放不当造成的。比较而言，在不发生特殊运输事故的情况下，码垛问题是决定是否发生塌垛的重要因素。另外，包装物表面的材质也起一定的作用，表面摩擦力强的包装物则不容易发生塌垛。

（3）托盘货体的紧固　托盘货体的紧固是保证货体稳固性、防止塌垛的重要手段。托盘货体紧固方法有如下几种：

1）捆扎。捆扎是用绳索、打包带等对托盘货体进行捆扎以保证物品的稳固，捆扎方式有水平捆扎和垂直捆扎等。

2）网罩。网罩是用网罩盖住托盘货体起到紧固的作用。这种方法较多地应用于航空托盘的加固。

3）框架加固。框架加固是指用框架包围整个托盘货体，再用打包带或绳索捆紧以起到稳固的作用。

4）中间夹擦材料。将摩擦系数大的片状材料，如麻包片、纸板、泡沫塑料等夹入货物夹层间，起到加大摩擦力、防止层间滑动的作用。

5）专用金属卡具加固。对于某些托盘货物，最上部如果可以伸入金属夹卡，则可以用夹卡将相邻的包装物卡住，以便每层物品通过金属卡具形成一个整体，防止个别物品分离滑落。

6）黏合。黏合是指在每层物品之间贴上双面胶，可将两层物品通过胶条黏合在一起，这样便可防止托盘物品在物流中从层间滑落。

7）胶带粘扎。货体用单面不干胶包装带粘捆，即使胶带部分损坏，由于全部贴于货物表面，也不会出现散捆。

8）平托盘周边垫高。将平托盘周边稍稍垫高，托盘上放置的货物会向中心互相依靠，在物流中发生摇动、震动时，可防止层间滑动错位、防止货垛外倾，因而也会起到稳固的作用。

9）收缩薄膜加固。收缩薄膜加固是将热缩塑料薄膜置于托盘货体上，然后进行热缩处理，塑料薄膜收缩后，便将托盘货体紧捆成一体。这种紧固方法，不但起到紧固、防止塌垛的作用，而且由于塑料薄膜不透水，还可起到防水、防雨的作用。这有利于克服托盘货体不能露天放置，需要仓库的缺点，可大大扩展托盘的应用领域。

10）拉伸薄膜加固。拉伸薄膜是指用拉伸塑料薄膜缠绕捆扎在货体上，外力消除后，拉伸塑料薄膜收缩，固紧托盘货体。

5. 托盘的标准化　托盘的标准化是物流领域的一个非常重要的问题。托盘如果只在工厂和仓库使用，是不能充分发挥其作用的，全程托盘化，才能取得良好的效果。这就必然涉及托盘的标准化问题。

因为托盘的规格尺寸，会涉及货物在托盘上的堆码以及与其他运输工具的规格尺寸的配合，因此物流界是十分重视的。

1988 年 ISO 国际标准化组织托盘委员会（ISO/TC51）为了防止托盘规格增加，引起世界物流系统的混乱，将 1961 年、1971 年 1200 系列托盘整合为：1200mm × 800mm 、1200mm × 1000mm、1219mm × 1016mm 和 11400mm × 1140mm 四个规格。为了推行中国标准化事业，我国专家在 1996 年首次对托盘尺寸标准进行了修订，等效采用了 ISO 世界标准化组织 1988 年推荐使用的四种规格。但经过近十几年的实践后发现，尽管在实践使用的托盘规格还是较多，但多数托盘规格主要还是集中在 1200 × 1000mm 和 1100 × 1100mm 两种规格上。

6. 托盘的管理和联运体系　实施全程托盘化，必然涉及托盘回收的问题。将物品装在托盘上送到目的地后，既不能将托盘放下不管，也不能等对方卸下物品再带回空托盘，那样会浪费时间降低效率。在联运系统中，一般使用的托盘种类比较少，尺寸和材料大体相同，托盘价格相差不大。因此，托盘一般只保留数量的归属权，而不强调个别托盘的归属和返送。在联运系统中主要有以下几种交换方式：

（1）交流方式　它是指交换单位间签订托盘交换合同，阐明在托盘流通中共同遵守的回送、使用、保养、归属、停留期、收费标准以及清算方法等事宜的流通形式。

（2）及时交换方式　及时交换方式是指产、供、销单位都以运输为中心，在发运托盘载货的同时，从运输单位取回同等数量的空托盘或托盘货物，或者在接受托盘载货的同时，交给运输单位同等数量的空托盘或载货托盘。

（3）租赁方式　租赁方式是指托盘归托盘公司所有，使用者在其遍布全国各地的营业点进行租赁和使用后的归还。

（4）租赁交换方式　这是交换方式与租赁方式结合的方式。

2.4.3　叉车

1. 概念　叉车具有各种叉车具，能够对物品进行升降和移动以及装卸作业的搬运车辆。

2. 种类

（1）电动托盘搬运车　它由外伸在车体前方的、带脚轮的支腿来保持车体的稳定，货叉位于支腿的正上方，并可以作微起升，使托盘物品离地进行搬运作业的电动插腿式叉车。根据司机运行操作的不同可分为：

1）步行式电动托盘搬运车。如图 2-26 所示。

2）踏板式电动托盘搬运车。如图 2-27 所示。

图 2-26　步行式电动托盘搬运车

图 2-27　踏板式电动托盘搬运车

3）侧座式电动托盘搬运车。如图 2-28 所示。

（2）电动托盘堆垛车　它由外伸在车体前方的、带脚轮的支腿来保持车体的稳定，货叉位于支腿的正上方，并可以较高升起，进行堆垛作业的电动插腿式叉车。根据司机运行操作的不同可分为：

1）步行式电动托盘堆垛车。如图 2-29 所示。

2）踏板式电动托盘堆垛车。如图 2-30 所示。

3）侧座式电动托盘堆垛车。如图 2-31 所示。

图 2-28　侧座式电动托盘搬运车

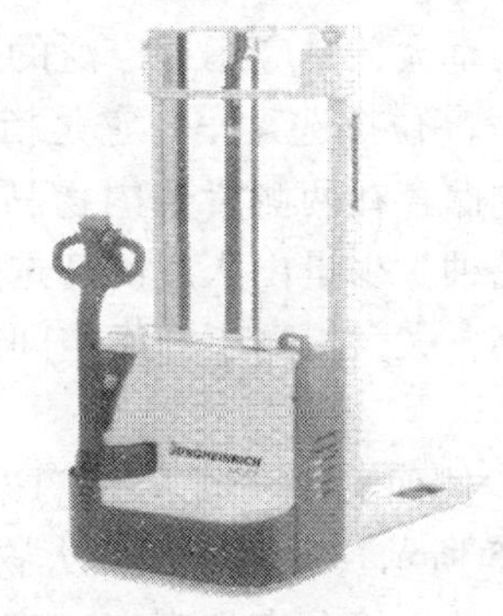

图 2-29　步行式电动托盘堆垛车

图 2-30　踏板式电动托盘堆垛车

图 2-31　侧座式电动托盘堆垛车

（3）电瓶叉车和内燃叉车　以电瓶为动力的平衡重式叉车，简称电瓶叉车，如图 2-32 所示。它具有操作容易，无废气污染，适合在室内作业。随着环保要求的提高，对电瓶叉车，尤其是中、小吨位的电瓶叉车的需求有较快的增长。以内燃机为动力的平衡重式叉车，简称内燃叉车，如图2-33所示。内燃叉车机动

图 2-32　电瓶叉车

图 2-33　内燃叉车

性好，功率大，是应用最广泛的叉车，尤其是重、大吨位的叉车应用更广。

（4）高位拣选叉车　它是指操作台上的操作者可与装卸装置一起上下运动，并能拣选储存在两侧货架内物品的叉车，称高位拣选叉车，如图 2-34 所示。适用于多品种、少量出入库的特选式高层货架仓库。起升高度一般为 4 ~ 6m，最高可达 13m，大大提高了仓库空间的利用率。为保证安全，操作台起升时，只能微动运行。

（5）侧面叉车　货叉和门架位于车体侧面的装卸作业车辆，称侧面叉车，如图 2-35 所示。适用于长而大物料的装卸和搬运。按动力不同分内燃型和电瓶型；按作业环境分室外工作（充气轮胎）和室内工作（实心轮胎）。

图 2-34　高位拣选叉车

图 2-35　侧面叉车

（6）集装箱叉车　图 2-36 所示为集装箱叉车。它是集装箱码头和堆场上常用的一种集装箱专用装卸机械，主要用作堆垛空集装箱等辅助性作业，也可在集装箱吞吐量不大（年低于 3 万标准箱）的综合性码头和堆场进行装卸与短距离搬运物品。

（7）手动托盘搬运车　图 2-37 所示为手动托盘搬运车。它是仓库内常见的人力搬运工具，运输范围在 50m 以内，运输重量在 1t 以下，具有操作简便实用、效率高的特点。

图 2-36　集装箱叉车

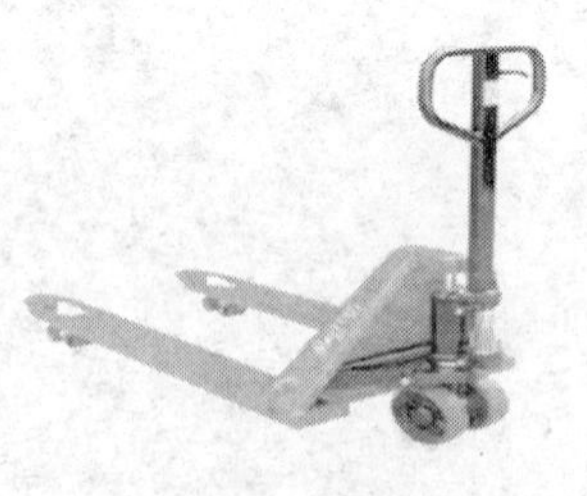

图 2-37　手动托盘搬运车

2.4.4 堆垛机

1. 堆垛机的概念　用货叉或串杆攫取、搬运和堆垛或从高层货架上存取单元货物的专用起重机称为堆垛机。它是一种常见的仓储设备。

2. 堆垛机的类型

（1）按人是否乘机操作划分

1）人乘机操作，有自动堆垛机、半自动堆垛机和手动堆垛机三种，如图2-38、图2-39所示。人乘机操作主要用于拣选式货架，进行杂、散货拣选。

图2-38　半自动堆垛机

2）人不乘机械操作，有设定器搭载全自动运转、遥控自动运转、计算机控制全自动运转三种类型。计算机操纵的人不乘机型是这类机械的主体。

（2）按机械的结构划分　分为单立柱式、双立柱框架式两类。单立柱式用于较低层货架巷道中；双立柱框架式稳定性好，用于中、高层货架的巷道中。

3. 堆垛机的主要特点

堆垛机现在已成为货架仓库的主要装卸机具，外形如图2-40所示。其主要特点有以下几方面：

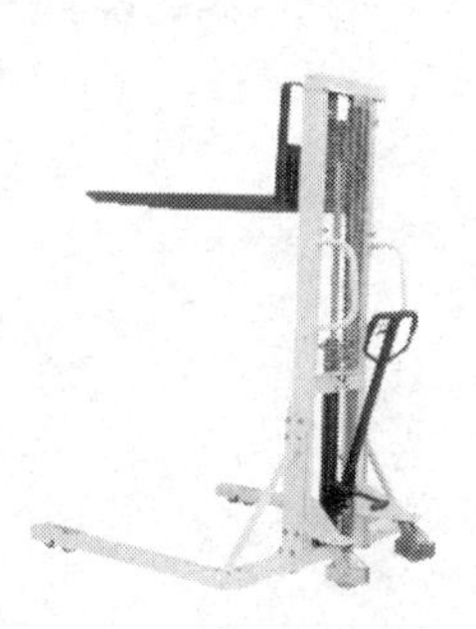

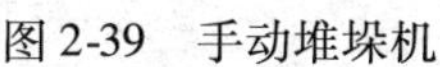

图2-39　手动堆垛机

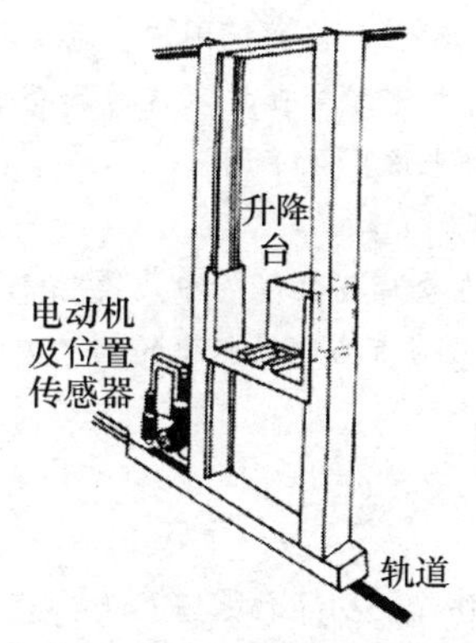

图2-40　巷道式堆垛起重机

（1）所需通道宽度比较窄，节约仓库面积　由于在轨道上运行，堆垛机上、下都可以受轨道的严格制约，因而所需运行通道宽度比其他各堆垛机械都小，一般来讲只是叉车的1/2，这样一来便可大幅度提高仓库面积的利用率。不同类型的仓库提高幅度不同，如果不计仓库中其他管理区域的面积，仅货架部分的面积利用率就可以提高1/4。

（2）运行稳定性好，能提高装卸速度　由于轨道的限定，堆垛机稳定性好，可比叉车的装卸高度大大提高。堆垛机一般高度在6m以上，最高可达40m，这正好和叉车的工作高度互为补充。

（3）进出货工作效率高　由于轨道的引导，运行速度高，因此堆垛机仓库进出货工作效率高。

（4）可以实现全自动操作　堆垛机可配合电子计算机及伸缩货叉，实现全自动操作，这也是一般叉车难以做到的。

案例分析2

赤湾港是中国重要的进口散装化肥灌包港口和集散地之一，每年处理进口化肥灌包量均在100万t以上。赤湾港涉及了对化肥多品种、多形式的港口物流拓展，涵盖了散装灌包，进口保税，国际中转，水路、铁路、公路配送等多项服务。

赤湾港从国外进口化肥的装运采用散装方式，到达港口以后，通过门式起重机的抓斗、卸货到漏斗，通过漏斗输送到灌包房，灌包房设有散货灌包机(效率45～51t/h)28套。利用灌包机将散装化肥灌成每包50kg装的袋装肥料再进行销售。

赤湾港的散粮钢板筒仓采用美国齐富技术（容量52 000m^3）和德国飞利浦技术（容量70 000m^3）建造，两大系统功能互享，最大程度上对粮谷的装卸、输送、计量、储存、灌包、装船、装车、倒仓、策问、通风、除尘、清仓、灭虫等进行科学有效的控制，将进出仓的合理损耗控制在严格的范围内。港运粮食码头对小麦、大麦、大豆、玉米等农业商品多品种的分发操作积累了专业技术优势和仓储保管经验。

资料来源：豆丁网

思考题：

1. 在仓库商品保管中应遵循哪些原则？
2. 影响商品质量变化的因素有哪些？

思考与练习

1. 仓库的功能有哪些？
2. 仓库规划过程中应考虑的因素有哪些？
3. 仓库规划的原则和内容？
4. 自动化仓库的功能有哪些？
5. 自动化仓库的使用条件是什么？
6. 试述货架的种类与特点。
7. 托盘作业的方式是什么？
8. 叉车的种类及特点有哪些？

第3章 仓储作业管理及操作

【本章学习目标】

掌握物品入库、在库、出库的基本流程与操作技能以及仓储作业管理过程中应注意的问题。

仓储作业流程，是指以保管活动为中心，从仓库接收物品入库开始，到按需要把物品全部完好地发送出去的全部过程。它是物品在仓库储存过程中必须经过的，按一定顺序相互连接的作业环节。一般物品从入库到出库需要顺序地经过接车、检验、整理、保管、拣出、集中、装车和发运等作业环节，各个作业环节之间并不是孤立的，它们既相互联系，又相互制约。一个环节作业的开始要依赖于前一个环节作业的完成，前一个环节作业完成的效果也直接影响后一个环节的作业。正是由于仓储作业过程中各个环节的依存关系以及整个作业要消耗大量的人力物力，因此必须对作业流程进行深入细致的分析和合理的组织。最终目的是为了尽可能地减少作业环节，缩短物品的搬运距离和作业时间，以提高作业效率和降低作业费用。

3.1 物品入库业务管理

物品入库作业是仓储作业流程的第一步，标志着仓储工作的开始，入库业务水平的高低直接影响着整个仓储作业的效率与效益。因此，提高入库业务管理水平十分重要，物品入库业务的工作内容包括物品的入库准备、接运管理、入库验收、入库交接和登记的管理。

1. 入库前的准备　物品入库前的准备工作就是仓库工作人员根据仓储合同或者入库单、入库计划，及时对即将入库的物品进行库场准备、接运、装卸、安排储位以及相关作业人力、物力的活动。仓库的入库准备需要由仓库的业务部门、管理部门和设备作业部门分工合作，共同做好以下几项工作：

(1) 熟悉入库物品　仓库业务、管理人员应熟悉物品入库资料，掌握入库物品的品种、规格、数量、包装状态、单件体积、到库确切时间、物品存期、物品的物理化学性能和保管的要求等。

(2) 掌握仓库库场情况　了解在物品入库期间，保管期间仓库的库容、设备和人员的变动情况。对于必须使用重型设备操作的物品，一定要确保可使用设备的货位，必要时对仓库进行清查。

（3）制订仓储计划　仓库业务部门根据物品情况、仓库情况和设备情况，制订仓储计划，并将计划下达到相应的作业单位和管理部门。

（4）妥善安排仓库货位　仓库业务部门根据入库物品的性能、数量和类别，结合仓库分区分类保管的要求，核算物品的大小，根据货位使用原则，严格验收场地，妥善安排货位。

（5）准备货位　仓库保管员要及时做好货位的准备工作；彻底清洁货位，清除残留物，清理排水管道或排水沟，详细检查照明、通风设备，发现损坏及时通知有关人员修理。

（6）准备苫垫材料　在物品入库前，仓库的设备部门根据业务部门所确定的苫垫方案，准备相应的材料以及所需用具，组织衬垫铺设作业。

（7）验收准备　仓库理货人员根据货位情况和仓库管理制度，确定验收方法，准备验收所需的点数、称量、开箱装箱、移动照明等工具和用具。

（8）装卸搬运工艺　仓库的业务部门根据物品、货位、设备条件和人员等情况，科学合理地制订装卸搬运工艺，保证作业效率。

（9）准备单证文件　仓库保管员要准备好物品入库所需的各种报表、单证和记账簿，以备随时使用。

2. 存货量的确定

（1）确定单位仓容定额　单位仓容定额通过库场单位面积技术定额（用 $p_{库}$ 表示）和物品单位面积堆存定额（用 $p_{货}$ 表示）两个指标来确定。

库场单位面积技术定额是库场地面设计和建造所达到的强度，用 t/m^2 表示。一般仓库的地面单位面积堆存定额为 $2.5\sim3t/m^2$，楼层增高则单位面积堆存定额相应减小。加强型地面为 $5\sim10t/m^2$。物品单位面积堆存定额是物品本身的包装及其本身强度所确定的堆高限定。

库场物品单位面积堆存定额则由以上两个指标来确定，使用较小的数值，这样才能同时保证库场地面不会损坏以及货物本身不会被破坏。

$$p=\begin{cases}p_{库} & p_{库}<p_{货}\\ p_{货} & p_{库}>p_{货}\end{cases}$$

【例 3-1】　某仓库标注 $4t/m^2$，表示每平方米最多存放 4t 货物。电冰箱注明限高 4 层，每箱底面积为 $0.6m\times0.6m$，每箱重 90kg，则该电冰箱的单位面积堆存定额为

$$p_{货}=\frac{90\times4}{0.6\times0.6\times1000}t/m^2=1t/m^2$$

则 $p_{库}=4t/m^2$，$p_{货}=1t/m^2$，$p_{库}>p_{货}$，所以 $p=p_{货}=1t/m^2$ 米，即库场物品单位面积定额为 $1t/m^2$。

（2）货位存货重量计算　货位存货重量是计算所选用的货位能堆存拟安排物品的总重量，即货位的存货能力（用 q 表示）。

$$q = ps$$

式中　q——某货位的储存能力，单位为 t；

p——某类物品的单位仓容定额，单位为 t/m^2；

s——该类物品所存放货位的有效占用面积，单位为 m^2。

（3）仓库储存能力计算　仓库储存能力（用 q 表示）是指某一仓库或整个库区对特定物品的存放能力。

$$q = \sum ps$$

式中　q——仓库的储存能力，单位为 t；

p——某类物品的单位仓容定额，单位为 t/m^2；

s——该类物品所存放货位的有效占用面积，单位为 m^2。

3. 接运作业

（1）物品接运的任务　物品接运的主要任务是及时而准确地向交通运输部门提取入库货物，要求手续清楚、责任分明，为仓库验收创造有利的条件。接运工作是仓库业务活动的开始，是物品入库和保管的前提，接运工作直接影响物品的验收和入库后的保管和保养。因此，在接运由交通运输部门转运的物品时，必须认真检查、分清责任，取得必要的证件，避免将一些在运输过程中或运输前就已经损坏的物品带入仓库，以致造成验收中责任难分和保管工作中的困难或损失。

物品接运可在车站、码头、仓库或专用线进行。物品到达仓库之后，仓库人员首先应进行验单，检查随物品同时到达的货单，按照货单开列的收货单位、物品名称、规格、数量以及交货日期等项内容，与物品的各项标志逐项进行核对。在验单过程中应注意，如果发现错送，应当拒收、退回。对于一时无法退回的物品，必须在清点后另行存放，并且要及时做记录待以后处理。如果核对无误，可进行卸载。由于物品到达仓库的形式不同，除了一小部分由供货单位直接运到仓库交货外，大部分要经过铁路、公路、水路、航空等转运。凡经过交通运输部门转运的物品，均需经过仓库接运后，才能进行入库验收。

物品进入仓库后，可以进行人工卸载或者机械卸载。在大型仓库里一般使用装卸机械进行卸载，如叉车、桥式起重机和带式输送机等。在装卸的过程中，必须注意轻搬轻放，保证物品安全无损。在条件允许的情况下，应尽可能在卸载的同时，按照物品的保管要求，将不同收货单位或不同品种的物品分别堆放，为物品入库做准备。

（2）物品接运的基本方式

1）车站、码头提货

①了解物品的基本情况。提货人对所提取的物品应了解其品名、型号、特性和一般保管知识、装卸搬运注意事项等。

②提货前的准备工作。在提货前应做好接运物品的准备工作。例如，装卸搬运工具，腾出存放物品的场地等。提货人员在到货前，应主动了解到货时间和交货情况，根据到货多少，组织装卸人员、机具和车辆，按时前往提货。

③提货时的检查。提货时应根据运单以及有关资料详细核对品名、规格、数量，并要注意物品外观，查看包装、封印是否完好，有无沾污、受潮、水渍、油渍等异状，若有不符或疑点，应当场要求运输部门检查。

④提货后的注意事项。在短途运输中，要做到不混不乱，避免碰坏和损失。危险品应按照危险品搬运规定办理。

⑤到库后的工作。物品到库后，提货员应与保管员密切配合，尽量做到提货、运输、验收、入库、堆码成一条龙作业，从而缩短入库验收时间，并办理内部交接手续。

2）专用线接车。专用线接车是铁路部门将转运的物品直接送到仓库内部专用线的一种接运方式。在操作时应注意以下几个方面：

①卸车前的检查。它包括核对车号，检查车门、车窗、货封有无异样，物品名称、箱件数量是否与物品运单上相符。对盖有篷布的敞车，应检查覆盖状况是否严密完好，尤其要查看有无雨水渗漏的痕迹和破损以及散捆等情况。

②卸车过程。物品要按车号、品名、规格分别堆码，做到层次分明、便于清点，并标明车号和卸车日期。注意物品外包装的指示标志，妥善处理苫盖，防止受潮和污损，与保管人员一同监卸，争取卸车与物品件数一次点清。卸货后货垛之间要留有通道，与消防、电力设施保持一定距离，与专用线铁轨外侧距离要大于1.5m。正确使用装卸机具和安全防护用具，确保人身和物品安全。

③卸车后的清理。检查车内物品是否卸净，关好车门、车窗，通知车站取车，做好卸车记录。办理内部交接手续，将卸车记录和运输记录交付保管人员，将进货物品件数交付保管人员。

3）仓库自行接货。仓库接受货主委托直接到供货单位提货时，应将接货与检验工作结合起来同时进行。仓库应根据提货通知，了解所提货物的性能、规格和数量，准备好提货所需的机械、工具，安排好工作人员，配备验收员在供方现场检验物品的质量、清点物品的数量，并作好验收记录，接货与验收合并一次完成。

4）库内接货。存货单位或供货单位将物品直接运送到仓库储存时，应由保管员或验收人员直接与送货人员办理交接手续，当面验收物品并做好记录。如果发现物品有差错，应填写记录，由送货人员签字证明，据此向有关部门提出索赔。

4. 入库验收　物品入库检验是仓库在物品正式入库前，按照验收业务作业流程规定的程序和手续，核对凭证等，对到库物品进行数量和质量检验。凡物品进入仓库储存前，必须经过检查验收，只有检验合格后的物品，方可入库保管。物品的验收工作是做好物品保管、保养和使用的基础，验收记录是仓库提出退货、换货和索赔的依据，验收也是避免物品积压、减少经济损失的重要手段，验收还可以防止劣质物品进入流通渠道，有利于保证物品的质量和维护国家利益。

（1）验收工作的要求　物品验收工作是一项技术要求高、组织严密的工作，关系到整个仓储业务能否顺利进行。所以，必须做到及时、准确、严格和经济。

（2）验收准备　仓库在接到到物品通知后，应根据物品的性质和批量提前做好验收前的准备工作。具体工作内容见表3-1。

表3-1　验收准备工作

验收准备	具体内容
人员准备	安排好负责质量验收的技术人员或用料单位的专业技术人员，以及配合数量验收的装卸搬运人员
资料准备	收集并熟悉待验物品的有关文件，如技术标准、订货合同等
器具准备	准备好验收用的检验工具，如衡器、量具等，并确保其准确地检验
货位准备	确定验收入库时存放的货位，准备堆码所需的苫垫材料
设备准备	大批量物品的数量验收必须要有装卸搬运机械的配合，应做好设备的调配
此外，对于有些特殊物品的验收，如毒害品、腐蚀品、放射品等，还要准备相应的防护用品	

（3）核对资料凭证　核对资料凭证就是将入库通知单、订货合同与供货单位提供的所有凭证逐一核对。入库物品必须具备下列凭证：

1）入库通知单和订货合同副本，这是仓库接受物品的凭证。

2）供货单位提供的材质证明书、装箱单、磅码单、发货明细表等。

3）物品承运单位提供的运单，若物品在入库前发现残损情况，还要有承运部门提供的货运记录或普通记录，作为向责任方交涉的依据。

（4）实物检验　所谓实物检验，就是根据入库单和有关技术资料对实物进行数量和质量检验。

1）数量检验。数量检验是保证物品数量准确不可缺少的重要步骤，一般在质量验收之前，由仓库保管职能机构组织进行。按物品性质和包装情况的不同，数量检验分为以下三种形式：

①计件。计件是按件数供货或以件数为计量单位的物品，做数量验收时的清点件数。一般情况下，计件物品应全部逐一点清。国内货物只检查外包装，不拆包检查。

②检斤。检斤是按重量供货或以重量为计量单位的物品，做数量验收时的称重。金属材料、某些化工产品多半是检斤验收。按理论换算重量供应的物品，先要通过检尺，如金属材料中的板材、型材等，然后按规定的换算方法换算成重量验收。所有检斤的物品都应填写磅码单。

③检尺求积。检尺求积是对以体积为计量单位的物品，如木材、竹材、砂石等，先检尺后求体积所做的数量验收。所有检尺求积的物品都应填写磅码单。

在做数量验收之前，还应根据物品来源，包装好坏或有关部门的规定，确定对到库物品是采取抽验还是全验方式。在一般情况下，数量检验应全验，即按件数全部进行点数，按重量供货的全部检斤，按理论换算重量供货的全部检尺，后换算为重量，以实际检验结果的数量为实收数。

2）质量检验。质量检验包括外观检验、尺寸精度检验、力学物理性能检验和化学成分检验四种形式。仓库一般只做外观检验和尺寸精度检验，后两种检验如果有必要，则由仓库技术管理职能机构取样，委托专门检验机构检验。

①物品的外观检验。在仓库中，质量验收主要指物品外观检验，由仓库保管职能机构组织进行。外观检验是通过人的感觉器官，检验物品的包装外形或装饰有无缺陷；检查物品包装的牢固程度；检查物品有无损伤，如撞击、变形、破碎等；检查物品是否被雨、雪、油污等污染，有无潮湿、霉腐、生虫等。外观有缺陷的物品，有时可能影响其质量，所以对外观有严重缺陷的物品，要单独存放，防止混杂，等待处理。凡经过外观检验的物品，都应填写“检验报告”。物品的外观检验，通过直接观察物品包装或物品外观来判别质量情况，大大简化了仓库的质量验收工作，避免了各个部门反复进行复杂的质量检验，从而节省了大量的人力、物力和时间。

②物品的尺寸精度检验。尺寸精度检验由仓库的技术管理职能机构组织进行。进行尺寸精度检验的物品，主要是金属材料中的型材、部分机电产品和少数建筑材料。不同型材的尺寸检验各有特点，如圆形材料主要检验直径和圆度；管材主要检验壁厚和内径；板材主要检验厚度及其均匀度等。对部分机电产品的检验，一般请用料单位派员进行。尺寸精度检验是一项技术性强，较费时间的工作，全部检验的工作量大，并且有些物品质量的特征只有通过破坏性的检验才能测出，所以，一般采用抽验的方式进行。

③ 理化检验。理化检验是对物品内在质量和物理化学性质所进行的检验，一般主要是对进口物品进行理化检验。对物品内在质量的检验要求一定的技术知识和检验手段，目前仓库多不具备这些条件，所以，一般由专门的技术检验部门进行。

以上质量检验是物品交货时或入库前的验收。在某些特殊情况下，尚有完工时期的验收和制造时期的验收，这就是指在供货单位完工和正在制造过程中，由需方派员到供货单位检验。应当指出，即使在供货单位检验过的物品，或者因为运输条件不良，或者因为质量不稳定，也会在进库时发生质量问题，所以交货时入库前的检验，在任何情况下都是必要的。在物品的检验过程中，需要添写检验报告，检验报告见表3-2。

表3-2 检验报告

供货商			订单号			验收员		
运单号						验收日期		
运货日期			到货日期			复核员(日期)		
序号	储位号	物品名称	规格型号	物品编号	包装单位	应收数量	实收数量	备注

（5）验收方式　物品验收方式分为全验和抽验两种。

物品在进行数量和外观验收时一般要求全验。在质量验收时，当批量小、规格复杂、包装不整齐或要求严格验收时可以采用全验。全验需要大量的人力、物力和时间，但是可以保证验收的质量。在批量大、规格和包装整齐，存货单位的信誉较高或验收条件有限的情况下，通常采用抽验的方式。随着物品质量和储运管理水平的提高以及数理统计方法的发展，为抽验方式提供了物质条件和理论依据。物品验收方式和有关程序应该由存货方和保管方共同协商，并通过协议在合同中加以明确规定。

（6）验收中发现问题的处理　在货物验收过程中，会发现各种各样的问题，如数量上的短缺、质量上的残损、包装上的残损以及业务资料、凭证的不符等。见表3-3。

表3-3 验收中发现问题的处理

验收中的问题	处理办法
件数不符	在接货大数点收中，如发生件数与通知单所列不符，数量短少，经复点确认后，应随即在送货单各联上批注清楚，先按实数签收，由收货人与承运人共同签章。经验收核对确实，由保管人员将查明的短少物品的品名、规格、数量通知运输承运人、发货人和存货人
数量不符	对计重验收的物品，数量上出现误差时，凡其误差量在规定范围以内的，仓库可按实际验收时的数量验收入库，并填写入库单(验收单)。如果超过规定的误差范围，经核对查实后，按实际数量填写磅码单和验收记录，交发货人和存货人交涉处理。在该批货物未做出处理结果前，应将该批物品单独堆放，妥善保管，待处理后，方可办理入库手续

（续）

验收中的问题	处理办法
包装异状或不符合要求	在收货中发现物品包装有异状或不符合要求时，特别是对不能保护物品安全的包装，收货人员应通知送货人，并会同送货人员开箱、拆包检查，查明确有残损或内装细数短少情况，由送货人出具入库物品异状记录，或在送货单上注明；同时，应通知保管人员另行堆放。待送货单位开箱验明无短缺的情况下，分清责任、整理加固或换装后，再行办理入库堆垛
物品异状	在接货时，发现入库物品外观质量有异状，要分情况，区别处理。对由铁路专用线或汽车运输送来的物品，在接收物品时，发现水渍、玷污、损坏等情况，由仓库收货人员直接与承运人交涉，应由运输承运人编制商务记录或出具证明书；如该批物品在托运之时，发货人另有附言，损坏责任不属承运人者，也应由承运人作出普通记录，并由承运人签章。如属异状轻微，不影响使用，而存货人又要求入库的，仓库按异状情况连同存货人意见，一并在入库单上批注清楚，方可予以办理入库手续；如属异状严重，但数量较少的，送货人同意及时到库调换、整理的，仓库可以先收货，待调换整理后，再签发单证；如属异状严重而数量又多的，应配合送货人、存货人做好退货或在库整理工作，暂不签发单证
质量问题	在开箱、拆包验收时，发现物品有残损、变质情况，保管员或验收人员应将残损物品另列，好坏分开。签收的单据则根据存货人的规定办理，可同时在一份物品入库单上分为完整物品、残损物品签收，也可另设残损物品入库单。残损物品签收后，也应及时通知存货人和发货人，并分开堆存，保持原状，以便检查和处理 当发货人提供的质量证明书与存货人入库单的质量要求不符时，验收人应如实填写“物品检验记录”，暂不办理入库手续，及时通知存货人，由存货人与发货人交涉，待存货人提出办法处理后，再办理入库的手续。若入库物品在开箱、拆包验收中发现品名、规格、牌号、产地等与入库单所列不符，仓库可根据实际规格牌号、产地改单签收，但应与存货人联系，并在备注栏内说明情况，等待处理
单证不全或单货不符	物品验收必须单证资料齐全、物品到齐，若出现有货无单、有单无货或货未到齐，应根据不同情况，区分处理。如果物品已经接运到库，而单证未到，应视为待验物品，可堆放在待验区加以妥善保管，并应催促存货人，待单证资料齐全后再予以验收。若该种物品急需，也可先进行预验，待单证到齐后，再正式办理入库手续。若“入库单”和其他有关凭证已到，而在规定的时间内该批物品未到库时，应尽快向存货人反映，以便存货人及时向发货人或承运人查询，如查明确无来货，可将单据送回存货人处注销。因运输中途甩货，或物品批次转运不畅等原因，同批物品未能一起到达仓库时，收货人可在送货单上按实收数量签注，并接收已到物品入库，但对物品入库单则应分单签收

5. 办接交接手续和登记

（1）交接手续　交接手续是指仓库对收到的物品向送货人进行的确认，表示已经接受物品。办理完交接手续，意味着划分清楚运输、送货部门和仓库的责任。完整的交接手续包括：

1）接受货物。仓库通过理货，查验物品，将不良物品剔除、退回或者编制残损单证等明确责任，确定收到物品的确切数量，确认物品表面状态良好。

2）接受文件。接受收货人送交的资料，运输的货运记录以及随货在运输单证上注明的相应文件，如图样、准运证等。

3）签署单证。仓库与送货人或承运人共同在送货人交来的送货单、到货交接清单上签字，并留存相应单证，见表3-4。

表3-4　到货交接清单

收货人	发站	发货人	物品名称	标志标记	单位	件数	重量	物品存放处	车号	运单号	提料单号
备注											

（2）登账　物品入库，仓库应建立详细反映货物仓储的明细账，登记物品进库、出库、结存情况，用以记录库存物品动态和出入库过程。登账的主要内容有：物品名称、规格、数量、件数、累计数或结存数、存货人或提货人、批次、金额，注明货位号或运输工具以及接（发）货经办人。

（3）立卡　物品入库或上架后，将物品名称、规格、数量或出入库状态等内容填写在料卡上，称为立卡。料卡又称为货卡、货牌，插放在货架上物品下方货垛正面的明显位置。

（4）建档　仓库应对所接受仓储的物品或者委托人建立存货档案或者客户档案，以便物品管理和保持客户联系，也为将来可能发生的争议保留凭证。物品档案应一货一档，将该物品入库、保管、交付的相应单证、报表、记录、作业安排、资料等的原件或者附件、复印件存档。存货档案应统一编号、妥善保管和长期保存。

3.2　物品在库业务管理

3.2.1　仓库的储存规划

仓库的储存规划，是根据仓库总平面布置和物品储存任务，对库房、料棚、物品进行合理分配，并对其内部空间进行科学的布置。其主要内容有，物品的分区分类、划分储位、货位编号、库房（料棚、货物）的平面布置。

1. 物品的分区分类　商品的分区是指根据仓库保管场所的建筑、设备等条件，将库房、货场、料棚和货架等划分为若干保管区，以适应定区储存一定物品的需要。

物品的分类，则是指根据仓储物品的自然属性、养护需要的一致性，将仓储物品划分为若干类，便于结合业务需要，分别按种类集中储存于相对固定的货区。

在对物品进行分区分类时，应注意对危险品和一般物品、有毒货物和食品、性能抵触、互相串味的物品、养护方法不同的物品分开存放，确保物品的存储安全。

（1）物品分区分类的方法

1）按物品的各类和自然属性划分。它是指按照物品的理化性质，将物品分成若干大类分别储存，对同类物品安排在同一库区，进行集中统一管理。如被单、被罩等床上用品可存放在同一库区。

2）按物品的流向划分。短期中转、吞吐量较大的物品，如在各种交通场站和码头的中转库，一般可采用这种方法。

3）按不同货主划分。当仓库为几个大货主服务时，为方便货主物品的存取，避免和减少物品混淆，往往采用这种方式。

4）按物品的危险性质划分。易燃、易爆、放射性、腐蚀性等化学品、危险品决不能混杂存放在同一库房或同一库区，必须严格分区分类存放。

5）混合分区。它是指将上述几种方法结合起来运用。

各种分区分类方法各有优缺点，通常情况下多采用混合分区法。为了业务管理的方便，对物品的分类划区应与物品目录的分类相一致。

（2）物品分区分类的原则　对存入同一库房的物品，应考虑彼此间的互容性。凡两种物品相互之间不发生或很少发生不良影响的，称两者之间具有互容性。如金属材料、金属制品、金属零配件、机械设备等，彼此之间不影响，允许存入同一库房。

但也有些物品因某些原因不宜混存。凡相互影响、要求不同保管条件和不同作业手段的物品，容易相互影响、要求的保管条件不同、或是存入同一库房会给收发作业带来困难，因此不宜存入同一库房。如易燃品与自燃物、炸药与起爆器材容易相互影响，在物品分区分类时必须予以考虑。

2. 仓库的布置　仓库的布置是指对仓库内的存货区、入库检验区、理货区、配送备货区、通道以及辅助作业区在规定范围内进行全面合理的安排。在库存物的处置成本和仓库空间之间寻找最优平衡。

（1）仓库总平面布局　仓库总平面布局是指对一个仓库的各个组成部分，如库房、料棚、货场、辅助建筑物、铁路专用线、库内道路、附属固定设备等，在规定的范围内，进行平面和立体的全面合理地安排。合理的仓库布局要适应仓储企业的生产流程，提高仓储企业的经济效益，并且有利于保证安全生产和文明生产。

（2）货位的平面布置　货位的平面布置是指对库房、料棚、货场内的货架、货垛、通道、架（垛）间距、收发料区、办公地点等进行合理划分，正确安排它们的相互位置。平面布置时主要依据库存各类物品在仓库中的作业成本，按成本高低分为A、B、C三类，A类物品成本大、作业量大，应占据作业最有利的货位，B类次之，C类再次之。货位的平面布置形式主要有垂直式和倾斜式两种。

3. 货位的编号　货位编号是在物品分区分类存放时，将库房、货场、料棚、货垛、货架及商品存放的具体位置，统一编号，做出明显的标志。货位编号时标志设置要适宜、标志制作要规范，而且编号顺序要一致。仓库中货位编号常用的方法有以下几种：

（1）仓库各储存场所的编号　把整个仓库的所有储存场所，依其位置按顺序编号，对库房的号码可统一写在库房外墙或库门上，字体要统一、端正，编号要清晰、醒目，易于查找。货场的编号一般写在地上，料棚编号书写的地方则可根据具体情况而定，应让人一目了然。

（2）库房内货位编号　根据库内业务情况，按照库内干、支道分布，划分为若干货位，按顺序以各种简明符号与数字，来编制货区、货位的号码，并标于明显处。

（3）货架上货位编号　在收发零星物品及进行拼装作业的仓库，往往在一个库房有许多货架，每个货架有许多格，作为存货的货位。可先将一个仓库内的货架进行编号，然后再对每个货架的货位按层、位进行编号。

商业仓库中常采用的是“四号定位”编号方法，即由库房号、货架（垛）号、货架（垛）层号、货位顺序号表明物品储存的位置。顺序应从上到下，从左到右。

“四号定位”，严格说来尚有不足，如库房、料棚、货场不能区分，容易混淆；没有把料区表示出来，在仓库比较大的情况下，货架（垛）的位置仍不易查找。对“四号定位”加以补充，形成了“六号定位”。一是补充了区分库房、料棚、货场的符号，用汉语拼音的字母表示，如用“K”表示库房、用“P”表示料棚、用“C”表示货场，放在编号之首。二是补充料区编号，可用字母表示。

（4）货场货位编号　货场货位编号常见的有两种方法：一种是在整个货场

内先为各排物品编上排号，然后再按各排货位顺序编上货位号；另一种是不分排号，直接按货位顺序编号。对于集装箱堆场，应对每个箱位进行编号，并画出箱门和四角位置标记。

3.2.2　物品的堆垛与苫垫

1. 物品的堆码　中华人民共和国国家标准《物流术语 GB/T 18354—2001》中规定：“堆码是指将物品整齐、规则地摆放成货垛的作业。它根据物品的性质、形状、重量等因素，结合仓库储存条件，将物品堆码成一定的货垛。”

（1）堆码的基本原则

1）分类存放。分类存放是仓库储存规划的基本要求，是保证物品质量的重要手段，也是堆码需要遵循的基本原则。不同类别的物品分类存放，甚至需要分区分库存放；不同规格、不同批次的物品要分位、分堆存放；残损物品与原货分开存放；对于需要分拣的物品，在分拣之后，应分开存放。

2）选择适当的搬运活性。为了减少作业时间、次数，提高仓库物流速度，应根据物品作业的要求，合理选择物品的搬运活性。

（2）堆码的基本要求　在物品堆码前要结合仓储条件做好准备工作，在分析物品的数量、包装、清洁程度、属性的基础上，遵循合理、牢固、定量、整齐、节约、方便等方面的基本要求，进行物品堆码。

1）合理。合理是指要求不同性质、品种、规格、等级、批次和不同客户的物品，应分开堆放；货垛形式适应物品的性质，有利于物品的保管，能充分利用仓容和空间；货垛的间距要符合作业以及防火安全的要求；大不压小，重不压轻，缓不压急，不会围堵物品，确保“先进先出”。

2）牢固。牢固是指堆放稳定牢固，不偏不斜，必要时采用衬垫物固定，不压坏底层物品或包装，不超过库场地坪承载能力。货垛较高时，上部适当向内收小。易滚动的物品，使用木楔或三角木固定，必要时使用绳索、绳网对货垛进行绑扎固定。

3）定量。定量是指每一货垛的物品数量保持一致，采用固定长度和宽度，且为整数，每层货量相同或成固定比例递减，能做到过目成数。每垛的数字标记清楚，货垛牌或料卡填写完整，摆放在明显位置。

4）整齐。整齐是指货垛堆放整齐，垛形、垛高、垛距标准化和统一化，货垛上每件物品都摆放整齐、垛边横竖成列、垛不压线，物品外包装的标记和标志一律朝垛外。

5）节约。节约是指尽可能堆高，避免少量物品占用一个货位，以节约仓容，提高仓库利用率；妥善组织安排，做到一次作业到位，避免重复搬运，节约劳动消耗；合理利用苫垫材料，避免浪费。

6）方便。方便是指选用的垛形、尺度、堆垛方法应方便堆垛和搬运装卸作业，提高作业效率；垛形方便理数、查验物品，方便通风、苫垫等保管作业。

（3）堆码方式

1）散堆方式。散堆方式是指将无包装的散货在仓库或露天货场上堆成货堆的存放方式。这种堆码方式简单，便于采用机械设备装卸、堆码，节省包装费用和运费。这种方式特别适用于大宗散货。

2）堆垛方式。堆垛方式是指直接利用物品或其包装外形进行堆码的存放方式。这种堆码方式能够充分利用仓容，做到库内整齐，方便作业和保管。物品的堆码方式主要取决于物品本身的物质、形状、体积、包装实际情况，把货垛堆码成各种样式，以利于保护物品质量。常见的堆码方式有以下几种：

①重叠式。重叠式也称直堆法或竖直法，即逐件、逐层向上重叠堆码，一件压一件的堆码方式。该方法方便作业、计数，但稳定性较差。适用于袋装货物、箱装货物以及平板、片式货物等。

②纵横交错式。纵横交错式是指每层物品都改变方向向上堆放，适用于管材、捆装和长箱装等物品。该方法较为稳定，但操作不便。

③仰伏相间式。仰伏相间式是指对上下两面有大小差别或凹凸的物品，如槽钢、钢轨、箩筐等，仰放一层，再反一面伏放一层，仰伏相间相扣。该垛极为稳定，但操作不便。

④压缝式。压缝式是指将底层物品并排摆放，上层放在下层两件物品之间，如果每层物品都不改变方向，则形成梯形形状；如果每层都改变方向，则类似于纵横交错式。

⑤通风式。通风式是指物品在堆码时，相邻的物品之间都留有空隙，以便通风。层与层之间采用压缝式或纵横交叉式。可以用于所有箱装、桶装以及裸装物品，起到通风防潮、散湿散热的作用。

⑥栽柱式。栽柱式是指码放物品前在货垛两侧栽上木桩或者钢棒，然后将物品平码在桩柱之间，几层后用钢丝将相对两边的桩柱拴连，再往上摆放物品。此方法适用于棒材、管材等长条状物品。

⑦衬垫式。衬垫式是指码垛时，隔层或隔几层铺放衬垫物，沉淀物平整牢靠后，再往上码。适用于不规则且较重的物品，如无包装电机、水泵等。

3）有特殊要求的物品堆码方式

①怕压物品的堆码。此类物品堆码时应根据物品承受力的大小，适当的控制堆码的方式和堆码的高度。对于体形不大或不太特殊的物品，为保证不被压坏，并充分利用库容量，可利用货架摆放。

②易渗漏物品的堆码。此类物品为方便检查，应堆码成小垛，并且成行排列，同时行与行之间也应留有一定的间隔。

③危险品的堆码。此类物品在满足物品堆码基本要求的基础上，根据危险品

的属性，进行物品堆码。要注意保持堆放场所干燥、通风、阴凉，做好防毒、防爆、防腐工作。

（4）货垛堆码标准

1）货垛的垛高。货垛的垛高会直接影响仓库的容量、安全和货垛的稳定性。普通物品货垛的垛高主要受物品性质和包装的影响；轻泡货的垛高主要受仓库空间高度的影响；而重货的垛高受仓库地坪载荷的影响；有一些物品受其自身承重和包装层数限制而影响垛高。所以在确定垛高 H 时要综合考虑仓库空间高度、仓库地坪设计载荷及物品自身特性和包装对垛高的要求等三项指标。

$$H = \min\{H_{地坪}, H_{货高}, H_{库高}\}$$

式中　$H_{地坪}$——货垛高度；

$H_{货高}$——地坪载荷允许货垛高度；

$H_{库高}$——仓库空间允许货垛高度。

实际货垛高度（H）具体由 $H_{地坪}$，$H_{货高}$，$H_{库高}$三个指标共同确定。选用三者中的最小值，才能在保证库场地坪安全以及物品本身不会损坏前提下实现仓容利用率的最大化。

2）货垛的五距。物品的堆码要保持货垛“五距”，即指墙距、柱距、顶距、灯距和垛距。“五距”的主要作用是通风、防潮、散热、安全和方便。

①墙距。为了防止库房墙壁和货场围墙上的潮气对物品的影响，也为了开窗通风、消防工作、建筑安全、收发作业，货垛必须留有墙距。库内货垛与隔断墙的内墙距不得小于0.3m；外墙距不得小于0.5m。

②柱距。为了防止库房柱子的潮气影响货物，必须留有柱距。货垛或货架与库房内支撑柱子之间应留有不小于0.2～0.3m的距离。

③顶距。货垛堆放的最大高度与库房、货棚屋顶间的距离，称为顶距。平房仓库顶距应不小于0.3m；多层库房顶距不得小于0.5m；人字形屋架库房，以屋架下檐（横梁）为货垛的可堆高度，即垛顶不可以触梁。

④灯距。货垛与照明灯之间的必要距离称为灯距。为了确保储存物品的安全，防止照明发出的热量引起靠近物品燃烧而发生火灾，货垛必须留有灯距。灯距必须严格规定不得小于0.5m，但对危险物品应按其性质，另行规定。

⑤垛距。它是指货垛与货垛或货架与货架之间的必要距离。常以支道作为跺距，适当的垛距能方便存取作业，起通风、散热的作用，方便消防工作。库房的垛距应不小于0.5m；货架与货场货垛间距均应不小于0.7m。

小资料

仓库通道的宽度应根据物品体积的大小和作业机械的要求进行设计。通道一般包括主干道和支干道以及副道。主干道的宽度一般为2～3.5m，不小于1.5m。通道转弯处的宽度，根据物品和作业机械要求可酌情考虑。叉车作业，其通道宽度可以通过计算求得，当单元装载的宽度小于长度时，可利用下式计算。

$$W = R + D + L + C$$

式中 W——通道宽度（主干道或支干道）；

R——叉车外侧转弯半径；

D——货物至叉车轴中心线的距离；

L——货物长度；

C——叉车操作余量。

货垛堆码必须满足仓库消防规定，不能倚墙靠柱，不能与屋顶照明设备接触，与墙、柱、顶、灯之间保留适当距离，货垛相互间也不能挤得太紧，并保证货垛堆码时避开排水沟。

（5）垛形　垛形是指货垛的外部形状。一般从货垛立面形状分，可以分为矩形、正方形、三角形、梯形、半圆形、井形和梅花形等。不同立面的货垛都有各自的特点：矩形垛易于堆码，便于盘点计数，库容整齐，但随着堆码高度的增加货垛稳定性就会下降；三角形、梯形和半圆形垛的稳定性好，便于苫盖，但是不便于盘点计数，空间的利用低于矩形货垛；井形垛垛型稳固，但层边货物容易滚落，需要捆绑或者收进；梅花形垛货物摆放紧凑，充分利用货物之间的空隙，节约了库场面积。

2. 物品的苫垫　物品苫垫是指用某种材料对货垛进行苫盖和铺垫的操作方法。物品在储存保管中进行合理的上盖和下垫，是保护物品质量的必要措施。物品苫垫是否合理将关系到储存物品的安全和质量，在具体选择苫垫方式时应考虑物品的性能、季节气候的变化以及是否便于物品的管理。

（1）物品苫盖　苫盖是指采用专用苫盖材料对货垛进行遮盖，以减少自然环境中的阳光、雨、雪、风、露、盐酸、尘、潮气等对物品的侵蚀、损害，并使物品因自身理化性质所造成的自然损耗尽可能减少，保护物品在储存期间的质量。特别是露天存放的物品在码垛以后，一般都应进行妥善地苫盖，以避免物品受损。需要苫盖的物品，在堆垛时应根据物品的特性、堆存期的长短、存放货场的条件，注意选择苫盖材料和堆码的垛型。常用的苫盖材料有帆布、竹席、塑料膜、铁皮、铁瓦、玻璃钢瓦等。

1）苫盖的要求。苫盖需要满足货物遮阳、避雨、挡风、防尘的要求。因此，顶面必须倾斜，避免雨雪后的积水渗入货垛，苫盖物不能苫到地面，苫盖物的下端应离开地面 1cm 以上，以避免阻碍货垛通风和对地面雨雪积水产生虹吸现象。苫盖物必须捆扎牢固，防止被风刮落。苫盖的具体要求包括：

①苫盖选料要合理。选择合适的苫盖材料，选用符合防火、无害的安全苫盖材料，注意苫盖材料本身对物品是否会发生不良反应，从成本上考虑苫盖材料与物品的性价比是否恰当，苫盖物是否适宜当地气候等。

②苫盖要牢固。每张苫盖材料都需要牢固固定，必要时对苫盖物外用绳索、绳网绑扎或采用重物镇压，确保不被风揭开。贵重物品、散装粉末类物品尽量避免在露天货场存放。

③苫盖接口要紧密。苫盖必须有接口时，要拴牢或压实，要有一定宽度的互相叠盖，不能留迎风接口或空隙，苫盖必须拉挺、平整，不得折叠和凹陷，防止积水。

④苫盖的底部与垫垛平齐，不远离或拖地。衬垫材料不得露出垛外，以防雨水顺延渗入垛内。

2）苫盖的方法

①就垛苫盖法。就垛苫盖法就是指直接将大面积苫盖材料覆盖在货垛上遮盖的方法。此法适用于起脊垛或大件包装的物品，一般采用大面积的帆布、油布、塑料膜等。就垛苫盖法操作便利，但基本不具有通风条件。因此，就垛苫盖法适合于对通风要求不高的物品，要注意地面干燥。

②鱼鳞式苫盖法。鱼鳞式苫盖法就是将苫盖材料从货垛的底部开始，自下而上呈鱼鳞式逐层交叠围盖的苫盖方法。此法一般采用面积较小的席、瓦等材料苫盖。鱼鳞式苫盖法具有较好的通风条件，但每件苫盖材料都需要固定，操作比较烦琐复杂。

③固定棚架苫盖法。固定棚架苫盖法就是用预制的苫盖骨架与苫叶合装而成的简易棚架的苫盖方法，但此法不需基础工程，可随时拆卸和人工移动。

④活动棚架苫盖法。与固定棚架不同的是，活动棚架在四周及顶部铺围苫盖物，在棚柱底部装上滚轮，整个棚架可沿固定转道移动。活动棚本身需要占用仓库位置，固定轨道要占用一定使用面积，需要较高的购置成本。

⑤隔离苫盖法。隔离苫盖法法与简易苫盖法的区别在于苫盖物不直接摆放在货垛上，而是采用隔离物使苫离物与货垛间留有一定的空隙。隔离物可用竹竿、木条、钢筋和隔离板等。此法优点是利于排水和通风。

（2）物品垫垛　垫垛是指在物品码垛前，在预定的货位地面位置，根据物品保管的要求和堆放场所的条件，使用适合的衬垫材料进行铺垫。常见的衬垫材料有枕木、废钢轨、货板、货板架、木板、水泥板、垫石、防潮纸等。

1）垫垛的目的

①使物品与地面隔离，避免地面潮气自垛底侵入。

②形成垛底通风层，有利于货垛通风排湿。

③通过强度较大的衬垫物使重物的压力分散，减少物品对地坪的压力。

④避免地面的杂物污染货垛物品。

2）垫垛的基本要求

①地面要平整夯实，衬垫物要摆平放正，并保持同一方向，间距适当。

②所使用的衬垫物必须保证与拟存物品不会发生不良影响。

③直接接触物品的衬垫面积应与货垛底面积相同，衬垫物不要伸出货垛外。

④衬垫物要有足够的高度，露天堆场要达到0.3～0.5m，库房内0.2m即可。

3.2.3 物品的养护

1. 物品养护概述　物品养护工作就是针对物品的不同特性积极创造适宜的储存条件，采取适当的保管保养措施，以保证储运物品的安全，保证物品质量和数量，减少物品损耗，节约费用开支。物品养护是防止物品质量变化的重要措施，是仓储保管中的一项经常性工作。

(1) 物品养护的概念　物品的养护是对储运物品实施的保养和维护的技术管理工作。物品储存是物品养护的必要条件，物品由生产部门进入流通领域后，需要分别对不同性质的物品在不同的储存条件下采取不同的技术措施，以防止其质量劣变。

(2) 物品养护的目的任务　物品养护的目的和任务是通过研究各类物品在不同储运环境条件下的质量变化规律及其内外部因素，采取有效的技术措施和科学管理方法，创造优良的储运环境条件，从而保护物品质量，避免受到损失。

(3) 物品养护的基本措施

1) 安排合理的储存场所。物品由生产部门进入流通领域，首先进入储存部门。为了确保其质量不变，应根据物品的性能，选择适当的储存地点，同时要注意避免与同库储存的其他物品在性质上相互抵触，避免受串味、沾染以及其他因素的影响。

2) 堆垛和苫垫合理化。入库物品应根据其性质、包装条件、安全要求采用适当的堆垛方式，达到安全牢固、便于堆垛且节约仓库的目的。为了方便检查、通风、防火和库房建筑安全，应适当地留出垛距、墙距、柱距、顶距、灯距以及一定宽度的主通道和支通道。为了防止物品受潮和防汛的需要，货垛垛底应适当垫高，对怕受潮的物品的垛底还需要加垫隔潮层。露天货垛必须苫盖严密，达到风吹不开、雨淋不湿的要求，垛底地面应稍高，货垛四周应无杂草，并设有排水沟以防积水。

3) 加强仓库温湿度管理。各类物品在储存过程中发生的质量变化，多数是由于受到温度和湿度的影响。因此，不同的物品在储存过程中都要求有一个适宜的温湿度范围，这样就需要掌握自然气候变化规律，并通过采取各种措施，使库房内的温度和湿度得到控制与调节，创造适宜物品储存的温湿度条件以保证物品的质量不变。

4）检查仓库。物品在储存期间受到各种因素的影响，在质量上可能发生变化，如未能及时发现就可能会造成损失，因此需要根据物品的性质、储存条件、储存时间以及季节气候变化分别确定检查周期、检查比例、检查内容，分别按期进行检查或进行巡回检查。在检查中若发现异状，要扩大检查比例，并根据问题情况，及时采取适当的技术措施及时处理，防止物品的质量受到损害。

5）开展科学试验。对入库储存的物品应及时检验其质量，开展对货物质量变化规律的研究并进行养护措施的科学试验，是养护科研工作的一项重要内容。通过试验获得的可靠数据，证实养护措施的可靠性以指导实践，再通过实践的数据反馈，使养护措施的可靠性得到验证，或根据其不足之处再作进一步研究和改进。

2. 仓库温度的控制和调节

（1）仓库温度、湿度的含义　温度和湿度是影响物品质量变化的重要因素。物品在储存保管期间都要有一个适宜的温湿度。仓库里平常指的温度有几种：库房外叫气温；库房内叫库温；储存物品的温度叫垛温。

空气湿度是指空气中水蒸气含量多少的程度。一般以绝对湿度、相对湿度和饱和湿度来表示。在仓库的湿度管理中，检查库房的湿度大小，主要是观测相对湿度的大小。

（2）仓库温度、湿度的控制和调节方法　各种物品按照其内在特性，要求有其适当的温湿度范围。为了创造适宜于物品储存的环境，应采取各种措施控制仓内温湿度的变化，及时调节仓库内的温湿度。密封、通风与吸潮相结合的方法，是控制与调节库内温湿度行之有效的方法。

1）仓库的密封。利用防潮、绝热、不透气的材料把整库、整垛或整件物品尽可能地密封起来，减少外界不良气候条件对其影响，从而达到物品安全储存的目的。采用密封方法，要和通风、吸潮方法结合起来运用，达到防潮、防热、防干裂、防冻、防溶化的目的，还可以收到防霉、防火、防锈蚀、防老化等各方面的效果。密封储存时应注意的事项：

①在密封前要检查物品质量、温湿度是否正常，如发现生霉、生虫、发热等现象，和物品含水湿超过安全范围或包装材料过潮，就不能进行密封。

②根据物品的性能和气候情况来决定密封的时间。怕潮、怕溶化、怕霉的商品，应选择在相对湿度较低的时节进行密封。

③常用的密封材料有塑料薄膜、防潮纸、油毡、芦席等。这些密封材料必须干燥清洁，无异味。

④常用的密封方法有整库密封、按垛密封以及按货架、货柜、货厨密封、按件或箱密封等。选用哪种方法，要根据物品养护的需要，结合气候情况与储存条件，因地制宜，就地取材，灵活运用。

2）通风。通风是利用库内外空气温度不同形成的气压差，使库内外空气形成对流，来达到调节库内温湿度的目的。库外温度差距越大，空气流动就越快；若库外有风，借风的压力更能加速库内外空气的对流。但风力也不能过大（风力超过5级，灰尘较多）。正确地进行通风，不仅可以调节与改善库内的温湿度，还能及时散发商品及包装物的多余水分。按照通风目的的不同，可分为利用通风降温（或增温）和利用通风散湿两种。利用通风调节库内温湿度的关键，是选择通风时机。在实际工作中应注意当库外空气的相对湿度和绝对湿度都低于库内时，可以通风；当库外温度和绝对湿度都低于库内，而相对湿度稍高时，可以通风；当库内外温度接近，库外相对湿度比库内低，或库内外的相对湿度接近而库外湿度较库内低时，可以通风。

通风方法有自然通风和机械通风。自然通风就是利用库房门窗、通风洞等，使库内外空气进行自然交换。机械通风就是在库房上部装设排风扇，在库房下部装置进风扇，利用机械进行通风，以加速库房内外的空气交换。通风时，要注意风力不能太大，以免带进尘沙，影响卫生。通风还应与吸湿、密封等方法相结合。

3）吸潮。吸潮是与密封配合，用以降低库内空气湿度的一种有效方法。在梅雨季节或阴雨天，当库内湿度过高，不适宜物品保管，而库外湿度也过大，不宜进行通风散潮时，一般在密封库内采用吸潮的办法，降低库内湿度。常采用的吸潮方法是吸潮剂吸潮或机械吸潮。

①吸潮剂吸潮。吸潮剂吸潮是利用其强烈的吸湿性能，迅速吸收空气中的水分，使库内降湿。吸潮剂的种类很多，常见的有生石灰、氯化钙、硅胶，还可以因地制宜，就地取材，如可使用木炭、炉灰和干谷壳等进行吸潮。

②机械吸潮。机械吸潮是利用吸湿机把库内的空气通过抽风机吸入吸湿机冷却器内，使其凝结为水后而排出，或者把冷却干燥的空气送入库内，如此不断循环，排出水分，促使库内降湿。机械吸潮一般用于储存棉布、针棉织品、贵重百货、医药、仪器和烟糖类的仓库吸潮。

为了保证物品储存质量，除了要对温湿度进行控制外，仓库还应根据物品的特性采取相应的养护措施。例如，对物品进行油漆，涂刷保护涂料，除锈、加固、封包等，发现虫害及时杀虫，释放防霉药剂等针对性保护措施。必要时采取转仓处理，将物品转入具有特殊保护条件的仓库，如冷藏等。

3.3 物品出库业务管理

3.3.1 物品出库的方式

物品出库要求做到“三不三核五检查”。“三不”，即未接单据不翻账，未经审单不备库，未经复核不出库；“三核”，即在发货时，要核实凭证、核对账卡和实物；“五检查”，即对单据和实物要进行品名检查、规格检查、包装检查、件数检查以及重量检查。物品出库要求严格执行各项规章制度，提高服务质量，使客户满意。其具体表现为对出库物品的品种规格严格要求，积极与货主联系，为用户提货创造各种便利条件，杜绝差错事故的发生。

物品出库的基本方式有提货、送货、托运、过户和移仓。

1. 提货　提货是由收货人或其代理人持取货凭证直接到库取货，仓库凭单发货的一种出库方式。仓库发货人与提货人可以在仓库现场划清交接责任，当面交接并办理签收手续。

2. 送货　送货是仓库根据货主单位的出库通知或出库请求，通过发货作业把应发物品交由运输部门送达收货单位或使用仓库自有车辆把物品运送到收货地点的一种出库方式。

3. 托运　托运是由仓库将货物通过运输单位托运，发到货物需用单位的一种出库方式。托运需要在仓库备完货后，到承运单位办理货运手续，通过铁路、公路、水路、航空等运输方式将物品运到购货单位指定的地点，然后由用户自行提取。

4. 过户　过户是通过转账，物品实物并未出库，但是所有权已从原货主货户转移到新货主货户中的就地划拨的出库方式。仓库必须根据原货主开出的正式过户凭证，才予办理过户手续。

5. 移仓　移仓是货主为了业务上的需要，将物品从甲库转移到乙库储存的一种发货方式。仓库必须根据货主单位开出的正式移仓单，才予以办理移仓手续。

3.3.2　物品出库的作业程序

物品出库作业程序是保证物品出库工作顺利进行的基本保证，为防止出库工作中的失误，在进行出库作业时必须严格履行规定的出库作业程序，使出库有序进行。物品出库的程序主要包括物品出库前的准备，审核出库凭证，出库信息处理，拣货，分货，包装，刷唛，点交和登账等。

1. 物品出库前的准备

1）根据货主提出的出库计划或出库请求，预先做好物品出库的各项安排（包括货位、机械设备、工具和工作人员），提高人、财、物的利用率。

2）做好出库物品的包装和标志、标记。发往异地的物品，需经过长途运输的，包装必须符合运输部门的规定，如捆扎包装和容器包装等。如果是成套的机械、器材发往异地，应事先必须做好货物的清理、装箱和编号工作，在包装上挂签（贴签）、书写编号和发运标记（物品的去向），以免错发和混发。

2. 审核出库凭证　仓库部门接到出库凭证后必须对出库凭证进行审核，包括审核出库凭证的合法性、真实性；审核出库凭证手续是否齐全，内容是否完整；核对出库物品的品名、型号、规格、单价、数量；核对收货单位、到站、开户行和账号是否齐全和准确。具体审核还包括检查领料单签字是否齐全；抽查出门单证及货物符合情况；检查内部移库手续是否齐全，经办人、负责人是否签字。出库凭证格式见表3-5～表3-7（一式三联）。

表3-5　物品出库单

领料单位　　　　　　　　　　　　　　　　　　字第　　号

品　名	数量	单位	单价	金　额									备注
合计(大写)													结存

负责人　　　　会计　　　　保管　　　　领物人

表3-6　物品出库调拨单

购货单位　　　　填单日期　年　月　日　　　发货地点

品　名	规格	单位	调出数		实发数		入库单号	入库单价	总计金额
			件数	重量	件数	重量			
备注								发运方式	
								出库日期	
到站			收货单位			车号或运单号			

财务　　开票人　　保管员　　提货员　　电话

凡在证件审核中，发现有物品名称、规格、型号不对的，印鉴不齐全的、数量有涂改的，手续不符合要求的均不能发料出库。

表 3-7 领 料 单

供货单位　　　　　　　　　　　　　　　　　　　　　　　　编号

发票号码　　年　　月　日　　　　　　　　　　　　　　　　仓库

规格	材料名称	编号	数量		实际价格/元														
			应收	实收	单位	单价	发票金额	运杂费	合计									
									千	百	十	万	千	百	十	元	角	分
备注				验收人				合计										

会计　　　出纳　　　复核　　　记账　　　制单

3. 出库信息处理　出库凭证经审核确定无误后，将出库凭证信息进行处理。当采用人工处理方式时，记账员将出库凭证上的信息按照规定的手续登记入账，同时在出库凭证上批注出库物品的货位编号，并及时核对发货后的结存数量。当采用计算机进行库存管理时，将出库凭证的信息录入计算机后，由出库业务系统进行信息处理，并打印生成相应的拣货信息。

4. 拣货　拣货作业就是依据客户的订货要求或仓储配送中心的送货计划，尽可能迅速地将物品从其储存位置或其他区域拣取出来的作业过程。按照拣货过程自动化程度的不同，拣货分为人工拣货、机械拣货、半自动拣货和自动拣货四种。

5. 分货　分货作业又称配货作业。在拣货作业完成后，根据订单或配送路线等的不同组合方式，进行物品分类的工作就是分货。分货作业方式可分为人工分货和自动分类机分货两种。

6. 包装与刷唛　出库物品为了满足安全的要求，往往需要进行重新包装或加固原包装。出库物品的包装必须完整、牢固，标记必须正确清楚，如有破损、潮湿、捆扎松散等不能保障运输中安全的情况，应加固整理，破包破箱不得出库。各类包装容器上若有水渍、油迹、污损，也不能出库。出库物品如需托运，包装必须符合运输部门的要求，选用适宜包装材料，其重量和尺寸便于装卸和搬运，以保证货物在途的安全。包装时，严禁互相影响或性能互相抵触的物品混合包装。包装完毕后，要在外包装上写明收货单位、到站、发货号、该批商品的总包装件数、发货单位等。字迹要清晰，书写要准确，并在相应位置上印刷或粘贴条码标签。

7. 点交　出库物品经过复核和包装后，无论是客户自提，还是交付运输部门发送，发货人员必须将物品向提货人或运输人员当面交点清楚，划清责任。需要托运和送货的物品，应由仓库保管部门移交调运部门，属于客户自提的，则由仓库保管部门按出库凭证将物品向提货人当面交点清楚。

8. 登账　点交后，保管员应在出库单上填写实发数、发货日期等内容并签名。然后，将出库单连同有关证件资料及时交客户，以便客户办理货款结算。

3.3.3　物品出库过程中出现问题的处理

1. 出库凭证上的问题　出库凭证是客户自提情况下的“出库通知单”和仓库配送计划通知单。

1）出库凭证超过提货期限，客户前来提货，必须先办理手续，按规定缴足逾期仓储保管费，然后方可发货。任何非正式凭证都不能作为发货凭证。

2）提货时，客户发现规格开错，保管员不得自行调换规格发货，必须通过制票员重新开票方可发货。

3）如果发现出库凭证有疑点，或者发现出库凭证有假冒、复制、涂改等情况时，应及时与仓库保卫部门以及出具出库单的单位或部门联系，妥善处理。

4）物品进库未验收，或者期货未进库的出库凭证，一般暂缓发货，并通知客户，待货到并验收后再发货，提货期顺延。

5）如客户因各种原因将出库凭证遗失，客户应及时与仓库发货人员和账务人员联系挂失。如果挂失时货已被提走，保管人员不承担责任，但要协助客户单位找回物品。如果货还没有提走，经保管人员和账务人员查实后，做好挂失登记，将原凭证作废，缓期发货。

2. 漏记账和记错账　漏记账是指在出库作业中，由于没有及时核销物品明细账而造成账面数大于或小于实存数的现象。记错账是指在物品出库后核销明细账时没有按实际发货的物品名称、数量等登记，从而造成账实不符的情况。以下是解决漏记账和记错账的几种方法：

1）当遇到提货数量大于实际物品库存数量时，无论是何种原因造成的，都需要和仓库部门、提货单位及时取得联系后再作处理。

2）如果属于入库时错账，则可采用报出报入方法进行调整，即先按库存账面数开具物品出库单销账，然后再按实际库存数量入库登账，并在入库单上签明情况。

3）如果属于仓库保管员串发、多发、错发而引起的问题，应由仓库方面负责解决库存数与提单数之间的差额。

4）如果属于财务部门漏记账面多开出库数，应出具新的提货单，重新组织提货与发货。

5）如果属于仓储过程中的损耗，需考虑该损耗数量是否在合理的范围之内，并与货主协商解决。合理范围内的损耗，应由货主承担，而超过合理范围之外的损耗，则应由仓储部门负责赔偿。

3. 串发货和错发货　串发货和错发货是指发货人员由于对物品种类规格不熟悉，或者由于工作中的疏漏，把错误规格、数量的物品发出库的情况。如果物品尚未离库，应立即组织人力重新发货；如果物品已经离开仓库，保管人员应及时向主管部门和客户通报串发货和错发货的物品的品名、规格、数量、提货人等情况，会同客户和运输部门共同协商解决。一般在无直接经济损失的情况下，由客户重新按实际发货数冲单（票）解决；如果形成直接经济损失，应按赔偿损失单据来冲转调整保管账。

4. 包装损坏　包装损坏是指在发货过程中因物品外包装破散、砂眼等现象引起的物品渗漏、裸露等问题。包装损坏主要是由于存储过程中的堆垛挤压，和发货过程装卸操作不慎等情况引起的，发货时对外包装有破损、脱钉、松绳的物品，应经过整理或更换包装方可出库，否则造成的损失应由仓储部门承担。

5. 提货数与实存数不符　物品入库时，由于验收问题，增大了实收物品的签收数量，从而造成账面数大于实存数。造成这种问题的原因有以下几个方面：

1）仓库保管人员和发货人员在以前的发货过程中，因错发、串发等差错而形成实际物品库存量小于账面数。

2）客户没有及时核减开出的提货数，造成库存账面大于实际储存数，从而使开出的提货单提货数量过大。

3）仓储过程中造成了货物的毁损。

当遇到提货数量大于实际商品库存数量，无论是何种原因造成的，都需要和仓库主管部门以及客户及时取得联系后再作处理。

3.4　物品盘点作业管理

盘点是企业定期或临时对储存的物品的实际状况进行具体清点，并依此结果对物品库存数量与实存数之间差异作出详细的分析，以便有效地控制和掌握物品的数量和质量。

物品盘点的结果通常是盘亏，即实际货物值小于账面值，但只要盘亏在合理范围内应视为正常，一般仓库每月的损耗要求控制在 1.5‰（标准盘亏率）以内。

1. 盘点的种类与方法

（1）盘点的种类　盘点分为账面盘点和现货盘点。

1）账面盘点。账面盘点是将每种商品分别设立“存货账卡”，将每天出入库物品的数量及单价记录在电脑或账簿的“存货账卡”上，一定期间末计算汇总出账面的库存数量及库存金额。

2）现货盘点。现货盘点是到仓库清点物品的数量，再依据单价计算出库存金额。

（2）盘点的方法　现货盘点按时间频率的不同分为期末盘点法和循环盘点法。

1）期末盘点法。期末盘点法是在计划期末统一清点所有物品的方法，由于在期末一次点完，所以工作量大，要求严格，通常以分区、分组方式进行。

2）循环盘点法。循环盘点法是一个循环周期至少将每种物品清点一次的方法，通常对价值高或重要的物品采用循环盘点法进行盘点。

2. 盘点作业的步骤

（1）盘点准备　盘点是工作量相当大的工作，因此盘点前做好人员准备、整理好环境、准备好盘点工具，最好在盘点前三天告知客户和供应商，同时做好盘点前的培训工作。

（2）确定盘点时间　盘点的时间一般选择在财务决算前或业务不太频繁、存货较少的销售淡季。盘点时间按间隔时间长短可分为每天、隔天、每周、每月、每半年、每年盘点一次。根据物品的性质、价值大小、流动速度、重要程度等确定盘点时间。

（3）清理储存场所　整理账卡、单据、资料，整理商品堆垛、货架等，使其整齐有序，以便于清点记数。

（4）盘点作业　盘点作业可分为初盘、复盘和抽盘。

1）初盘作业。初盘即第一次盘点。

2）复盘作业。在初盘基础上进行复盘，复盘人员按照初盘盘点表，逐个检查，把差异填入差异栏。

3）抽盘作业。抽盘可参照复盘办法，抽盘的物品可选择货场内死角或不易清点的物品或单价高、金额大的物品，对初盘与复盘差异较大的物品加以实地确认。

（5）盘点后处理

1）核对盘点单据。盘点开始时发给盘点人员的盘点单，必须统一编号，盘点后及时收回，检查是否签名，并加以汇总，以防最后计算上的疏漏。

2）追查发生盈亏的原因。核对盘点单与物品账卡，检查是否一致。若发生盈亏，要及时分析并查明原因。

3）编表与分析。物品盘盈、盘亏处理完毕后，应编制物品盘点分析表，作为库存管理考核的依据。

4）盘盈或盘亏的处理。查明盈亏的原因后，研究处理办法，并及时办理调整物品账卡的手续，填写数量与金额调整表。

案例分析3

GKL连锁超市集团租用了XY公司的库房存放方便面、饼干等用纸箱包装的货物，货物储存现状描述如下：货物外包装箱上有灰尘；温度控制表记录的温度最高为45℃，最低为-7℃；湿度计显示记录为75%左右；仓库日常检查中发现一些小虫子，并发现老鼠痕迹；仓库的窗户很多，阳光能够直接照射到存储的货物上面。

资料来源：http：//jpkc. ybzy. cn/

思考题：

1. 请根据以上描述，说出该仓库中影响产品质量的因素有哪些？
2. 针对这些现象提出解决方法。

思考与练习

1. 物品接运的基本方式有哪些？
2. 数量检验和质量检验的形式是哪些？
3. 货位如何进行编号？
4. 堆码有哪些基本要求？
5. 简述物品养护基本措施。
6. 简述物品出入库的作业流程。
7. 物品出库有哪些基本方式？

第 4 章　库存控制与管理方法

【本章学习目标】

了解定量订货法与定期订货法的原理，掌握经济订货批量的公式；熟悉 ABC 分类法的原理及应用方法，掌握 MRP 的原理及运行程序，了解 JIT 库存控制的方法。

4.1　定量订货法与定期订货法

4.1.1　定量订货法

1. 定量订货法的原理　定量订货法是指当库存量下降到预定的最低库存数量（订货点）时，按规定数量（一般以经济订货批量为标准）进行订货补充的一种库存管理方式。定量订货法以库存费用与采购费用总和最低为原则，事先确定出相对固定的经济订货批量和订货点。每当库存量降低到订货点时，即按预定的经济订货批量组织订货。

2. 订货点的确定　在定量订货法中，当库存水平降低到某个库存水平时就发出订货信息。因此，发出订货的库存水平称为订货点。订货点不能取得太高，如果太高，库存量过大，占用资金就大，导致库存费用各高，成本增加。同时，订货点也不能取得过低，如果过低，则可能导致缺货损失。

订货点计算公式为

$$\begin{aligned}订货点 &= 提前时间需求量 + 安全库存量 \\ &= (订货提前期 \times 平均日需求量) + 安全库存量\end{aligned}$$

$$安全库存量 = (预计日最大消耗量 - 平均日需求量) \times 平均提前期$$

【例 4-1】　某企业一批物资订货批量为 6000 个，平均日需求量为 180 个，预计日最大消耗量为 250 个，则订货提前期为 10 天。

$$安全库存量 = (250 - 180) \times 10 = 700 个$$

$$订货点 = 180 \times 10 + 700 = 2500 个$$

3. 订货批量的确定　订货批量是一次订货的货物数量。在定量订货法中的每次订货量是相同的，通常是经济订货批量（EOQ）。

4. 定量订货法的特点　定量订货法的每次订货量相同，能经常地掌握库存储备状态，不易出现缺货，便于包装、运输和保管作业。但是要严格控制订货点库存，占用了一定的人力和物力；同时订货模式过于机械，不具有灵活性。因此定量订货法适用于单价比较便宜，不便于少量订货的 C 类物品的库存控制。

4.1.2 定期订货法

1. 定期订货法的原理 定期订货法是按预先确定的订货间隔期间，进行订货补充的一种库存管理方式。它要求按固定的检查周期对库存量进行盘点，并根据盘点的实际库存量和下一个进货周期的预计需求量来确定订购批量。

2. 订货周期的确定 订货周期是定期订货的订货点，其订货间隔周期是相等的，订货间隔期的长短直接决定着最高库存量的大小，因而决定了库存成本的大小。所以订货周期不能太长，否则会使库存成本上升；也不能太短，太短会增加进货次数，使得订货费用增加，进而增加库存总成本。

定期订货法以存货成本和采购成本总和最低为原则，因而采用经济订货周期的方法来确定订货周期。其经验公式为

$$T = \sqrt{\frac{2C}{HR}}$$

式中 T——经济订货周期；

C——每次订货成本；

H——单位商品年储存成本；

R——单位时间内库存商品需求量。

3. 订货量的确定 定期订货法每次的订货数量不固定，订货批量的多少是由当时的实际库存量的大小决定的。可按下述公式确定订货量。

订货量 = 平均日需求量 ×（订购时间 + 订货间隔期）+ 安全库存量
- 订购日当天实际库存量 - 订货余额

式中，订货余额是上次已订货但尚未出仓的数量。

【例 4-2】 某种物资的每日需求量为 80t，订购时间为 15 天，订货间隔期为 30 天，即一个月订购一次，安全库存量为 2 000t，订购日当天实际库存量为 1 000t，订货余额为 25t，则

订货量 = 80t ×（15 + 30）+ 2 000t - 1 000t - 25t = 4 575t

由上例可见，当订货间隔期为 30 天，在通常情况下，一次订购量应为 3000（100 × 30）t，而按现在计算则为 4 575t，这是由于实际库存不足，因而在订货时应对批量作调整。

4. 定期订货法的特点 定期订货法每次的订购量是不同的，其平均库存量较大避免了在盘点期发生缺货的现象，只在盘点期进行盘点，工作量相对较少。但是定期订货法的安全库存量设置较大，每次订货的批量不固定，无法制订出经济订货批量，因而运营成本较高。适合于品种少、占用资金大的贵重物品的库存控制。

4.2 经济订货批量

1. *EOQ* 的基本概念　所谓经济订货批量，即 *EOQ*（Economic Order Qrantity），是通过平衡采购进货成本和仓储保管成本，以实现总库存成本最低的最佳订货量。

正确的订货数量是与发出订单的次数有关的成本，与所发订单的订货量有关的成本达到最好的平衡。当这订购成本与储存成本恰好平衡时，总成本最小。这时所得的订货量就是经济订货批量。

2. 经济订货批量的计算　企业存货的最优化，是使订购成本和储存成本的合计数量最小，即经济订货批量。其经验公式为

$$EOQ = \sqrt{\frac{2CD}{H}} = \sqrt{\frac{2CD}{PF}}$$

式中　*EOQ*——经济订货批量；

C——每次订货成本；

D——年需求总量；

H——单位物品年储存成本；

P——购入物品单价；

F——年仓储保管费用率。

存货总成本 *TC* 的公式为

$$TC = DP + HQ^*$$

式中　*Q*——变动的 *EOQ*。

【例 4-3】　已知某企业每年订购某种商品 1 000 件，每次订购成本为 20 元，单位商品的年储存费用为 4 元，则

$$EOQ = \sqrt{\frac{2CD}{H}} = \sqrt{\frac{2 \times 20\text{元/次} \times 1\,000}{4\text{元/件}}}\text{件} = 100\text{件}$$

3. 数量折扣条件下的经济订货批量　供应商为了吸引客户一次购买更多的商品，往往规定对于购买数量达到或超过某一数量标准时给予客户价格上的优惠，这个事先规定的数量标准称为折扣点。

在数量折扣的条件下，由于折扣之前的单位购买价格与折扣之后的单位购买价格不同，因此必须对经济订货批量进行必要的修正。在多个折扣点（Q_n）的折扣价格 P_n，依据确定条件下的经济订货批量计算最佳订货点（*EOQ*）的步骤如下：

1）计算最后折扣区间（第 *n* 个折扣点）的经济订货批量 Q_t^* 如果 $Q_n^* \geqslant Q_n$，则令 $Q^* = Q_n^*$。

2）计算第 t 个折扣区间的经济订货批量 Q_t 如果 $Q_t \leqslant Q_t < Q_{t+1}$，则计算经济订货批量 Q^* 和折扣点对应的 Q_{t+1} 总库存成本 TC_t^* 和 TC_{t+1}^*。如果 $TC_t^* \geqslant TC_{t+1}^*$，则令 $Q^* = Q_{+1}$，否则令 $Q^* = Q_t^*$。如果 $Q_t^* < Q_t$，则令 $t = t+1$，重复步骤 2)，直到 $t = 0$，其中 $Q_t^* = 0$。

4. 延期购买条件下的经济订货批量　当客户向供应商订货时，在供应商库存不足发生缺货的情况下，如果不转向购买其他供应商的替代物品而是延期购买的话，供应商为了尽快满足客户需要，加班生产产品，快速运送发货。这样对供应商来说由于加班和快速发送而产生延期购买成本，在这种情况下，需要对经济批量 Q 进行必要的修正：

$$Q^* = \sqrt{\frac{2DC_2}{C_1}} \times \sqrt{\frac{C_1 + B}{B}}$$

式中　D——产品需求量；

B——单位物品延期购买成本；

C_1——物品的储存成本；

C_2——物品的订货成本。

由于 $\sqrt{\frac{C_1 + B}{B}} > C_2$，则可知在延期购买条件下的经济批量要大于正常条件下的经济批量。当单位延期购买成本 B 不断增加时，在延期购买条件下的经济批量逐渐接近于正常条件下的经济批量。

5. 多品种条件下的经济订货批量　在总库存成本最小的前提下，按各个品种进行求微分并令其为零，求得各个品种的经济批量 Q_j^*：

$$Q_j^* = \sqrt{\frac{2D_jC_{2j}}{C_{1j}}} \quad (j = 1,\ 2,\ \cdots,\ n)$$

式中　C_{1j}——j 物品的储存成本；

C_{2j}——j 物品的订购成本；

D_j——j 品种的需求量。

4.3　ABC 分类库存管理法

1. ABC 分类法的原理　ABC 分类法的依据是帕累托原理。19 世纪意大利的经济学家帕累托在研究财富的分配时发现，当时意大利 80% 的财富集中在 20% 的人手中，称之为帕累托原理，也称为 80/20 法则，即“关键的少数和次要的多数”规律。这一普遍规律存在于社会的各个领域，称为帕累托现象，应用于库存领域时，便称之为 ABC 分类法。ABC 分类法的划分标准为：

（1）A 类商品　其价值占库存总值的 70% ~80%，品种数通常为总品种数的 15% ~20%。

（2）B 类商品　其价值占库存总值的 15% ~20%，品种数通常为总品种数的 30% ~40%。

（3）C 类商品　其价值占库存总值的 5% ~10%，品种数通常为总品种数的 60% ~70%。

2. ABC 分类法的操作步骤

（1）收集数据　收集有关资料，包括各个品种商品的年销售量和商品单价等数据。

（2）统计汇总　对收集来的数据进行整理并按要求进行计算，如计算销售额、品种数、累计品种数、累计品种百分比，累计销售额、累计销售额百分比等。

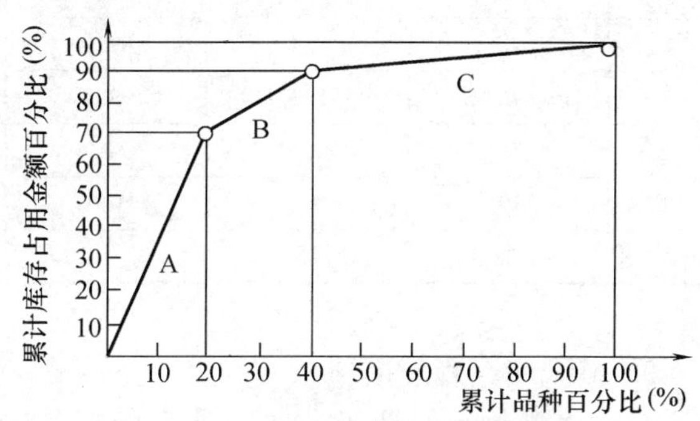

图 4-1　ABC 分类图

（3）编制 ABC 分类表　按销售额的大小，由高到低对所有品种按顺序排列，将必要的原始数据和统计汇总的数据填入 ABC 分类表中。

（4）绘制 ABC 分类图　以累计品种百分比为横坐标，累计销售额百分比为纵坐标，按照对应的数据，绘制 ABC 分类图。图 4-1 为 ABC 分类图。

（5）确定重点管理　根据 ABC 分类表的结果，对 ABC 三类商品采取不同的管理策略。

【例 4-4】 某仓库 10 种商品库存占用资金量见表 4-1。对其进行 ABC 分类，并确定不同的库存管理方法，见表 4-2。

表 4-1　某仓库 10 种物品库存占用资金量

物品名	1	2	3	4	5	6	7	8	9	10
库存占用总金额/元	37	230	96	2 100	460	910	102	19	128	3 200

表 4-2　某仓库 10 种物品的 ABC 分类表

物品名	库存占用总金额/元	库存占用总金额百分比（%）	累计年度使金额百分比（%）	品种百分比（%）	累计品种百分比（%）	分类
10	3 200	43.9	43.9	10	10	A
4	2 100	28.8	72.7	10	20	A
6	910	12.5	85.2	10	30	B

（续）

物品名	库存占用总金额/元	库存占用总金额百分比(%)	累计年度使金额百分比(%)	品种百分比(%)	累计品种百分比(%)	分类
5	460	6.3	91.5	10	40	B
2	230	3.2	94.7	10	50	C
9	128	1.8	96.5	10	60	C
7	102	1.4	97.9	10	70	C
3	96	1.3	99.2	10	80	C
1	37	0.5	99.7	10	90	C
8	19	0.3	100	10	100	C
合计	7 282	10	—	100	—	—

3. ABC 库存管理措施

(1) A 类物品的管理　对 A 类商品要正确地预测需求量，与供应商协调缩短前置时间，采用定期订货方式，对存货做定期盘点，提高库存精确度，将 A 类物品置于易于出入库的位置。认真对待 A 类物品，投入相应的人力、物力，进行重点管理。

(2) B 类物品的管理　B 类物品可采用定量订货方式，少量采购，库存数量视具体情况来定，每二三周盘点一次，进行普通管理。

(3) C 类物品的管理　C 类物品可采用定量订货方式，大量采购，增大安全库存量，简化库存管理手段，每月盘点一次即可，进行简单管理。

4.4　MRP 库存控制法

4.4.1　MRP 的基本原理

MRP（Material Requirement Planning），即物料需求计划，是根据市场需求预测和客户订单制订的产品生产计划，制作出构成产品的物料结构表，结合库存信息，通过计算机计算出所需各种物料的需求量和需求时间，从而确定物料的生产进度和订货日程的一种生产作业管理方法。

MRP 基本原理是由主生产进度计划和主产品的层次结构逐层逐个地求出主产品所有零部件的出产时间、出产数量，把这个计划叫做物料需求计划。MRP 的逻辑原理，如图 4-2 所示。

由图 4-2 可以看出，物料需求计划 MRP 是根据主产品结构文件、主生产进度计划和库存文件而形成的。

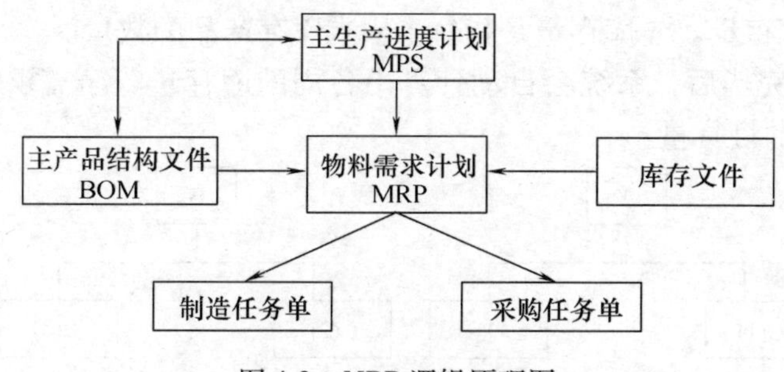

图 4-2　MRP 逻辑原理图

1. 主产品结构文件　即物料清单 BOM（Bill of Materials）主要反应出主产品的层次结构、所有零部件的结构关系和数量组成。根据这个文件，可以确定主产品及其各个零部件的需求数量、需求时间和它们相互间的装配关系。

2. 主生产进度计划 MPS（Master Production Schedule）　主要描述主产品结构文件 BOM 决定的零部件的出产进度，表现为各时间段内的生产量，有出产时间、出产数量或装配时间和装配数量等。

3. 库存文件　包括了主产品和其所有的零部件的库存量、已订未到量和已分配但还没有提走的数量。

4.4.2　MRP 计划的编制

1. MRP 的输入　MRP 的输入有 3 个文件：

（1）主生产进度计划　主生产进度计划是 MRP 系统最主要的输入信息，也是 MRP 系统的主要依据。该计划来自于企业的年度计划，在 MRP 中用 52 周来表示。其基本原则是，主产品进度计划覆盖的时间长度要不少于其组成零部件中具有的最长的生产周期。

（2）主产品结构文件 BOM　主产品结构文件一般用树型结构表示，最上层是 0 级，即主产品级，然后是 1 级，对应主产品的一级零部件，如此逐级往下分解，最后一级为 n 级。一般是最初级的原材料或者外购零配件。每一层的参数有零部件名称、组成零部件的数量，有的也包括相应的提前期（包括生产提前期和订货提前期）。主产品 A 和 B 的树型结构，如图 4-3 所示。

产品 A 由 2 个零件 D 和 1 个零件 C 装配组成，而零件 C 又由 2 个零件 E 和 3 个零件 F 装配组成。产品 B 由 2 个零件 C 和 3 个零件 E 装配组成。

（3）库存文件　该文件包含有各个品种在系统运行提前期库存量的静态资料。主要参数有：

1）毛需求量。毛需求量是指主产品及其零部件在每一周的需求量。

2）预计入库量。预计入库量是指根据正在执行中的采购订单或生产订单在未来的某一个时段将要入库或将要完成的数量。

3）现有库存量。先库存量是指每个周末库存产品的数量。

MRP 输入完毕后，系统会自动计算出各周的库存量、净需求量、计划订货量和计划发出的订货量。

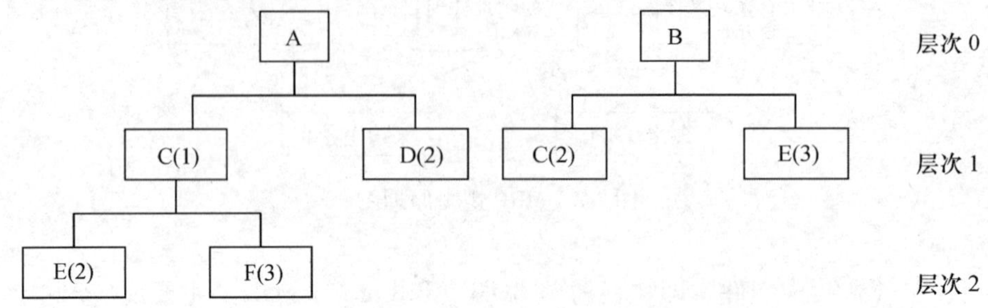

图 4-3　A、B 产品结构

2. MRP 的输出　MRP 的输出包括主产品及其零部件在各周的净需求量、计划接受订货和计划发出订货 3 个文件。

（1）净需求量　净需求量是指系统需要外界在给定的时间提供的给定的产品数量。

（2）计划产出（交付）量　计划产出（交付）量是计划从外界接受订货的数量和时间。

（3）计划投入（采购）量　计划投入（采购）量是发出采购订货单进行采购或发出生产任务单进行生产的数量和时间。

根据图 4-3、表 4-3、表 4-4 三个资料，计算出 A、B 产品和 C、D、E、F 四种零部件的需求量和生产订单、采购订单等输出信息，见表 4-5。

表 4-3　A、B 产品的市场需要量及需求时间预测

时间/周	1	2	3	4	5	6	7	8	9	10	11	12
产品 A									325	450		500
产品 B									180		320	

表 4-4　库存量、生产周期等信息

产　品	A	B	C	D	E	F
现有库存量/件	30	50	15	35	100	50
安全库存量/件		10			10	
预计入库量/件	95(3)	40(5)	95(4)	195(2)		80(4) 200(6)
生产(订购)周期/周	2	3	1	2	2	1

表 4-5　MRP 计划的编制过程表　　　　（单位：件）

产品	时间/周	1	2	3	4	5	6	7	8	9	10	11	12
A	毛需求量									325	450		500
	预计入库量			95									
	现有库存量 30	30	30	125	125	125	125	125	125	125	0	0	0
	净需求量									200	450		500
	计划产出（交付）量									200	450		500
	计划投入（采购）量							200	450		500		
B	毛需求量									180		320	
	预计入库量					40							
	现有库存量 50	50	50	50	50	90	90	90	90	90	10	10	10
	净需求量									100		320	
	计划产出（交付）量									100		320	
	计划投入（采购）量						100		320				
C	毛需求量 C = A + 2B						200	200	1090		500		
	预计入库量				95								
	现有库存量 15	15	15	15	110	110	110	0	0	0	0	0	0
	净需求量						90	200	1 090		500		
	计划产出（交付）量						90	200	1 090		500		
	计划投入（采购）量					90	200	1 090		500			
D	毛需求量 D = 2A							400	900		1 000		
	预计入库量		195										
	现有库存量 35	35	230	230	230	230	230	230	0	0	0	0	0
	净需求量							170	900		1 000		
	计划产出（交付）量							170	900		1 000		
	计划投入（采购）量					170	900		1 000				

（续）

产品	时间/周	1	2	3	4	5	6	7	8	9	10	11	12
	毛需求量 E = 2C + 3B					180	700	2 180	960	1 000			
	预计入库量												
	现有库存量 100	100	100	100	100	100	10	10	10	10	10	10	10
E	净需求量					90	700	2 180	960	1 000			
	计划产出 （交付）量					90	700	2 180	960	1 000			
	计划投入 （采购）量			90	700	2 180	960	1 000					
	毛需求量 F = 3C					270	600	3 270		1 500			
	预计入库量				80		200						
	现有库存量 50	50	50	50	130	130	200	0	0	0	0	0	0
F	净需求量					140	400	3 270		1 500			
	计划产出 （交付）量					140	400	3 270		1 500			
	计划投入 （采购）量				140	400	3 270		1 500				

4.4.3 闭环 MRP 和 MRPⅡ

1. 闭环 MRP　MRP 能根据有关数据计算出相关产品需求的准备时间与数量，但它还不够完善，其主要缺陷是没有考虑到生产企业现有的生产能力和采购有关条件的约束。因此，计算出来的产品需求有可能因设备和工时的不足而没有能力生产，或得因原料的不足而无法生产。为了解决以上问题，MRP 系统在 20 世纪 70 年代发展为闭环 MRP 系统。闭环 MRP 系统除了产品需求以外，还将生产能力需求计划、车间作业计划和采购作业计划全部纳入 MRP，形成一个封闭的系统，称为闭环 MRP，它是一个完整的生产计划与控制系统。

2. MRPⅡ　MRPⅡ（Manufacturing Resource Planning），即制造资源计划。它是把企业作为一个有机整体，从整体最优的角度出发，把生产、财务、销售、工程技术、采购等各个子系统，集成为一个一体化的系统。通过运用科学方法对企业各种制造资源和产、供、销、财各个环节进行有效地计划、组织和控制，使它们得以协调发展。

虽然闭环 MRP 系统可以确切地计算出产品需求量和时间，可是它无法计算出各种产品的价值而进行成本核算，无法进行财务信息处理，闭环 MRP 只实现了物流信息处理。因此，为了实现物流和资金流的结合，在闭环 MRP 的基础上，形成了 MRPⅡ。MRPⅡ具有计划的一贯性与可行性，管理的系统性，数据的共享性，动态的应变性、模拟预见性和物流、资金流的统一等特点。

4.5 JIT 库存控制法

1. JIT 的含义与目标　JIT 是 Just in Time 的缩写，译为准时制。JIT 管理模式是由日本的丰田公司的成功应用而成为世界闻名的先进管理体系。20 世纪 70 年代以来，在石油危机的冲击下，为了降低成本，消除在生产过程中的一切浪费，日本丰田汽车公司首先推出准时化的生产方式 JIT。它反映了生产制造业以订单驱动的一种理念，JIT 通过看板管理，通过工厂的“拉动系统”把供、产、销紧密地衔接起来，使物资储备、产成品库存以及在制品库存大为减少，提高了生产效率。

JIT 的目标是彻底消除无效劳动和浪费，即有计划地消除从原材料到产成品的所有过程的一切浪费，强调零库存，以零缺陷为目标改善产品质量。力求在恰当的时间、恰当的地点，以恰当的数量、恰当的质量提供恰当的产品，为实现这一目标，JIT 生产必须在产品质量、生产过程、时间等方面确立目标，具体要实现零库存、高柔性、无缺陷、零浪费。

2. JIT 库存控制的要素

（1）零库存　零库存是一种现代库存管理方法，它要求在准确的时间把准确数量的货物送到准确的地点。JIT 生产可以发现其他生产方式由于过多的库存和过多人员而隐藏的问题。

（2）备货期短　由于采用小批量供货和较短的供货周期，JIT 使备货时间大大地缩短了。

（3）多批次小批量订货　多批次小批量订货可以减少和避免存货，当发现问题时容易得到改进和敏捷制造。

（4）高质量和无缺陷　JIT 实现了生产过程同步化，提高了产品质量，减少了废品与返工，提高了劳动生产率及设备利用率。

3. JIT 生产系统的主要方法

（1）看板管理　看板管理是实现准时制生产的工具之一，它将传统生产过程中前道工序向后道工序送货，改为后道工序根据看板向前道工序取货。

看板是一张卡片，看板上的信息通常包括零件号码、产品名称、制造编号、容器形式、容器容量、看板编号、移送地点和零件外观等。看板管理使用的卡片有“领料看板”和“生产看板”两种基本形式。这两种卡片随同存放材料或零部件的存料箱一起在上下两道工序之间往返传送。看板充当了传递指令的角色，使用看板管理才有可能控制准时制生产的生产进度。

JIT生产方式中，看板管理降低了库存水平，强化了质量控制。看板只不过是一种管理工具，决不能把JIT生产方式与看板方式等同起来。看板只有在工序一体化、生产均衡化、生产同步化的前提下，才有可能运用。通过看板，采用拉动方式把供、产、销紧密地衔接起来，使产品储备、成本库存和在制品大为减少，提高生产效率。

（2）零库存管理　零库存是指某种或某些种物品的在库储存数量为“零”，或接近“零”，即某种或某些种产品无库存或有极少库存，但不表示企业没有库存，不以库存形式存在的产品，就可以免去仓库存货的一系列问题。这样就可以节省仓库建设、管理、存货维护、保管、装卸、搬运等费用，以及克服存货占用流动资金及库存产品的老化、损失、变质等问题。

“零库存”管理的目的是，通过降低库存，发现管理中存在的问题，然后解决这些暴露出来的问题，使生产系统得到改善。“零库存”可以通过准时制、看板管理等方式来实现。

案例分析4

日本丰田公司的准时制物流战略

准时制物流与一般物流有很大不同，准时制物流不再是传统的规模经济学的范畴，而是立足于时间的经济管理学，核心是货物恰好在需求的时候到达。准时制的采用可以加快货物的流通速度，降低库存水平，使补货时间更加精确，达到降低成本、提高服务水平的目标。高效、灵活的生产体系，离开了高效的准时制物流的支持，是根本无法实现的。

1. 零部件厂商对整车企业的准时制物流供应　在准时制物流中，取消了仓库的概念。例如，丰田公司只设“置场”临时堆料，原材料和零配件只在此堆放几个小时，短的只要几分钟，就被领用。在看板管理制度下，许多零件等到下一个制造过程需要几个小时才能上线生产。为使物流跟上生产的步伐不造成缺货或生产延误，丰田公司采用了全新的“拉出方式”，即在需要时由后工序的人员去前工序领取加工品的“领取方式”，此种方式存在于整个生产范围（包括企业外部的零部件、原材料的供给）。这种方式使主动权掌握在本企业手中，使得在需要时得到物流的准时制服务。

准时制生产能发挥作用，除了要求“准时化生产”外，还需要零配件厂商的准时制物流做保障。为此，丰田公司采用了CAD/CAM技术生产，通过计算机分解画面，并根据此资料设计车体的各部分构造，再用CAM生产出样机模型，然后分派给零件厂商，以适应生产需要。零配件厂商大多位于同一个工业园区，这样不仅降低了运输成本，使运送途中的损耗降低到最低程度，而且降低了所需的库存量。

零配件厂商和企业的关系是一种长期的、稳定的合作关系，是一种特殊的契约关系。一个零配件厂商的绝大部分产出都供应给一个或两个主机厂，而主机厂一般会在供应商那里拥有一定的股份和指挥权。由于在长期交易关系中居于支配地位，大企业可以要求协作企业采用“最佳时态”供货制，通过适时，适量供应零部件来降低库存，提高有效开工率。准时制物流的要求者会提供一定的资金、技术援助以推广准时制生产和准时制物流的概念和方式。同时，供应商多少会建立一定的缓冲库存以备不测，以免失掉长期的合同。

2. 整车企业对经销商及客户的准时制物流服务　丰田公司将JIT生产体制和销售网络相结合，将日本全国经销商的计算机和丰田总公司的计算机连网，销售人员可以将客户定货的中容准时制通知生产线，从而形成一个大规模的信息系统，订货手续大为简化，订单当天就可以传入总公司的计算机中，交货时间就可以减少10天以上，而且经销商的库存也减少70%~80%，大幅度降低了存货成本。由于建立了“灵活销售体系”，将产品分成小批量，以更快的速度销售出去，进一步降低了产品在流通领域的费用。

在运输方面，对于出口海外的产品，丰田公司所在的丰田市距海岸只有50km，汽车可以一直由生产线开到码头，而远洋轮也准时地等待装船。消除了由于必须凑齐一定数量的汽车才能装船的库存费用。到岸以后，由计算机分配，直接交至各经销商手中，中间不需要存储。

丰田公司实施以人为本的准时制物流战略，对全体经销商进行教育培训，根据市场反馈的信息，对经销商的促销政策和经营上的问题给以适当的指导，以提高销售效率，如商品知识指导、推销员培训、经营管理或财务指导、店铺设计、广告发布指导等，并从人员和技术上协助他们进行销售和售后服务。不景气的时期，通过协商，共同承担利润减少带来的负面影响，形成一种风险共担，利益共享的关系。

资料来源：http：//www.51test.net/

思考题：

1. 准时制生产方式的作用体现在哪些方面？

2. 简述丰田公司准时制物流战略的成功经验

思考与练习

1. 什么是经济订货批量？
2. 简述ABC分类法的操作步骤。
3. 如何运用ABC分类法进行库存管理？
4. MRP计划的编制？

第5章　特种物品与仓储安全质量管理

【本章学习目标】

了解并掌握危险品类别及其特性，掌握危险品库的管理，以及冷库、粮库的仓储管理相关知识，从而能从事特种仓库的基层管理。

5.1　特种物品的仓储管理

5.1.1　危险品仓库管理

1. 危险品概念及分类　危险品是指易燃、易爆、有强烈腐蚀性的物品的总称，如汽油、炸药、强酸、强碱、苯、萘、赛璐珞、过氧化物等。危险品在运输和贮藏时，应按照危险品条例处理。根据所具有的不同危险性危险品分为九类，其中有些类别又分为若干项。见表5-1。

表5-1　危险品类别

序号	名称	危险性描述	危险项目
1	爆炸品	本类物品是指在外界作用下（如受热、撞击等），能发生剧烈的化学反应，瞬时产生大量的气体和热量，使周围压力急剧上升，发生爆炸，对周围环境造成破坏的物品，也包括无整体爆炸危险，但具有燃烧、抛射及较小爆炸危险或仅产生热、光、声响或烟雾等一种或几种作用的烟火物品	1. 具有整体爆炸危险的物质和物品 2. 具有抛射危险，但无整体爆炸危险的物质和物品 3. 具有燃烧和较小爆炸危险、较小抛射危险或两者兼有，但无整体爆炸危险的物质和物品 4. 无重大危险的爆炸物质和物品，本项物品危险性较小，万一被点燃或引燃，其危险作用大部分局限在包装件内部，而对包装件外部无重大危险 5. 非常不敏感的爆炸物质
2	压缩气体和液化气体	本类物品是指压缩、液化或加压溶解的气体，并应符合下述两种情况之一者：临界温度低于50℃时或在50℃时，其蒸气压力大于291kPa的压缩或液化气体。温度在21.1℃时，气体的绝对压力大于275kPa，或温度在51.4℃时气体的绝对压力大于715kPa的压缩气体，或温度在37.8℃时，蒸气压大于274kPa的液化气体或加压溶解的气体	1. 易燃气体。常见易燃气体有氢、一氧化碳、甲烷、丙烷、乙烯、乙烷、乙炔等烃类，还有硫化氢 2. 不燃气体。本类物品是指无毒、不燃气体、包括助燃气体 3. 有毒气体。常见的有毒气体有一氧化碳、一氧化氮、硫化氢、二氧化硫、氯气、化学毒气、光气、双光气、氰化氢、芥子气、路易斯毒气、维克斯毒气（VX）、沙林（甲氟磷异丙酯）、毕兹毒气（BZ）、塔崩（tabun）、梭曼（soman）等

（续）

序号	名称	危险性描述	危险项目
3	易燃液体	本类物品是指易燃的液体、液体混合物或含有固体物质的液体，但不包括由于其危险特性列入其他类别的液体。其闭杯试验闪点等于或低于61℃，但不同运输方式可确定本运输方式适用的闪点，而不低于45℃	1. 低闪点液体，本类物品是指闭杯试验闪点低于-18℃的液体 2. 中闪点液体，本类物品是指闭杯试验闪点在-18～23℃的液体 3. 高闪点液体，本类物品是指闭杯试验闪点在23～61℃的液体
4	易燃固体、易燃物品和遇湿易燃物品	1. 易燃固体。本类物品是指燃点低，对热、撞击、摩擦较敏感，易被外部火源点燃，燃烧迅速，并可能散发出有毒烟雾或有毒气体的固体，但不包括已列入爆炸品的物质 2. 自燃物品。本类物品是指自燃点低，在空气中易于发生氧化反应，放出热量，而自行燃烧的物品 3. 遇湿易燃物品。本类物品是指遇水或受潮时，发生剧烈化学反应，放出大量的易燃气体和热量的物品。有些不需明火，即能燃烧或爆炸	1. 易燃固体易燃固体，如赤磷、硫磺、松香、樟脑、镁粉等 2. 自燃物品，如白磷、煤、堆积的浸油物、赛璐珞、硝化棉、金属硫化物、堆积植物等，都是常见的自燃物品 3. 遇湿易燃物品，如金属钠、钾、过氧化钠
5	氧化剂和有机过氧化物	1. 氧化剂。本类物品是指处于高氧化状态，具有强氧化性，易分解并放出氧和热量的物质。其包括含有过氧基的有机物，其本身不一定可燃，但能导致可燃物的燃烧，与松软的粉末状可燃物能组成爆炸性混合物，对热、震动或摩擦较敏感 2. 有机过氧化物。本类物品是指分子组成中含有过氧基的有机物，其本身易燃易爆，极易分解，对热、震动或摩擦极为敏感	1. 氧化剂。包括典型氧化剂和常见氧化剂，如：浓硫酸、$KMnO_4$、HNO_3、Na_2O_2，H_2O_2 等 2. 有机过氧化物。目前可得到50多种不同的有机过氧化合物，其中包括纯物质和100多种不同的配方，如溶剂稀释物、糊料及载于填料的品种等。过氧化苯甲酸是最早且常用的有机过氧化物
6	毒害品和感染性物品	1. 毒害品。本类物品是指进入肌体后，累积达一定的量，能与体液和组织发生生物化学作用或生物物理学变化，扰乱或破坏肌体的正常生理功能，引起暂时性或持久性的病理状态，甚至危及生命的物品。经口摄取半数致死剂量固体 LD50≤500mg/kg，液体LD50≤2000mg/kg；经皮肤接触24h，半数致死剂量 LD50≤1000mg/kg；粉尘、烟雾及蒸气吸入半数致死浓度 LC50≤10mg/L 的固体或液体，以及列入危险货物品名表的农药 2. 感染性物品。本项物品是指含有致病的微生物，能引起病态，甚至死亡的物质	1. 毒害品，如无机毒物（氰、砷、硒）及其化合物类（氰化钾、三氧化二砷、氧化硒），有机毒物类中的卤代烃及其卤代物（氯乙醇、二氯甲烷等），有机磷、硫、砷、腈、胺等化合物类，有机金属化合物，某些芳香烃，稠环及杂环化合物等 2. 感染性物品

（续）

序号	名称	危险性描述	危 险 项 目
7	放射线物质	本项物品是指有放射性的物品，如镭、铀等	1. 低比活度放射性物质 2. 表面污染物体 3. 可裂变物质 4. 特殊形式放射性物质
8	腐蚀品	本类物品是指能灼伤人体组织并对金属等物品造成损坏的固体或液体，与皮肤接触在4h内出现可见坏死现象，或温度在55℃时，对20钢的表面均匀年腐蚀率超过6.25mm/a的固体或液体	1. 酸性腐蚀品，如硫酸、硝酸、盐酸等 2. 碱性腐蚀品，如氢氧化钠、硫氢化钙等 3. 其他腐蚀品，如二氯乙醛、苯酚钠等
9	杂类、海洋污染物	危险品指在流通中，由于本身具有的燃烧、爆炸、腐蚀、毒性及放射性等特性，或因摩擦、振动、撞击、暴晒或温湿度等外界因素的影响，能够发生燃烧、爆炸或使人中毒、表皮灼伤以及危及生命，造成财产损失等危险性的商品。由于危险品在运输、装卸和储存过程中容易造成人身伤亡和财产损失，所以需要特别防护	—

2. 危险品库　危险品库是存储和保管储存易燃、易爆、有毒、有害物资等危险品的场所。

（1）危险品库的分类　根据隶属和使用性质分为甲、乙两类，甲类是商业仓储业、交通运输业、物资管理部门的危险品库。乙类为企业自用的危险品库。其中甲类危险品库储量大、品种多，所以危险性大。根据规模又可分为三类。面积大于9 000m^2的为大型危险品库；面积在550~9 000m^2的为中型危险品库；550m^2以下的为小型危险品库。根据危险品库的结构形式分为地上危险品库、地下危险品库和半地下危险品库。

（2）危险品库的选址　危险品仓库需要根据危险品的危害特性，依据政府的市政总体规划，选择合适的地点建设。一般选择较为空旷的地区，远离居民区、供水地、主要交通干线、农业保护区、河流、湖泊等，在当地常年主导风向的下风处。危险品库应根据危险品的种类、特性，采用妥善的建筑结构，并获得政府经济贸易管理部门的审批，同时设置相应的监测、通风、防晒、调温、防火、灭火、防爆、泄压、防毒、中和、防潮、防雷、防静电、防腐、防渗漏或隔离等安全设施和设备。

（3）危险品库的管理　为了保证危险物品仓储的安全，仓库依据危险品管理的法律和法规的规定，根据仓库的具体实际和危险品的特性，制订严格的危险品仓储管理的各类安全制度、责任制度，并具体落实到责任人，并在实践中不断完善。

1）严格出入库制度。危险品入库时，仓库管理人员要严格把关，认真核查品名、标志，检查包装，清点数目，细致地做好登记。对于品名、性质不明或者包装、标志不符，包装不良的危险品，仓库管理人员有权拒收，或者依据残损处理程序进行处理。重点危险品要实行双人收发制度。危险品出库时，仓库管理人员除要认真核对品名、标志、数目外，还要认真登记提货人资料，详细记录危险品的流向。

2）恰当选择货位和堆垛。危险品的储存方式、方法和数量必须符合国家的有关规定，选择合适的存放位置，妥善安排相应的通风、遮阳、防水、防湿、温控条件，根据危险品的性质和包装合理地确定堆放垛型和垛的大小。要有合理的间距，消防器材和配电箱周围禁止堆货或放置其他物品。危险物品堆码时要整齐、堆垛稳固，标志朝外，不得倒置。货堆头悬挂有危险品编号、品名、性质、类别、级别、消防方法的标志牌。

3）安全作业。危险品装卸作业前应详细了解所装卸危险物品的性质、危险程度、安全和医疗急救等措施，并严格按照有关操作规程和工艺方案作业。根据物品性质选用合适的装卸机具。对包装不符合作业要求的要妥善处理再进行作业。

4）妥善保管。保管人员要定期检查危险品品种、数量和相关设施，及时清扫库场，进行必要的消毒处理，严格限制闲杂人员进库。

5）要有周密的应急处理和废弃物处理措施。当危险品库遇到紧急情况时，要有应急处理措施和应急处理指挥人员，包括汇报情况、现场紧急处理、人员疏散、封锁现场、人员分工等。应急处理指挥人员要有相关的专业知识，能熟练掌握操作技能。仓库要定期组织员工开展应急情况演习，新员工上岗时要培训。对于废弃的危险品及包装容器等，要有妥善的处置措施，如封存、销毁、中和、掩埋等无害化处理，不得遗留隐患。处置方案要到相关部门备案，并接受监督。剧毒危险品被盗、丢失、误用时，要立即向公安部门报告。

5.1.2　冷库管理

1. 冷库概念　冷库（Cold Storage）是利用降温设施创造适宜的湿度和低温条件的仓库，又称冷藏库。冷库是加工、储存农畜产品的场所，能摆脱气候的影响，延长农畜产品的储存保鲜期限，以调节市场供应。

2. 冷库的发展　中国北方的冰窖是冷库的初级阶段。北京的北海冰窖相传建于明代，至今已沿用四五百年。19 世纪中叶，世界上第一台机械制冷装置问世，利用人工制冷设备控制低温取得成功。从此冷库建筑在许多国家迅速发展，农畜产品从收获、加工到商品出售的各个环节全部实现了冷藏。中国建造现代冷库始于20世纪初。目前各大、中城市已有相当数量的冷库，且其容量不断增大。此外，由于气调储藏技术的发展，还出现了气调冷库，能创造低压、高湿环境的减压冷库也正在研究设计中。

3. 冷库保管的原理　冷库是进行冷藏保管的场所。冷藏是指在保持低温的条件下储存物品的方法。由于在低温环境中，细菌等微生物大大降低繁殖速度，生物体的新陈代谢速度降低，能够延长有机体的保鲜时间，因而对鱼肉食品、水果、蔬菜及其他易腐烂物品都采用冷藏的方式仓储。

4. 冷库的分类

（1）根据使用性质的不同分类　可分为生产性冷库、分配性冷库和生活服务性冷库三类。生产性冷库是食品加工企业的重要组成部分，一般建在货源集中的地区。例如，鱼、肉、禽、蛋、果、蔬等易腐食品，经过适当加工后，送入冷库进行冷加工、储藏，然后运往消费地区进行分配。生产性冷库的特点是冷加工能力大，储存物品零进整出。分配性冷库一般建在大城市或水、陆交通枢纽及人口密集的工矿区，为市场供应、运输中转而储备食品时用。其特点是冷藏容量大、冻结能力小，适宜于多种食品的储存。生活服务性冷库是为调剂生活需要而临时储存食品时用的，其特点是库容量小、储存期短、品种多以及堆货率低。

（2）按储量和库容大小分类　可分为大型冷库、中型冷库和小型冷库。大型冷库，储量在1 000t、库容在1 000m^3 以上；中型冷库，储量为500～1 000t、库容为500～1 000m^3；小型冷库。储量在500t、库容在500m^3 以下。

（3）按仓库温度的不同分类　可分为低温冷库、高温冷库。低温冷库，温度控制在－20～－10℃左右，主要适用于冻结后的水产、肉类食品的冷藏；高温冷库，温度控制在－5～5℃左右，主要适用于水果蔬菜类的保鲜；结冻冷库，温度控制在－25℃以下，主要用于鲜品冷藏前的快速冻结；中温冷库，温度控制在－10～－5℃左右，主要适用于冻结后的食品冷藏。

5. 冷库的库址和建筑设计　冷库应建筑在交通方便，水、电供应来源可靠的地方，库址周围应有良好的环境卫生条件，尽量避开工矿企业的有害气体、烟雾、粉尘以及来自传染病院等的污染源。肉类、鱼类等加工厂的冷库应布置在城市居住区夏季风向最小频率的上风侧，位于产地附近或商品集散方便的地方。

6. 冷库的结构

（1）冷却和结冻间　冷却和结冻间也称为预冷加工库间。货物在进入冷藏或者冷冻库房前，先在冷却或者结冻间进行冷处理，将货物均匀降温到预定的温度，对于冷藏的货物降温2～4℃；冷冻货物则迅速的降至－20℃使货物冻结。

（2）冷冻库房　经预冷达到冷冻保存温度的冷冻货物较长期间地保存的库

房。货物经过预冷后，转入冷库堆垛存放。冷冻货物的货垛一般较小，以便降低内部温度，货垛底部采用货板或托盘垫高，货物不直接与地面接触，避免温度波动时水分再冻结后造成货物与地面的粘连。

（3）冷藏库房　冷藏库房是对冷藏货物存储的场所。货物在预冷后，达到均匀的保藏温度时，送如冷藏库房码垛存放，若是少量货物则直接存入冷藏间冷藏。冷藏库房一般采用风冷式制冷，用冷风机降温。为了防止货垛内升温，保持货物呼吸所需的新鲜空气流通，冷藏库一般采用行列垛的方式码垛存放。由于冷藏存期较短，货物在库内搬运频率较高，托盘成组堆垛较为理想。

（4）分发间　货物出库时采取迅速地将冷货从冷藏或冷冻库房移到分发间，在分发间进行作业，从分发间装运。分发间温度也低，但由于直接向库房外作业，温度波动较大，因而分发间不能存放货物。

7. 冷库设备　一般冷库多由制冷机制冷，利用气化温度很低的液体（氨或氟里昂）作为冷却剂，使其在低压和机械控制的条件下蒸发，吸收储藏库内的热量，从而达到冷却降温的目的。最常用的是压缩式冷藏机，主要由压缩机、冷凝器和蒸发管等组成。按照蒸发管装置的方式又可分直接冷却和间接冷却两种。直接冷却将蒸发管安装在冷藏库房内，液态冷却剂经过低压蒸发管时，直接吸收库房内的热量而降温。间接冷却是由鼓风机将库房内的空气抽吸进空气冷却装置，空气被盘旋于冷却装置内的蒸发管吸热后，再送入库内而降温。间接冷却方式的优点是冷却迅速，库内温度较均匀，同时能将贮藏过程中产生的二氧化碳等有害气体带出库外。

8. 冷库的使用与管理

（1）冷库使用中应注意的事项　冷库应保证清洁、干燥，要责任到人，对库内的冰、霜、水应及时清除，库内严禁带水作业，没有经过冷却的物品，不能直接进入冷冻库房。冷库房因其工作性质，要求保持制冷状态，否则就会造成损失。所以对其制冷系统（压缩机、冷凝器、节流阀、蒸发管等）要加强设备的护养管理，保证设备的完好率。同时，因其具有高压、易爆、有毒的特点，所“要确保安全生产。要合理利用冷库的空间，合理设计物品的堆存方式，提高储存能力；物品应分类分区存放，防止相互污染变质。冷库房要定时通风，对于不同的物品，保证合适的温度和湿度。

（2）建立严格的物品出入库制度　在物品出入库时，要认真清点物品的数量、品种，记录物品的生产日期、卫生状况、规格等，合理安排储存位置，先出库的要安排在库门附近以便减少出库时间，防止因开门时间过长，而使库内温度、湿度变化过大。在冷库内，物品要与地面、墙面隔离，防止因结冰使物品粘连在地面或墙上。库区及搬运和称量工具要定期消毒。保管人员身体条件要符合卫生、防疫要求。

（3）冷库安全　冷库保管人员要严格遵守冷库操作规程，防止冻伤，进入库房的人员，必须做好保温防护，穿戴手套、工作鞋。身体裸露部位不得接触冷冻库内的物品，包括物品、排管、货架、作业工具等；不能在库房内工作时间太长，冷库房特别是冷藏库房内的植物和微生物的呼吸作用使二氧化碳浓度增加，会使得库房内氧气不足，造成人员窒息，所以人员在进入库房，尤其是长期封闭的库房前，需进行通风，避免氧气不足；妥善使用设备，防止碰撞，以免降低保温、隔热性能，甚至造成容器、管道局部开裂、折断、漏氨等事故。库房内作业应使用抗冷设备，且进行必要的保温防护。不使用不适宜在低温下工作的设备和用具。

5.1.3　粮库管理

1. 粮库的功能与作用　粮食是人类维持生存最基础的物质需求。我国是人口大国，粮食问题尤其突出。粮食是农业生产的最终产品，具有显著的季节性，且生产地和消费地分离，决定了仓储是粮食物流重要的一环。

（1）平抑粮价，调控市场　这是古代仓储制度的一项基本而重要的功能。从周代开始，历代王朝十分重视发挥仓储的这项职能作用。尤其是从汉代设置常平仓制度以来，调控更成为仓储的主要职能。每当青黄不接、灾荒或战乱引起市场谷价上涨时，政府以常平仓所存之谷平价粜卖于市，以不致“谷贵伤民”；当谷物丰收市场谷价下跌时，政府又动用库帑平价收购，以不致“谷贱伤农”，从而对市场起到稳定、调节作用。

（2）赈灾备荒，安民固本　我国是个灾荒多发国家，因此，历代统治者十分重视“荒政”，而他们采取的最主要的救荒之策就是设仓积谷，适时救济灾民，安定社会。自隋代起，在已有的官仓之外，又创设了一种民间自置粮仓，专门供当地备荒赈恤之用，这就是由长孙平倡议而设立的义仓。义仓由各州军民共同设置；出粟方式为“劝课”，具有自愿性质；所出粟麦品种“随其所得”，没有固定要求；仓窖造于当地村社，委托社司管理；所储仓谷用于饥荒赈给；出粟标准平均每户一石以下，按“贫富差等”法交纳。义仓制度是封建仓储赈灾救荒的重要手段之一。

（3）供养军队，备战应战　“兵马未动，粮草先行”，粮食储备是古代战争最重要的物质保障。例如，西汉一朝，几与战争相始终。作为后勤保障的重要方面，粮仓和武库一起，为西汉军队提供了雄厚的物质基础，使西汉王朝拥有进行战争和维持统治的强大后盾。

2. 粮库的分类

（1）根据储藏方式分类

1）散装粮库。散装粮库是指粮食堆存仓内，不需用装具，可直接靠墙堆放，此种墙能承受一定的粮食侧压力，较为厚实坚固，可兼做包装储粮用。

2）包装粮库。包装粮库是指粮食堆存在仓内时，必须利用装具，成为包装形式，堆垛与墙身不直接接触，在设计时不考虑粮食对墙身的侧压力。不能作散装之用。

（2）根据粮库用途分类

1）储备型粮库。储备型粮库是我国于1999年由国务院对粮食储备制度进行改革而设置的，对储备粮库实行中央垂直管理。以应付严重自然灾害、战争等特殊情况而设置，储备量、流通量都有严格的比例，品种结构和吞吐量有科学的标准，从而进一步完善了储备粮的吞吐调节机制。粮食的储量比较大，但流通性不强，储粮资金全部由国家拨付。此类粮库大多建在粮食主产区。

2）流通型粮库。为建立完善的粮食市场体系，我国在改革粮食供销体制后，严格区分了粮库的职能，将流通型粮库完全放到市场之中，成为粮食流通中的一个环节，粮库本身就是粮食加工企业，同时为适应市场，也会起到市场调控功能。粮食储量依据企业的储存加工能力和市场情况来定，这类粮库建在粮食集散地或大中型城市。

3）自用粮库或中转粮库。这类粮库主要设在以粮食为原料的企业，如酿酒、饲料等，通常储备量不大，粮食在库内只作短期储存，然后就进入加工车间，或者粮食在此短期储存后就进入储备粮库或粮食加工企业。

（3）其他分类方法

1）根据结构形式分类。根据结构形式的不同可分为房式粮仓、楼房粮仓、立筒粮仓（包括钢筋混凝土筒粮仓、钢板粮仓和砖筒粮仓）和地下粮仓等。

2）根据仓内保持的温度分类。根据粮仓内能保持的温度分为低温粮仓（15℃以下）、准低温粮仓（16～20℃）、准常温粮仓（21～25℃）以及常温粮仓（25℃以上）。

3. 粮食的储存特性　粮食储存是仓储最古老的项目，是实现粮食集中收成、分散消耗的手段，同时也是国家战略物资储备的方式之一。研究粮库的特性实质就是研究其储存对象粮食的特性，是其在储存过程中表现的种种物理属性。

（1）呼吸性　农作物都有后熟的特性，呼吸作用继续，新陈代谢旺盛，易发热、生霉。后熟完成后，可改善原粮品质，提高储藏的稳定性。

（2）吸附性和吸湿性　粮粒是一个具有多孔毛细管的胶体。试验表明，粮粒内部的大、小毛细管的内壁都吸附蒸汽或气体的有效表面。这种有效表面的总和，大约是粮粒外部表面总和的200 000倍，由此可见，粮食吸附气体和蒸汽的能力是很大的。粮食对气体和蒸汽的这种吸附作用称为粮食的吸附性。粮食从空气中吸附水蒸气的作用就称之为吸湿性。原粮在入库时皮薄。无外壳保护，组织松软，吸水能力强，易引起发热、霉变或生芽。遇高温收获季节，虽有利于干燥入库，但易吸湿，因此应做好入库前和储藏期的防潮工作。

(3) 易受虫害　粮食在离开农作物之后，没有外壳保护，皮层较薄，组织松软，抗虫性差、染虫率高。例如，小麦在成熟、收获、入库时正值高温、高湿季节，非常适合害虫繁殖和生长。这时，从田间到晒场以及到仓库的各个环节中，都有感染害虫的可能，一旦感染了害虫就会很快繁殖蔓延，使小麦遭受重大损失。

(4) 散落流动性　粮食呈颗粒状，且形状不规则，密度较大，颗粒群体构成的粮堆具有流动性，容易变形，这种特性叫做散落流动性。

(5) 粉尘爆炸性　粮食在清理与输送过程中产生的粉尘与空气混合，形成混合气体，遇火时，容易发生爆炸，这种性质就是粉尘爆炸性。爆炸点取决于粉尘与空气的混合比例、颗粒大小、空气温度和粮食的品种等因素。

4. 粮库的管理

1）制订较严密的管理规定和制度，详细记录入出库粮食的数量、品种、经手人、质量特性等。

2）注意加大监督检查的力度，一是检查数量，二是检查质量。

3）制订严格的安全制度，制订防火、防潮、防水、防虫、鼠等措施并安排相关设备。

4）定期对设施、设备进行维护，对管理和工作人员进行培训。

5.2　仓储安全管理

仓储安全工作是关系到国家财产和人民生命安全的一件大事，是做好仓储业务的基本条件。做好仓库的安全管理工作直接影响到企业的生存和发展，是仓储工作的需要，也是每个工作人员的基本职责。仓储安全管理要以消防安全作为核心，认真贯彻“防患于未然”的方针，确保人身、货物和设备的安全。

5.2.1　仓库安全管理概述

1. 仓库安全管理的意义　仓库是物资储存基地，仓库安全管理十分重要。仓库安全系统是一个多因素、多环节、多专业的综合系统，包括人、物、环境诸因素，渗透于仓库的每一项工作之中，贯穿于仓储物资的接收、储存、养护、包装、装卸搬运、发放等环节，涉及诸多的技术和管理问题。因此，加强仓库安全管理、操作人员的安全意识，提高其安全技术水平，从而及时发现和消除仓库中的危害因素，杜绝各类事故的发生，具有十分重要的意义。

2. 仓库管理的不安全因素　在仓库的安全工作中，造成不安全的因素主要有两大类，分别是管理人员知识上的局限和管理人员本身素质不高。对于第一类因素我们应加强对仓储保管人员的培训，让上岗的每一位保管人员都能较全面地掌握各类物品的特性及储存、保管方法。对于第二类因素克服的方法是努力提高仓库管理人员的素质，增强仓库管理人员的道德素养和工作责任感。

3. 仓库安全管理的主要内容　仓库安全管理是为了实现系统安全目标而进行的有关决策、计划、组织和控制等方面的活动，仓库安全管理的主要任务是在国家安全生产方针的指导下，依照有关政策、法规和各项安全生产制度，运用现代安全管理原理、方法和手段，分析和研究生产过程中存在的各种不安全因素，防止事故的发生，保证生产顺利进行，保障工作人员的人身安全和健康以及国家财产安全，避免各种损失。

仓库安全管理的主要内容包括：

（1）仓库安全作业管理　仓库安全作业是指在物品进出仓库的装卸、搬运、保管等过程中，为了防止和消除伤亡事故，保障职工安全和减轻繁重体力劳动而采取的措施，它直接关系到工作人员的人身安全和生产安全，也关系到仓库的劳动生产率能否提高。仓库安全作业主要包括仓库保管员在进出仓库及储存、保管物品过程中的安全操作工作。

（2）仓库消防安全管理　安全消防工作主要承担仓库的防火、灭火工作。仓库火灾是仓库的重大事故，不仅损害国家、企业财产，还危及人的生命安全。

5.2.2　仓库安全作业管理

仓库作业安全涉及货物的安全、作业人员人身安全、作业设备和仓库设备的安全。这些安全事项都是仓库的责任范围，所造成的损失都是完全由仓库承担，因而说仓库作业安全管理是经济效益管理的组成部分。仓库要特别注意作业安全管理，特别是重视作业安全的预防管理，以避免发生作业安全事故。

1. 仓库作业的安全特性

（1）作业对象的多样性　除了少数专业仓库只从事单一的货物仓库外，绝大多数仓库仓储的物品都是种类众多、规格繁多。

（2）不规范的物品　仓库开始提供增值服务后，更多物品以未包装、散件、内包装、混件的形式入库，很容易发生损害。

（3）任务紧迫性　为了缩短交通运输工具在仓库内的停留时间，迅速将物品归类储藏，仓库作业不能间断。每次作业都要完成阶段性作业，才能停工。

（4）阶段不均衡性和突发性　仓库作业因物品出入库作业，物品到库，仓库组织卸车搬运、堆垛作业；存货人前来提取物品时，仓库应组织进行堆垛、搬运装车作业。由于物品出入库是不均衡的，仓库作业也就具有阶段性和突发性的特性。

（5）作业场地的多变性　仓库作业除了部分配送中心、危险品仓库要在确定的收发货区进行装卸外，大多数仓库都在库房门口、仓库内及货位前直接进行装卸。搬运作业延伸至整个仓库的每一个位置，因而仓库作业的环境极不确定。

2. 仓库安全生产管理

（1）人力安全操作基本要求　在适合作业的安全环境下，人力操作应仅限制在轻负荷的作业，并尽可能采用人力机械作业，作业人员应按要求穿戴相应的安全防护用具，使用合适的作业工具进行作业，同时就近安排工间休息，整个生产作业过程中必须有专人严格按照安全规范在现场指挥和指导。

（2）仓库机械设备安全作业管理　合理使用机械设备是安全管理的一个重要环节，如果使用合理，操作正确，就能减轻磨损，延长使用寿命和保持应有的精度，发挥应有的工作效率。设备的维护保养规程是正确保养设备的重要技术支持，同时要定期检查维修，这样做不但可以避免由于盲目拆卸设备而带来的损伤，还可以减少设备检修时的经济损失。使用设备时要注意安全作业，如使用合适的机械、设备进行作业，确保所使用的设备具有良好的工况，设备作业时要有专人进行指挥，如汽车装卸时，注意保持安全间距，载货移动设备上不得载人运行，移动桥式起重机必须在停放稳定后方可作业等。

5.2.3　仓库消防安全管理

1. 火灾产生的条件　仓库火灾是由于人的不安全行为和物的不安全状态相互作用而引起的，并危及人们生命和财产的失控燃烧，必须同时具备一定的条件：

（1）可燃物　可燃物指能与空气中的氧或其他氧化剂起剧烈反应的物质，如木材、纸张、酒精、金属钠等。

（2）助燃物　助燃物指能帮助和支持燃烧的物质，如空气、氧、氯、氯化钾和过氧化钠等。

（3）着火源　着火源指能引起可燃物质燃烧的热能源，最常见的有火焰、赤热体、火星和火花等。

2. 仓库火灾的成因

（1）用火不慎　在库房内吸烟，仓库周围明火作业，运输工具排气管迸出火星，仓库内部的设备不良、操作不当引起火花，在库房内生火煮饭等情况下由于不慎造成火灾。

（2）库内物资乱堆乱放　不按性质分类、分堆储存而乱堆乱放。某厂用箩筐装油棉纱放进物资仓库内，由于油棉纱自燃引起重大火灾。

（3）电气设备安装使用不符合规定　例如，某厂将电源开关直接安装在席棚库房内，由于用电超负荷引起火灾，损失十万余元。

（4）受热、受潮、接触空气而起火　许多化学物品由于受热、受潮、接触空气而起火。如果仓库建筑条件差，不采取隔热降温措施，会使物品受热；因保管不善，仓库漏雨进水、地面潮湿，会使物品受潮；盛装的容器破损，使物品接触空气等，均会引起燃烧爆炸事故。

（5）违反操作规程　搬运物品没有轻装轻卸，任意摔扔；或堆垛过高不稳，发生倒垛；或在库内改装打包、封焊修理等，违反安全操作规程，容易造成火灾事故。

（6）库房建筑不符合存放要求　仓库建筑结构差，耐火等级低，防火安全间距不够，库房通风不良，湿度过大，阳光直射，有的缺少保暖措施。甚至有些与工厂、居民住宅混杂在一起。这些仓库外来人员进出多，周围火种难以控制，往往因飞火或邻近失火而受殃及。

（7）挟带火种　原料在运输途中接触明火，如烟头和放鞭炮时落下的火星等，没有及时发现，将火种带入库内，阴燃成灾。

（8）纵火　某棉花仓库，由人为纵火引起重大火灾；又由于人为纵火，某工厂的工具仓库发生重大火灾，损失三百余万元。

（9）仓库或堆场遭受雷击起火　雷电是带有不同电荷的云团接近时瞬间发生的放电现象而形成的电弧，电弧的高能量能造成易燃物的燃烧。

3. 仓库火灾的种类　仓库火灾可分为普通火、油类火、电气火、爆炸性火灾四种类型。

4. 防火与灭火

（1）防火方法

1）控制可燃物。通过减少或者不使用可燃物、将可燃物进行难燃处理来防止火灾。

2）隔绝助燃物。对于易燃品采取封闭、抽真空、充惰性气体、浸泡的方法，用不燃涂料喷涂易燃品的方式使易燃物不与空气直接接触，以此来防止燃烧。

3）消除着火源。由于仓库不可避免储藏可燃物，隔绝空气的操作需要较高的成本，仓库防火的核心就是防止火源的出现，消除着火源也是灭火的基本方法。

（2）灭火方法　灭火有四种常见方法。

1）冷却法。将灭火剂直接喷到燃烧物上，使燃烧物质的温度降低到燃点之下，停止燃烧。

2）隔离法。将火源处及其周围的可燃物质撤离或隔开，使燃烧因与可燃物隔离而停止。

3）窒息法。阻止空气流入燃烧区或用不燃烧物质冲淡空气，使燃烧物质得不到足够的氧气而熄灭。

4）中断化学反应法。使灭火剂参与到燃烧反应过程中去，使燃烧过程产生的游离基消失，而形成稳定分子或活性的游离基，从而使燃烧的化学反应中断。

5. 仓库消防设备及设置　用于仓库库场消防安全的设备主要有消防水系统，消防设备和器材。在此重点介绍灭火器的相关知识。灭火器是扑救初起火灾最常用的灭火器材，在仓库中尤其以手提式和推车式灭火器使用普遍，使用面广。目前，我国生产灭火器的厂家已达数百家，能生产六大类23种各类灭火器，年产量达几百万具。

（1）灭火器的分类　我国通常采用按照充装灭火剂的种类、灭火器重量、加压方式三种分类方法进行分类。

1）按充装灭火剂种类分。按这种分类方法可分为清水灭火器、酸碱灭火器、化学泡沫灭火器、轻水泡沫灭火器、二氧化碳灭火器、干粉灭火器和卤代烷灭火器。

2）按灭火器的重量分。按这种分类方法可分为手提式灭火器、背负式灭火器和推车式灭火器。

3）按加压方式分。按这种分类方法可分为化学反应式灭火器、储气瓶式灭火器和储压式灭火器。

（2）灭火器的灭火级别　灭火器的灭火级别是指按规定模型进行灭火试验时灭火器的灭火性能。它表示灭火器的灭火能力大小，是采用科学试验方法确定的。目前，国家标准仅规定了两类灭火级别A和B。灭火器的灭火级别由数字和字母组成，数字表示灭火级别的大小，字母（A或B）表示灭火级别的单位及适用扑救火灾的种类。1A、1B是灭火器扑救A类火灾、B类火灾的最低灭火级别，也是灭火级别的基本单位值。我国现行标准系列规格灭火器的灭火级别有3A、5A、8A、13A、21A、…、55A等和1B、2B、3B、4B、5B、…、120B等两个系列。分别标记在相应规格灭火器的铭牌上。

（3）灭火器的设置要求

1）灭火器应设置在明显和便于取用的地点，且不得影响安全疏散。

2）灭火器应设置稳固，其铭牌必须朝外。

3）手提式灭火器宜设置在挂钩、托架上或灭火器箱内，其顶部离地面高度应小于1.50m；底部离地面高度不宜小于0.15m。

4）灭火器不应设置在潮湿或强腐蚀性的地点，当必须设置时，应有相应的保护措施。

5.3　仓储质量管理

5.3.1　仓储质量管理概述

1. 仓储质量　仓储质量包括严格按照仓储合同的规定履行职责、妥善保管好仓储物资、有效防范仓储风险、及时响应客户需求、能够与客户友好合作、为客户提供细致周到的服务和满足客户的质量要求等，实现及时、准确、圆满和友好的质量标准。

2. 仓储质量管理　仓储质量管理不仅是企业管理中的一个独立项目，又是贯穿在生产、经营中的管理职能。仓储质量管理的含义有广义和狭义之分。从狭义上讲，它是指应用各种科学原理和科学方法，对仓储物资进行储存、保管保养，以保证提高仓储物资的质量所开展的管理性活动。从广义上讲，它是指为了最经济的收、发和保管好适合使用者要求的物品所采取的各种方法体系，也是为了实现仓储物品的质量特征所开展的计划、组织、协调和控制。

5.3.2　仓库质量管理的特点

1. 全面性　仓储质量管理的全面性是指对仓储经营全过程和全员参加的管理。也就是说一方面管理的主体必须全面，是企业中的全体职工；另一方面，要求管理的客体必须全面，要对包括入库、检验、存放、堆码、保管养护、出库、发送等各环节在内的仓储全过程进行管理。

2. 预防性　仓储质量管理的预防性是指把仓储质量由传统的事后质量检查转变为以预防为主的质量控制的管理方式，坚持“以防为主，防检结合”的质量管理原则。事后质量检查不能事先预防质量问题的发生，而质量控制管理可以事先对生产经营过程中可能发生的质量缺陷因素加以控制，从而使质量管理具有预见性。

3. 科学性　仓储质量管理的科学性就是指仓储经营的一切质量标准要用数据和事实说话，按照计划、实施、检查和处理的科学质量管理程序来进行，使每次循环都有提高和发展。同时，质量管理除采用统计方法外，还采用市场预测、运筹学、系统工程方法，以及电子计算机的计算技术，各种方法综合运用，使质量管理更具有科学性。

4. 服务性　服务性是仓储管理的生命。服务性是指仓储质量管理要以质量服务为根本出发点。它主要反映在以下两个方面。首先是为客户服务，仓储企业应把竭诚地为客户服务作为经营的根本宗旨。其次是为企业内部服务，各作业环节都要牢固树立“下一个环节就是客户”的观点，使每道作业环节都按质量标准严格把关，达不到质量标准就不能转交下一道作业环节。例如，物品出库环节，对破损的包装，要加固或更换，不能将不符合质量要求的包装转到运输环节。这样，使各作业环节互相提供满意的质量要求，最后以优质服务完成整个仓储作业过程。

5.3.3　仓储质量管理的内容

仓库是非生产部门，它的“产品”是向用户及时齐备地提供数量完整、质量完好的物品供应。因此，其“产品”的内涵和外延具有与一般工业产品不同的特点。仓储质量管理包括以下几方面内容：

1. 物品出入库质量　物品入库业务是仓储业务的第一个环节，其工作质量的好坏，直接关系到物品保管业务和出库业务的工作质量。所以，要保证物品入库质量，必须做到：入库手续凭证要符合要求，按入库单及其他各种有关凭证办理入库；凭证要填写清晰，内容准确；手续单证不全不能入库；入库物品要做到账、卡、货相符等。要把好出库关，必须根据正式出库凭证来组织出库业务。按照先进先出、易霉先出、易锈易坏先出、近期失效先出的物品发货原则出库，做到推陈出新。出库物品要质量完好，数量准确，包装牢固，标志清楚。出库物品的各种凭证要及时传递，加速业务结算。

2. 物品验收质量　验收是确保物品数量准确、质量完好的关键环节。验收质量主要表现在验收人员应持认真的态度，开展验收工作；应采取科学有效的方法进行验收；验收要及时和准确。搞好物品验收具有十分重要的意义：①它为物品的储存保管工作打下良好的基础。②可以通过对物品产品质量、包装质量和运输情况等的综合检查，对有关部门的质量管理起一定的监督和推动作用。③验收记录是索赔、退货和换货的主要依据。

3. 物品保管质量　物品储存保管的责任是要保持好物品的原有使用价值，使物品的质和量两方面都不受损失。因此，必须加强科学管理，研究和掌握影响物品变化的各种因素，采取科学的保管保养方法。物品保管工作应贯彻“预防为主，防治结合”的方针，做到妥善保管、合理存放、精心保养以及账物相符。也即是仓库要做好“三化”工作——仓库规划、存放系列化和保养经常化。并且还要做到账目清楚，资料齐全，账物相符，盈亏有原因，损坏有报告，记账有原始凭证，调整有依据。

4. 装卸、搬运质量　物品的装卸、搬运对储存物品的数量和质量将产生直接的影响。装卸、搬运质量主要表现在确保作业通道畅通、作业运作连续，确保作业对象完好无损，物品规格、品种不混淆，堆码整齐牢固，文明装卸，轻拿轻放等几个方面。

5. 设备管理质量　大、中型仓库离不开各类机械设备，因此，选好、管好、用好、修好各类设备对提高仓储质量水平起着重要的作用。设备的选择应考虑技术上先进和经济上合理；合理使用应建立、健全必要的规章制度，严格遵守操作规程。设备的养护，应达到齐备、清洁、润滑、安全的要求。另外还应做好设备的维修和更新工作。

5.3.4　仓储质量指标

仓储质量指标（见表5-2）是考核仓库经营管理工作质量高低，评价仓库管理人员工作质量好坏的重要指标。由于库存货物的性质差别较大，货主所要求的物流服务内容也不尽相同，所以，各仓储企业反映仓储业务作业质量的指标体系的繁简程度会有所不同。

表 5-2 仓储质量指标

序号	指标	公 式	指 标 说 明
1	仓库面积利用率	(报告期物品实际堆放面积/报告期仓库总面积)×100%	衡量仓库利用程度的主要指标,反映仓库管理工作水平的主要经济指标之一
2	仓库容积利用率	(报告期平均每日实际使用的容积/报告期仓库的有效容积)×100%	
3	平均保管损失	保管损失金额/平均储存量	保管损失金额包括,物品养护中发生的超定额损耗、收发货差错损失和盘点短少损失。通过此指标考核可以加强企业的员工岗位管理
4	物品损耗率	(物品损耗量(额)/物品在库总量(额))×100%	损耗是指对易干燥、风化、挥发、失重、破碎物品的保管考核
5	平均收发时间	收发货总时间/收发货总比数	收货总时间。自货单到齐开始,经物品验收入库后,直到把入库单据送交保管会计登账为止,发货总时间指自仓库接到发货单开始,经备货、包装、填制装运清单等,直到办妥出库手续止。平均收发时间指标可以反映仓库整体管理水平
6	收发货差错率	(报告期收发货差错累计比数/报告期收发货总比数)×1000‰	是仓储管理中工作质量考核指标,反映仓库保管员的工作绩效
7	业务赔偿费率	(业务赔偿款总额/业务总收入)×100%	主要反映仓储部门履行仓储合同的质量,同时也反映企业仓储的质量
8	缺货率	缺货次数/用户要求次数	衡量仓储部门进行库存分析的能力和组织及时补货的能力

案例分析 5

上海国家储备棉库突发火灾近万吨进口棉花受损

上海闵行区一座建筑面积约 2 万 m^2，储存有近万吨进口棉的巨型国家储备棉仓库，2000 年 11 月 13 日凌晨零时 45 分发生火灾。至当晚 10 时左右，经市消防局出动 52 辆消防车、近 500 名消防战士连续扑救，火势基本得到控制，但棉花阴燃现象仍在发生。

中国农业生产资料上海储运部棉花仓库位于上海闵行区通海路 275 号，在 13 日零时 45 分，值班人员发现仓库三楼有火情，但并未立即报警，而是先向值班领导作了汇报后才拨打“119”报警，延误了火灾初期紧要的 20min 时间。

当时火灾现场浓烟滚滚，1km 外就能看见，仓库 3～5 层均被火龙包围。下午三四时，大火烧穿了仓库楼顶，由于承受了大量的消防用水，仓库墙壁出现裂缝，有倒塌的危险，但无人员伤亡事故发生。

据市消防局有关人员介绍，中国农资棉花仓库存在重大火情隐患。按规定，储存棉花的仓库面积不得超过4 000m^2，每个防火分区的面积不得超过1 000m^2。但农资公司仓库总面积达20 000m^2，防火分区面积近1 800m^2；同时，仓库消防用水不足，消防泵房被擅自改为储藏室，进水管道直径仅10cm，远未达到应有20cm的基本要求，无法维持水枪喷射，近10辆消防车被迫到黄浦江边抽水应急；仓库内未装火警报警装置，没有喷水灭火器，且消防栓仅有两个，是规定应有最低限度的1/3。更严重的是，只有四五千吨储存量的仓库竟存放有近万吨棉花，严重违反了有关消防安全防火的规定。据消防人员介绍，这个棉花仓库3个楼面起火，而且两侧窗户紧闭，不易透风，对灭火不利。消防队员到场后，先是用高压水枪包围、喷射，控制火情后，再将玻璃打碎，让烟雾及时排放。而后，再派出突击队，分赴各楼面进入房间内部灭火。上午10点，仓库2~5层明火已得到控制。11点，仓库4层再度火光冲天。指挥员解释，棉花表层火虽不难扑灭，但隐藏在棉花中心的高温暗火极易复燃。为彻底灭火，13日晚有超过300名消防战士坚守火线彻夜作战。

资料来源：中华商务网。

思考题：

1. 案例中仓库发生火灾的成因是什么？
2. 针对案例，思考仓库防火安全。

思考与练习

1. 如何进行危险品的分类？
2. 如何进行危险品库的管理？
3. 仓储质量管理的内容是什么？
4. 仓储质量指标的定义是什么？
5. 冷库应如何管理？

第6章　仓储保税制度

【本章学习目标】

通过本章学习掌握实行保税制度的几种形式，保税仓库的定义、作用、类型和报关程序，货物存入保税仓库的程序，我国保税区的支持性政策，了解我国保税制度的发展趋势及税收优惠政策。

6.1　保税仓库概述

6.1.1　货物保税制度概述

保税制度是一种国际上通行的海关制度，它是指经海关批准对进口货物暂不征税而采取保留征税权予以监管的一种制度。

境内企业为加工出口产品而进口的原材料、辅料、元器件、配套件、包装物或转口而暂时入境的货物，经海关批准，暂不交纳进口环节税，待出口时再视情况予以核销。因此，保税制度能使出口企业简化出口手续，减少因纳税而造成的资金占用和利息支出，降低产品出口成本，有利于吸引外资，是国际上普遍采用的一种做法，保税制度被誉为“20世纪最流行的经济维生素”。

保税制度是随国际经济贸易发展，为了适应国际转口贸易的需要，为了进口商的利益而产生的一种不同于一般贸易做法的海关监管制度。在此制度下，从事国际商品转口贸易的商人，在进口某批货物而未确定其销售流向的情况下，若该货物销往其他国家而复运出口，可以在免纳进口关税的情况下储存一段时间。若该货物进入本国市场可以在货物实际进入国内销售时交纳进口关税。随着加工装配、补偿贸易、寄售、租赁等新型灵活贸易方式的出现，保税制度也由为单一商品贸易服务扩展成为加工制造、技术引进、服务贸易提供便利的海关监管制度。在国际贸易中采用货物保税的方法是为了将国际贸易方向吸引到本土的某一特定地区，而无需交纳关税。在这一特定的地区内，为储存提供必要的基本设施和运输工具。

6.1.2　实行保税制度的形式

1. 自由港　自由港是指在一国土地上划定的一块置于海关监管的特别区域。在这一区域进行转口贸易、物资储存以及流通加工，利用优越的地理位置、优良的港口条件，以豁免货物进出口关税等优惠政策，实现经济的快速发展。

2. 自由贸易区　自由贸易区是指两个或两个以上的国家通过达成某种协定

或条约取消相互之间的关税和与关税具有同等效力的其他措施，在主权国家或地区的关境以外，划出特定的区域，准许外国货物豁免关税自由进出。实质上是采取自由港政策的关税隔离区。凭借减免关税等优惠政策发展出口加工、金融、信息等产业，促进国际间贸易发展。

3. 出口加工区　出口加工区是指一个国家或地区为利用外资、发展出口导向工业、扩大对外贸易，而设立的以制造、加工或装配出口货物为主的特殊区域。在该区域内发展面向国际市场的出口加工业。

4. 保税仓库　保税仓库是指经海关批准设立的专门存放保税货物及其他未办结海关手续货物的仓库。货物进出该库区可免交关税，保税仓库还凭借便利的仓储、运输条件，吸引外商的货物储存和从事包装等业务。是保税制度中应用最广泛的一种形式。

随着国际贸易的不断发展及外贸方式多样化，世界各国进出口货运量增长很快，如进口原料、配件加工，装配后复出口、补偿贸易、转口贸易、期货贸易等灵活贸易方式的货物，进口时要征收关税，复出口时再申请退税，手续过于繁琐，也不利于发展对外贸易。如何既方便进出口，有利于把外贸搞活，又使未完税货物仍在海关有效的监督管理之下，实行保税仓储制度为解决这个问题创造了条件。保税货物是指经海关批准未办理纳税手续进境，在国内储存、加工、装配后复出境的货物，这类货物如在规定的期限内复运出境，经海关批准核销；如果转为内销，进入国内市场，则必须事先提供进口许可证和有关证件，正式向海关办理进口手续并缴纳关税，货物才能出库。在我国，主要的保税形式是保税区，下面侧重于对保税区政策和经营管理的论述。我国的保税区涵盖了保税仓库的功能。

6.1.3　保税仓库的含义和作用

1. 保税仓库的含义　保税仓库是指经海关批准设立的专门存放保税货物及其他未办结海关手续货物的仓库。

2. 存放货物的范围　经海关批准可以存入保税仓库的货物有：

1）加工贸易进口货物。

2）转口货物。

3）供应国际航行船舶和航空器的油料、物料和维修用零部件。

4）供维修外国产品所进口寄售的零配件。

5）外商进境暂存货物。

6）未办结海关手续的一般贸易进口货物。

7）经海关批准的其他未办结海关手续的进境货物。

除了另有规定外，货物存入保税仓库，在法律上意味着在全部储存期间暂缓执行该货物投入国内市场时应遵循的法律规定，即这些货物仍被认为处于境外，只是当货物从保税仓库提出时，才被当成直接进口货物对待。货物存入一国的保税仓库，应受该国的一般法律的约束和管理，特别是有关公共秩序或公共卫生等方面的法律规定。此外，保税仓库与保税区或自由港制度稍有区别，货物一旦存入保税仓库，将由海关登记入册，而国外的保税区或自由港制度下的货物进出无需办理任何海关手续。保税仓库的保税范围各国规定有所不同，在法国，根据《海关法典》的规定，保税仅限于关税、相当于关税的其他税赋及农产品差价税，即仅限于欧洲共同体一级的海关税收。

3. 保税仓库的作用　在对外贸易中，建立海关监管下的保税仓库具有多方面的优越性。保税仓库不仅有利于促进对外贸易，而且对于提高进口原材料的使用效益、开展多种贸易方式、发展外向型经济、加强海关监管以及开展保税仓储业都具有积极的意义。

采用保税仓库方式，可以将运抵本国口岸的货物存入保税仓库，待时机成熟后推入市场。也可以在国际原材料市场价格较低的情况下购入保税仓库，以降低进口价格，提高经济效益。同时，利用保税仓库的暂缓交纳关税等优惠条件，扩大出口货源，增加外汇收入，借助于保税仓库开展转口贸易。而且，对保税货物出入保税仓库实行核销监督管理，对加工业实行重点抽查与核销，严密了海关监管。也可以促进外贸企业利用保税仓库，充分发挥仓库的效能，开展一系列的相关业务。

6.1.4　保税仓库的类型

1. 公共保税仓库　公共保税仓库是一种最普遍的保税仓储方式，公共保税仓库面向公众，任何想利用保税仓库储存海关监管货物的人均有权使用。公共保税仓库的选址、建筑形式及经营管理都必须经过海关批准，以确保满足海关的监管条件。

2. 自有公共保税仓库　在不宜设公共保税仓库，或者公共保税仓库不能满足需要，或公共保税仓库远离货物运输的目的地时，开设自有公共保税仓库。自有公共保税仓库由海关以决定的方式批准。

3. 专用保税仓库　在指定区域内根据生产和贸易的需要设立专用保税仓库，仅供储存本企业经营的保税货物使用，具有自营自用性质。专用保税仓库可以享受较宽松的监管方式。

4. 保税工厂　在保税工厂专门从事来料加工，来件装配、复出等业务。海关对保税工厂的审批较为严格，对其加工项目的规定也作了严格的限制。

5. 海关监管仓库　海关监管仓库是指经海关批准设立，对已办结海关出口手续的货物进行储存、保税货物配送、提供流通性增值服务的海关专用监管仓库。一般贸易出口货物、不加工贸易出口货物、从其他海关特殊监管区域场所转入的出口货物、已办结海关出口手续的货物，经海关批准均可以存人海关监管仓库。

6.1.5 保税仓库的报关

1. 进库报关

1）货物在保税仓库所在地进境时，免领进口许可证件，由收货人或其代理人办理进口报关手续，海关进境现场放行后存入保税仓库。

2）货物在保税仓库所在地以外其他口岸入境时，经海关批准，收货人或其代理人可以按照转关运输的报关程序办理手续，也可以直接在口岸海关办理异地传输报关手续。

2. 出库报关

（1）进口报关　根据保税仓库出库货物的用途不同，可以分别按加工贸易货物、特定减免税货物、一般进口货物的报关程序办理进口报关手续。

（2）出口报关　保税仓库货物为转口或退运到境外而出库的，保税仓库经营企业或其代理人按一般出口货物的报关程序办理出口报关手续，但可免缴纳出口关税，免交验出口许可证件。

（3）集中报关　保税货物出库批量少、批次频繁的，经海关批准可以办理定期集中报关手续。

3. 报关要点　保税仓库货物均接受海关监管，未经海关批准并按规定办理有关手续的，任何人不得出售、转让、抵押、质押、留置、移作他用或者进行其他处置；保税仓库经营企业应于每月 5 日之前以电子数据和书面形式向主管海关申报上一个月仓库收、付、存情况，并随附有报关的单证，由主管海关核销；保税仓库所存货物的储存期限为一年，如因特殊情况需要延长储存期限，应向主管海关申请延期，经海关批准可以延长，延长的期限最长不超过一年。国家禁止进出境货物、未经批准的国家限制进出境货物、海关规定不得存放的货物，不得存入海关出口的监管仓库。

6.1.6 保税仓库业务操作流程

1. 直接报关进库的保税货物业务

（1）安排仓位和相关资料的准备　货物进库前，货物所有权人应尽可能提前将预备进库的货物发票和装箱单复印件或传真件交仓储部。

（2）将相关资料交仓库管理员　货物进库时，送货人须将有纸报关的经卡口海关工作人员确认的备案清单复印件交仓库管理员；无纸报关的，送货人须将经卡口海关工作人员确认的《放行通知书海关验放联》及《货主留存联》及此货物的发票和装箱单交仓库管理员。

（3）仓库管理员核对单据，检验货物　货物抵库后，仓库管理员向送货人索要上述单证并核对货物的数量、唛头、和包装是否吻合，如发现货物数量、唛头有任何不符合，应立即上报仓储部经理并与客户联系，及时处理。如发现外包装破损时，应及时联系客户，并在原地拍照取证。

（4）仓库管理员填写理货记录　货物验收完毕后，仓库管理员应将货物堆放整齐，及时填写入库理货记录，做好《三级台账》。将《入库理货记录》签字后连同单据移交给单证管理员，并将桩脚卡挂好。

（5）进库处理　单证管理员接到单据后，根据仓库管理员的《入库理货记录》，将数据录入海关仓储管理系统，作进库处理，将单据归档。无纸报关的，还须将《放行通知书海关验放联》交清关部或客户向通关科交单。

2. 先进库再报关出口的保税货物业务

（1）预备资料安排仓位　货物进库前，货物所有权人应尽可能提前将预备进保税仓库的货物发票和装箱单复印件或传真件交仓储部，以便仓储部经理安排仓位和相关资源。

（2）填写单据　货物进库时，送货人在海关卡口需填写《非保税货物进区登记单》，详细填写入库货物的品名、数量、重量、金额及核销单号等，经卡口海关工作人员核对签字、盖章带回。

（3）管理员收货填写记录　货物抵达仓库后，仓库管理员凭送货人带回的已经卡口海关工作人员核对签字、盖章的《非保税货物进区登记单》收货（无此凭证仓库管理员有权拒收此货），核对无误后填写《入库理货记录》，连同进库登记单交单证管理员。

（4）单证管理员报关　单证管理员接到《入库理货记录》和《非保税货物进区登记单》后，将《非保税货物进区登记单》和相关报关资料交指定的报关公司报关。

（5）入库处理　报关完毕后，单证管理员在收到海关电子数据后，根据《入库理货记录》并比对海关电子数据，如数据一致的，在海关保税仓储系统中作入库处理，如不一致的，须在查明原因后再处理，否则不作入库处理。入库后单证管理员须打印《进库清单》，传真《进库清单》给客户后与正本进境备案清单一体归档。

（6）填写台账　仓库管理员将桩脚卡挂好，填写入库台账。

3. 保税货物出库业务

（1）报关　根据客户传来数据录入海关仓库管理系统生成《出库提货单》，交客户或报关员报关。

（2）发送电子数据接收放行通知　报关完毕后，将提货单及报关单原件等交回货物所在公司的仓储部，单证管理员将报关单号输入海关保税仓储系统后，发送电子数据给海关，并接收海关电子放行通知。

（3）安排货物出库　接到客户货物出库指令后，仓储部经理按此指令制订《出库通知》，将出库通知交仓库管理员，由仓库管理员按《出库通知》要求，组织叉车驾驶员和仓库出货人员，将待发货物挑选出来并摆放在待发区或装上指定承运工具上。

（4）货物装上指定承运工具，收货人对货物数量及包装情况签署意见，仓库管理员将收货人证件复印件、客户货物出库指令、仓储部经理《出库通知》和收货人收货意见表一起交单证管理员，单证管理员根据上述资料，将出库数据录入海关保税仓储系统，并生成实际《已核对通过出库提货单》，交收货人。

（5）提货人递交提货资料　提货人到仓库提货时，需要提供相关资料，否则仓库不予发货。

1）需提供海关盖放行章的提货单（仓库核销联），等待海关放行单证（已提供的不再提供）。

2）客户正本出库指令或与仓储合同所示委托方传真号一致的传真件正本的出库指令。

3）与出库指令一致的收货人身份证明原件。

（6）填写台账　仓库管理员在收货人提货后，登记桩脚卡，填写出库台账。

6.2　我国的进出口货物保税政策

6.2.1　我国仓储保税制度的发展

鸦片战争以后，我国沦为半封建半殖民地，海关大权也随之落入外国列强手中，它们在我国口岸建立了保税仓库。新中国成立以后，仓储保税制度在我国销声匿迹。改革开放以来，海关总署于1981年制定了《中华人民共和国海关对保税仓库及所存货物的管理办法》，此文件中规定只有具备外贸进出口权的专业公司才能申请保税仓库的业务，并只能存放公司自己经营的进出口商品。在此后的发展中，一些限制逐步放宽，如经海关批准建立一些存放寄售、维修设备和零部件的保税仓库，以及供应国际航行船舶燃料供应的保税仓库。到1988年，我国修订了《中华人民共和国海关对保税仓库及所存货物的管理办法》，扩大了保税仓库的业务范围，规定凡属加工贸易复出口的进口货物，国际转运货物及经海关批准可以缓税的货物，均可存入保税仓库。我国的仓储保税制度迎来了新的发展契机。

保税区是仓储保税制度在我国实行的重要形式。所谓保税区是指一个国家在边境或其他地方划出一个特殊区域，实行封闭管理，在海关的监督下，对进出口区内的货物免征关税。保税区具有进出口加工、国际贸易、保税仓储商品展示等功能，享有“免证、免税、保税”政策，实行“境内关外”运作方式，是中国对外开放程度最高、运作机制最便捷、政策最优惠的经济区域之一。从第一保税区——上海外高桥保税区开始，国务院又陆续批准设立了14个保税区和一个享有保税区优惠政策的经济开发区，即天津港、大连、张家港、深圳沙头角、深圳福田、福州、海口、厦门象屿、广州、青岛、宁波、汕头、深圳盐田港、珠海保税区以及海南洋浦经济开发区。经过多年的探索和实践，全国各个地区的保税区已经逐步发展成为当地经济的重要组成部分，并形成独特的物流运作模式。我国的保税区均由政府机构承办，按照国际惯例和国际通行做法运作，在海关监管下集中开展对外贸易和对外加工业务。

6.2.2 我国开展货物保税制度的益处

1. 有利于开展转口贸易业务　国际间转口贸易业务的快速发展得益于保税仓库（或保税区）的建立。从事国际贸易的国内外企业，借助国家给予保税区的优惠政策，取得了良好的经济效益。

2. 发展备料保税业务　备料保税业务指将从国外进口的生产原料，存放在保税仓库内，向海关办理进口手续后，从保税仓库提取，经加工成品后复出口的保税业务。从保税仓库进口原料，缩短了到货时间，提高了经济效益，进而增强了加工企业参与国际市场竞争的能力。备料保税使一些小批量的进口料件得以集中进口，避免造成用料企业的资金积压，并因集中后的批量增加而能在国际市场上获取较低的价格，同时也减少了分批进货所增加的风险。

3. 发展供船保税业务　供船保税业务能够满足船舶物品的供应，提高对到港船舶的服务能力，促进口岸航运事业的发展，带动国际贸易的增长。

4. 发挥保税仓库的优势　利用国家给予保税区的各项优惠政策，吸引更多的国内外企业进入保税区，以带动整个地区经济的快速发展。

6.2.3 我国的保税区管理和税收优惠

从1990年5月国务院批准建立第一个保税区到现在，中国已建有上海外高桥、天津港、深圳福田、沙头角和盐田港、大连、广州、张家港、海口、厦门象屿、福州、宁波、青岛、汕头、珠海等15个保税区，主管部门是海关总署。保税区最初的功能定位是仓储、转口和加工，实际上是以物流为主。十多年来，全国15个保税区的保税仓储、转口贸易、商品展示功能有了不同程度的发展，具备了一定规模的国际物流基础。中国在2001年加入WTO时，承诺三年内将逐步放开工业品贸易权，五年内将分阶段取消各类商品的市场配额和其他数量限制，这些承诺很可能使原先在保税区投资贸易公司的外商，依据整体投资环境的优劣重新选择投资区域，导致保税区内贸易公司数量减少。此外，随着服务贸易在国际贸易中的比例日益加重，中国也将按照WTO市场准入原则，最大限度地对其他成员开放服务业。这一切都将使保税区面临新的挑战，保税区所享有的优惠政策会逐渐弱化，保税区要想在竞争中求生存，必须向国际通行的自由贸易区转型。

1. 制约保税区发展的因素

（1）区域性质　保税区是海关监管的特殊区域，不具备海关治外法权。

（2）海关监管　海关以管理保税仓库的办法来管理保税区直接管理区内的每个企业，限制了保税区各企业的自主贸易业务的开展。

（3）贸易管理　中国对保税区的贸易限制很多，保税区贸易企业没有进出口经营权，无法开展国际贸易。国内的货物经保税区出口，须实际离境，才能给予退税。

（4）外汇管理　中国保税区内企业在购汇和结汇上，比保税区外企业限制要多。

（5）保税区的功能　从目前的发展来看，保税区进口贸易功能相对较强，多数保税区发展进口分拨物流并无明显优势。随着关税水平下调，进口保税分拨的政策优势还将逐步减弱。

（6）物流服务业的可扩展性　国家在设立保税区时并未建立统一的评价指针，现有的大多数保税区都发展成了加工制造型的特殊经济区域，物流服务业的发展空间受到制约。

（7）发展转口贸易及相关物流业务的政策与管理体制尚未建立　保税区与港口分离，口岸功能受到限制，保税区内企业从事贸易和贸易支持服务活动的自由度很低，"境内关外"和"一线放开，二线管住，区内自由"的原则没有得到落实。中国保税区发展出现功能错位的一个重要原因，是由于发展自由贸易港区的政策和管理体制尚未建立。为了支持保税区向自由贸易港区转型，中国不仅要调整现有的保税区政策，还要制定我国保税区的支持性政策。

1）出口退税政策。目前，国内非保税区的货物进入保税区时不予退税，必须当货物离境时才能获得出口退税。政策调整方向是国内货物进入保税区视同出口，应该享受退税的货物，凭出口报关单、外汇核销单、增值税发票等单据即可办理出口退税手段，不必等到货物离境时办理。

2）贸易权。应赋予保税区内企业进出口经营权，放开区内加工企业的进出口经营权，允许外资贸易公司在从事转口贸易的同时有条件地开展国内进出口贸易。现在已经可以看到政策调整的趋势，从2003年开始，商务部开始对上海、深圳等4个保税区内的企业试点开放进出口经营权。

3）金融外汇管理政策。政策调整的方向应该是经常项目下的支付应该完全放开，区内经常项目下货币可自由兑换。在外汇监管方式上，外汇管理局应该将主要精力集中于监管商业银行，由商业银行在为企业办理结售汇的同时，监管企业的外汇业务活动。

4）物流行业准入政策。政策调整的方向是对于在保税区或自由贸易港区设立物流企业，审批上应该实行鼓励性政策，简化审批手续。并允许外商投资提早进入保税区或自由贸易港区的物流服务业。

5）通关、检验手续和运输监管政策。政策调整的方向应是连通保税区和港区，实行区港统一监管，避免二次通关的重复手续。在仓储展示方面，允许除禁止及限制流通货物以外的商品均可进入保税区仓储、展示，有关税、费给予减免优惠，以区别于口岸和非保税区。将保税区明确定性为“境内关外”，逐步向“一线放开、二线管住、区内不干预”监管模式过渡，向自由贸易区转型。

2. 保税区的管理　上海外高桥保税区是一个由上海市人民政府批准的保税区，它由保税区管理委员会来实施统一的管理。该委员会的主要职责包括：

1）制订和修改保税区发展规划，经市政府批准后组织实施。

2）制订和发布保税区的各项管理细则。

3）按照规定的权限审批保税区内的投资项目。

4）按照规定的权限，负责保税区内有关环保、土地、工商行政及公共设施和公益事业等方面的管理工作。

根据我国海关的有关规定，在保税区内加工的产品应当全部出口外销，而转口贸易的货物可在保税区内存放不超过一年。如有特殊情况，经海关批准，可适当延长存放时间，但最多延长不超过一年。按照海关的规定，对于进入保税区的保税货物应建立相应的海关认可的专门账册。

3. 保税区的政策优惠

1）保税区允许区内生产性企业从事本企业生产用的原材料、零配件、设备的进口和产品的出口；允许这些企业直接对外承接与生产相关的加工业务。

2）在保税区内，允许中外企业开设外汇账户，实行现汇管理。企业经营所得的外汇扣除应纳的税金，剩余部分在企业成立五年内全部归企业所有。

3）在保税区内进行与国外之间的货物进出口，可免除进出口许可证。

4）区内企业可从事国际间的转口贸易和代理国际贸易业务。

5）区内各保税仓库和工厂内的货物可以买卖，也可通过保税生产资料市场与区外企业进行交易。

4. 保税区的税收优惠　在我国的保税区内，除享有经济特区的一些优惠政策外，还能享受保税区的特殊政策。在上海，投资保税区的中外企业具体可享受以下优惠政策：

1）从境外进入保税区的货物，可免征关税和工商统一税（也称工商税，如营业税等）及增值税。

2）从非保税区进入保税区的货物，凡符合出口条件的，免征生产环节的工商统一税或退还已征的商品税。

3）对于保税区内的企业生产的产品，当运往境外时，免征关税和生产环节的工商统一税和增值税；产品在区内销售时，免征生产环节的工商统一税和增值税。

4）允许与我国有贸易往来的外国商船在保税区内指定的泊位上停靠，装卸货物或进行中途补给等。

6.2.4 我国保税仓储货物的海关监管

1. 保税仓库所存货物的规定 按照我国的规定，保税仓库存放的货物仅限于以下几种情况。

1）存放来料加工、进料装配，然后复出口的货物。

2）暂时存放，然后复出口的货物。

3）经海关批准对进境的货物缓办纳税手续。

2. 设立保税仓库的条件 在我国，设立保税仓库应具备以下条件：

1）保税仓库应设置与非保税区域之间的安全隔离设施，并且配备保证货物存储和保管安全的设施。

2）必须健全符合海关要求的仓储管理制度，建立详细的仓库账册。

3）保税仓库的专职人员必须经过海关的培训。

4）保税仓库的经营者有能力向海关缴纳有关税款。

3. 对保税仓库经营者的管理 按规定，对保税仓库内所存货物应有专人负责管理，由海关定期查核。在保税仓库中不能对所存货物进行加工，如需要改变包装和加刷、唛码等，则必须在海关的监管之下进行。只要海关人员认为必要，可以会同保税仓库的经营者共同加锁，海关也可以随时派员进入仓库检查货物的储存情况和账册，甚至可以派员进驻仓库进行监管。为此，保税仓库的经营者必须按规定交纳监管费用。对于来料加工、进料装配的货物，仓库经营者凭海关签印的保税仓库领料核准单交付有关货物，然后凭此向海关办理核销手续。货物在保税仓库存储期间发生灭失，除因不可抗力所致外，其灭失部分应由保税仓库经营者承担交纳税款的责任，并由海关按规定处理。

4. 对保税货物的货主或代理人的规定

1）保税货物入境时货主或代理人应填写进口货物三联报关单，加盖保税仓库货主印章，注明所存保税仓库的名称，向海关申报。经海关验收放行后，报关单的一联交海关，另二联随货交保税仓库。在货物入库后，保税仓库经营人应在报关单上签收，一联留存，另一联交回海关。

2）如果保税货物需要转为进入国内市场销售时，需经海关核准，并由货主或代理人向海关递交进口货物许可证、进口货物报关单和海关需要的其他证件，在交纳关税和增值税、工商统一税后，由海关签发放行，同时将原进口货物报关单注销。

3）对于来料加工、进料加工的备料从保税仓库提取时，货主应事先持批准文件、合同等有关证件向海关办理备案登记手续，并填写来料加工、进料装配专用报关单和保税仓库领料核准单。

4）保税货物复出口时，货主或代理人应填写出口货物报关单，并交验进口时由海关签印的报关单，向当地海关办理复出口手续。经海关核查与实际货物相符合后签印，出境海关凭此放行。

5. 保税货物的风险分析　目前，我国海关对保税货物的管理可以分为以下三种：

1）全额保税，内销补税。

2）按比例征税，多退少补。

3）全额征税，出口退税。

其中，第三种方式的海关风险最小，且有利于与国际通行的现代保税制度衔接，但这种办法对保税货物的拥有者来说，则负担太重，故目前较少采用；而前两种虽受货主的欢迎，但海关监管风险太大。为此，在管理上应有相应的措施，即坚持“支持真正的保税，限制利用保税形式享受缓税缓征的优惠，打击骗取保税”的原则加以区别对待。

案例分析 6

中化集团公司是国务院国资委监管的国有重要骨干企业，2007 年中国企业 500 强排名第 11 位。中化广东公司是中国中化集团公司在华南地区的成员企业公司，已完成从传统外贸企业向市场经济新型企业的转型，成为集进出口、内贸、仓储物流等多种经营活动于一体。保税仓储业务是中化广东公司的业务之一，已有 30 多年的历史。

第三方物流自主管理的保税仓储业务，是依据海关总署高效的保税货物进出口报关和完税的新管理模式，于近几年新推出的保税物流业务。在这种新管理模式下，保税仓库可以设在保税区外，海关下放部分操作程序，由第三方物流自主管理保税仓库企业来完成，海关对保税仓库只起监管作用，但可以随时查看保税仓库的库存情况。保税仓库每月向海关申报一次货物进出口清单，并与海关系统核对保税货物的库存，一次完税，大大简化了进出关的手续，加快了通关速度。此种管理模式特别适用于对时间响应和库存要求很高的维修备件的保税库存业务，在备件物流供应链中有重要的作用，受到国外厂商的欢迎。保税仓库中储存了许多高单价的备件和专用设备，这些备件和设备的储存、保管都有很高的要求，因此自主管理的保税仓库物流服务有较高的附加值，通过保税物流业务，物流企业可获得更高的物流服务回报。自主管理的保税仓储物流企业，必须通过海关的严格审核才能营运。首先，自主管理的保税仓库物流企业必须有很好的管理体系，还要有很好的诚信度，确保国家关税的征收，决不偷税漏税，保税货物的物流过程必须符合中国海关管理规范，严格执行海关进出口报关规则；其次，自主管理的保税仓库物流企业必须能为客户提供高质量的、符合要求的物流服务，其中包括能严格按照客户的要求进行备件的保管、储存、包装、配送、回收和退换，保证维修备件能正确、快捷、准时、保质地送达客户手中。

目前，中化广东公司的第三方物流保税仓储业务在海关的大力支持下保持很好的发展势头，客户数和业务量都在快速增长，目前已有几十家客户（货主），其中包括多家跨国大型公司，维修备件以高单价的电子备件为主，平均库存备件金额高达数千万美金，备件保税仓储业务的物流服务收入，成为中化广东公司新的利润增长点。公司总部大力扶植保税业务的快速发展，规范而严格的自主管理备件保税业务服务得到了海关总署的好评，其保税仓库已被海关总署树立为自主管理保税仓储的标杆企业，向全国推广。

资料来源：http：//www. examda. com

思考题：中化广东公司是怎样通过海关监管的保税仓储创造了具有较高附加值的物流服务？

思考与练习

1. 实行保税制度有哪些基本形式？
2. 什么是保税仓库？设立保税仓库的意义是什么？
3. 简述保税仓库的报关程序。
4. 试述我国保税区的优惠政策以及支持性政策。
5. 我国海关对保税货物是怎样管理的？

第7章　现代信息技术在仓储中的应用

【本章学习目标】

掌握电子数据交换技术的概念及类型，了解EDI系统的工作流程，掌握条码的概念及种类，理解射频识别技术的概念及工作原理，了解GPS和GIS的概念及基本原理。熟悉EDI技术、条码技术、射频识别技术、GPS和GIS技术在仓储业中的应用。

7.1　电子数据交换技术在仓储中的应用

7.1.1　电子数据交换（EDI）概述

1. EDI的概念　电子数据交换（Electronic Data Interchange，EDI）是指将业务文件按一个公认的标准从一台计算机传输到另一台计算机的电子传输方法。由于EDI大大减少了纸张票据的使用，因此，被称为“无纸贸易”或“无纸交易”。

EDI是信息进行交换和处理的网络化、智能化和自动化的系统，是将远程通信、计算机及数据库三者有机地结合在一个系统中，实现数据交换、数据资源共享的一种信息管理系统。这个系统也可以作为管理信息系统（Management Information System，MIS）和决策支持系统（Decision Support System，DSS）的重要组成部分。EDI是20世纪70年代发展起来的一种新颖的电子化贸易工具，是计算机、通信和现代化管理相结合的产物。EDI的应用很广泛，它涵盖工业、商业、外贸、金融、医疗保险、运输、政府机关等领域。EDI在这些领域的应用一般是互为联系的、交叉的，理想的状况是各行各业均通过互通的EDI网络联系在一起。目前，EDI在欧美等发达国家已得到了普遍应用，而在我国的发展还处在起步阶段。据统计，在全球排名前1 000家大型跨国企业中，有95%的企业应用EDI与客户和供应商联系。

EDI的定义至今没有一个统一的规范。但有三个方面的内容是相同的：资料用统一标准，利用电信号传递信息，计算机系统之间的连接。

2. EDI的构成及标准

（1）EDI的构成　一般来说，EDI系统由关于信息传送方式的规定、关于信息表示方式的规定、关于系统动作操作的规定和全球交易业务的规定四个方面构成。这些规定或称为议定书，是利用 EDI 系统的各方达成的共识，这些规定实际上是对这四个方面涉及的内容实行标准化，其中最重要的标准化是信息传送方式的标准化和信息表示方式的标准化。

信息传送方式标准化是指为了在不同的计算机之间传送信息，对通信线路的类型以及传送控制方式等方面进行决策，具体的内容包括通信速度、数据格式、数据长度、检查方法等方面的标准化；信息传送方式标准化工作还包括应用系统界面与数据格式之间相互转换方式的标准化。信息表示方式的标准化是指对应 EDI 网络传送的业务类型，确定对该业务信息内容的表示方式并使之标准化，具体内容包括数据代码、信息的格式等方面的标准化。

（2）EDI 的标准　EDI 是国际范围的计算机与计算机之间的通信，核心是被处理业务数据格式的国际统一标准。以商业贸易方面的 EDI 为例，EDI 传递的都是电子单证，为了使不同商业用户的计算机能识别和处理这些电子单证，必须制订一种各贸易伙伴都能理解和使用的协议标准。EDI 的标准应该遵循以下两条基本原则：

1）提供一种发送数据及接收数据的各方都可以使用的语言，这种语言所使用的语句是无二义性的。

2）这种标准不受计算机机型的影响，既适用于计算机间的数据交流，又独立于计算机之外。

目前国际上存在的两大标准体系，一个是流行于欧洲、亚洲的，由联合国欧洲经济委员会制定的联合国（United Nations，UN）行政管理、商务与运输用电子资料交换（Electronic Data Interchange for Administratien Commerce and Transport，EDIFACT）标准；另一个是流行于北美的，由美国国家标准化委员会制定的 ANSIX. 12 标准。此外，现行的行业标准还有 CIDX（化工），VICX（百货），TDCC（运输业）等其他部门的标准。

（3）EDI 标准三要素　标准报文、数据元素、数据段称为 EDI 标准的三要素。

1）标准报文。一份标准报文可分成部首、详细部分和摘要部分三个部分，报文以 UNH（报文标题）数据段开始，以 UNT（报文尾）数据段结束。一份公司格式的商业单据必须转换成一份 EDI 标准报文才能进行信息交换。其转换步骤为：

①将公司格式的商业单据转换成平面文件。

②将平面文件翻译成 EDI 标准报文。

2）数据元素。数据元素可分为基本数据元素和复合数据元素。基本数据元素是基本信息单元，用于表示某种有特定含义的信息，相当于自然语言中的字。复合数据元素是由一组基本数据元素组成，相当于自然语言中的词。

3）数据段。数据段是标准报文中的一个信息行，由逻辑相关的数据元素构成。这些数据元素在数据段中有相应的固定形式、定义和顺序。

3. EDI 的系统模型　EDI 包含了三个方面的内容，即计算机应用、通信网络和数据标准化。其中计算机应用是 EDI 的条件，通信网络是 EDI 应用的基础，数据标准化是 EDI 的特征。这三个方面相互衔接、相互依存，构成 EDI 的基础框架。EDI 系统模型，如图 7-1 所示。EDI 信息的最终用户是计算机应用软件系统，它自动地处理传递来的信息，因而这种传输是机—机、应用—应用的传输，为 EDI 与其他计算机应用系统的互联提供了方便。

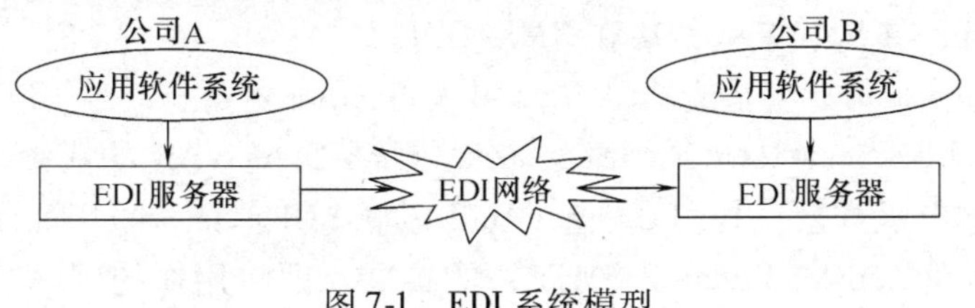

图 7-1　EDI 系统模型

4. EDI 的类型　到目前为止，EDI 的发展经历了早期的直接型的 EDI、基于增值网的 EDI 和基于 Internet（互联网）的 EDI 方式。

（1）直接型的 EDI　直接型的 EDI 系统是通过用户与用户之间直接相连而构成的。EDI 的用户开发各自的系统，这样开发的系统只同自己的客户相联系，不同其他的系统相联系，即所谓的专用 EDI 系统。

（2）基于增值网的 EDI　所谓增值网（Value Added Network，VAN），是指能提供额外服务的计算机网络系统。增值网可以提供协议的更改、检错和纠错等功能。基于增值网的 EDI 的单证处理过程包括如下方面：

1）生成 EDI 平面文件。EDI 平面文件是通过应用系统将用户的应用文件或数据库文件中的数据映射成一种标准的中间文件，这是一种普通的文本文件，用于生成 EDI 电子单证。

2）翻译生成 EDI 标准格式文件。翻译器按照 EDI 标准将平面文件翻译成 EDI 标准格式文件，即 EDI 电子单证。电子单证是 EDI 用户之间进行业务往来的数据，具有法律效力。

3）通信。用户通过计算机系统由通信网络接入 EDI 信箱，将 EDI 电子单证投递到对方的信箱中，具体过程由 EDI 信箱系统自动完成。

4）EDI 文件的接收和处理。用户接入 EDI 系统，打开自己的信箱，将来函接收到自己的计算机系统中，经过格式校验、翻译、映射之后还原成应用文件，并对应文件进行编辑、处理和恢复。

基于增值网的 EDI 技术比较成熟，已经有多年的运行经验，服务性和安全性也得到了认可，在国际贸易、报关、交通运输、政府招标、公用事业中有广泛的应用。

(3) 基于 Internet 的 EDI　由于增值网的安装和运行费用较高，许多中小型企业难以承受，它们大都使用传真和电话进行贸易往来，即使使用 EDI 的大型企业也不能完全做到节省费用，因为它们的许多贸易伙伴并没有使用 EDI。Internet 的发展则为用户提供了一个费用更低、覆盖面更广且服务更好的系统，使小型企业和个人都能使用 EDI。随着 Internet 安全性的提高，已表现出部分取代增值网而成为 EDI 网络平台的趋势。基于 Internet 的 EDI 方式主要有四种。Internet Mail、Standard IC、Web-EDI 和 XML/EDI。

1) Internet Mail。它是最早将 EDI 引入 Internet 的方式。它用互联网服务提供商（Internet Service Provider，ISP）取代传统 EDI 对 VAN 的依赖，以实现商业数据与信息的电子交换。利用 Internet Mail 传输 EDI 单证，采用简单邮件传输协议（SimpleMail Transfer Protaol，SMTP）的扩展，即多用途的网际邮件扩充协议（Multipurpose Internet Mail Extensions，MIME）。在基于 Internet MIME 的 EDI 系统模块结构中，应用系统产生并读取商业单证，此单证以内部格式（平台文件）存储；翻译模块负责实现用户应用系统内容格式数据和标准格式 EDI 单证之间的转换；封装/拆封模块依据 MIME 标准，将 EDI 单证封装 Internet/MIME EDI 报文，或从 Internet/MIME EDI 报文中提取 EDI 单证；安全模块根据用户的安全要求，进行相应的安全处理。

2) Standard IC（Standard Implementation Conventions，标准执行协定）。在使用 EDI 过程中，不同行业或企业常根据自身需要对标准进行选择，IC 是指经过选择的消息版本，因而出现多个 IC 版本。开发 IC 费用高昂，且各版本间消息不能相互处理。Standard IC 是一种特殊的跨行业针对特定应用的国际标准，着重解决 Internet EDI 的多版本 IC 问题。此标准不同以往的专业、行业、国家以及国际标准，使用简单，无过多选择项，令 EDI 可在 Internet 环境下方便使用。

3) Web-EDI。它是目前最为流行的 EDI 与 Internet 的融合方式，使用 Web 作为 EDI 单证的接口。其目标是允许中小型企业只需要通过浏览器和 Internet 即可连接执行 EDI 交换，此解决方案对中小型企业是可行的。通过 Web 到 EDI 系统的转换服务，在一定范围内用 Internet 代替昂贵的 VAN 作为传输手段，这种 Web-EDI 方式对现有企业利用原有的 VAN 投资基础而言，只需作小小的改动就可以方便、快速地扩展系统应用，比再开发一种直接方式更容易且可以迅速实现。

Web 是 EDI 消息的接口。典型情况下，其中一个参与者是较大的企业，它针对每个 EDI 消息，开发或购买相应的 Web 表单并改造成适合自己的 IC，然后把它们放在 Web 站点上，成为 EDI 接口，于是它可以享受 EDI 带来的全部好处。

另一个参与者一般为中小型企业，它们只参与EDI交换，不能从EDI中得到好处。登录到Web站点上，选择所感兴趣的表单进行填写，然后将结果提交给Web服务器，通过服务器端程序进行合法性检查，并变成通常的EDI消息，此后的消息处理就与传统的EDI消息处理别无两样了。

4）XML/EDI。它着重解决EDI最主要的映射问题。XML/EDI引入模板（Template）的概念，模板描述的不是消息的数据，而是消息的结构及如何解释消息，能做到无需编程实现消息的映射。用户可以很容易地将文件属性映射到数据结构或对象分级结构中，使在客户端浏览器与数据库间来回传输文件非常可靠，从而解决了EDI的最主要问题，即映射于用户计算机上。且软件代理（Agent）用最佳模式解释模板与处理信息，若用户应用程序实现了XML/EDI，则代理可自动完成映射，并产生正确的消息。XML使Web数据结构更容易添加数字签名，同时更容易对文档或文档的一部分进行加密。世界万维网联盟（World Wide Consortium，W3C世界万维网组织）数字签名倡议从事的正是XML的安全和认证研究。

XML/EDI是对称的EDI，本身具有互操作性，无论大、中、小企业均能从中获益。一是XML的结构化和文件类型定义（Document Type Definition，DTD）规范的特点所致，二是XML的多重链接可进一步指定目标找到后继动作。

5. EDI的特点　经过20多年的发展与完善，EDI作为一种全球性的具有巨大商业价值的电子化贸易手段/工具，具有以下特点：

（1）使用对象固定化　EDI的使用对象是具有固定格式的业务信息和具有经常性业务联系的单位。

（2）单证格式化　EDI传输的是企业间格式化的数据，如订单、报价单、发票等。这些信息都具有固定的格式与行业通用性。而信件、公函等非格式化的文件不属于EDI的处理范畴。

（3）报文标准化　EDI传输的报文符合国际标准或行业标准，这是计算机能自动处理的前提条件。目前使用最为广泛的EDI标准是UN/EDIFACT（联合国标准EDI规则适用于行政管理、商贸、交通运输）和ASCXA. 12（美国标准化委员会第12工作组）。

（4）处理自动化　尽量避免人工的介入操作，由收送双方的计算机系统直接传送、交换资料。

（5）运作规范化　EDI报文交换信息的方式有其深刻的商贸背景，EDI报文是目前商业化应用中最成熟、最有效、最规范的电子凭证之一，EDI单证报文具有法律效力已被普遍接受。任何一个成熟、成功的EDI系统均有相应的规范化环境基础。

（6）软件结构化　EDI功能软件由五个模块组成，即用户界面模块、内部电子数据处理（Electronic Data Processing，EDP）接口模块、报文生成与处理模块、标准报文格式转换模块与通信模块。这五个模块功能分明，结构清晰，形成了EDI较为成熟的商业化软件。

6. 物流EDI的优势　物流信息由有关企业作业的实时数据组成，包括进口物品流程、生产状态、物品库存、客户装运以及新来的订货等，从外界的角度看，企业需要与卖主或供应商、金融机构、运输承运人和客户交流有关订货、装运和开单的信息，而内部功能则可用于交换有关生产计划和控制等数据。

如图7-2所示，手工条件下贸易单证的传递方式。操作人员首先使用打印机将企业MIS的数据库中存放的数据打印出来，形成贸易单证。然后通过邮件或传真的方式发给贸易伙伴。贸易伙伴收到单证后，再由录入人员手工录入到数据库中，以便各个部门共享。

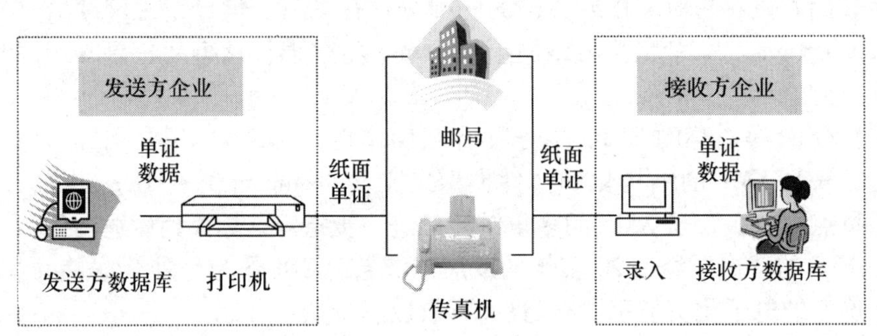

图7-2　手工条件下贸易单证的传递方式

如图7-3所示，EDI条件下贸易单证的传递方式，反映的是使用EDI的情况。数据库中的数据通过一个翻译器转换成字符型的标准贸易单证，然后通过网络传递给贸易伙伴的计算机。该计算机再通过翻译器将标准贸易单证转化成本企业内部的数据格式，存入数据库。

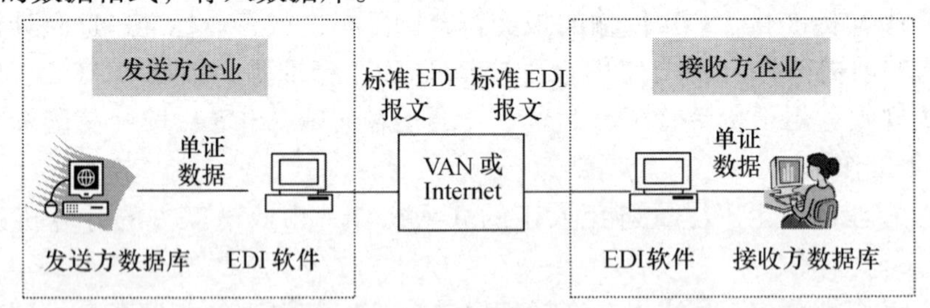

图7-3　EDI条件下贸易单证的传递方式

EDI效益包括以下几方面的内容：

（1）降低成本　使用EDI后，直接由计算机与计算机来传送资料，可以大大节省文件的纸张、印刷复印、存储及邮寄等费用。据估计，仅此便可以节省成本的25%。

（2）提高工作效率　使用EDI后，资料传输及处理时间均能大幅度减少，订购及库存成本也可因EDI的实效性而获得效益。

（3）节约库存费用　使用EDI后，由于缩短了订货时间，可以提早确定订货量，产品的库存量也可以大大降低。根据统计，库存量可以节省25%。

（4）减少对错误资料的处理工作　未使用EDI之前，相同的文件在买卖双方及各部门之间，经常进行重复性输入工作，容易产生人为输入错误。为键入和修改这些错误，需耗费相当多的人力与时间。据统计，使用EDI后，对资料错误处理的成本可以减少30%。

（5）节省人力费用　使用EDI后，可以减少重复输入文件、装订邮寄单据、填写单据内容及文件检查等人力及人事费用。

（6）其他效益　使用EDI可改善买卖双方的关系，提高客户满意度，提高企业市场竞争力。

7. EDI的核心技术　EDI涉及的技术十分广泛。概括地讲，实现EDI的技术主要有三个方面，即数据通信网络技术、数据标准化技术和计算机综合应用技术。

（1）数据通信网络技术　一个计算机数据通信系统可由计算机终端、主计算机、数据传输和数据交换装置四部分组成，它们通过通信线路连接成一个广域网络。计算机及其各类终端是作为用户端点出现在网络之中的，它可以访问网上的任一其他节点，以达到共享网上硬件和软件资源的目的。计算机及终端既是资源子网，也是整个计算机网络的端点。而这些节点之间完成通信线路的连接，并在通信线路中完成信息的交换。实现EDI的通信功能往往受通信技术的制约，且随着通信技术与通信条件的多样化而呈现出多样化的特点，但最终必然要与国际标准统一。目前最重要的通信协议标准为国际标准化组织开放系统互联参考模型（ISO-OSI）。

EDI的网络环境有多种，也就是说可以适应各种通信网络，如分组交换数据网络（Packet Switched Data Network，PSDN）、移动数据通信等。实现EDI通信有以下两种方式：

1）直接EDI方式（也称Point To Point方式，PTP方式）。EDI的不同用户的计算机应用系统之间通过通信网络直接进行电子报文的交换与传递。如图7-4所示。

2）增值网通信方式。所谓增值网是利用现有通信网络增加服务功能而实现的计算机网络。EDI用户的不同计算机应用系统连接到增值网上，利用网址上的E-mail（电子邮件）、EDI等功能实现电子数据交换。增值网不是一个独立的物理网络，它是建立在数据通信网络的基础之上，附加上EDI业务功能而实现的，是一个逻辑意义上的网络，如图7-5所示。

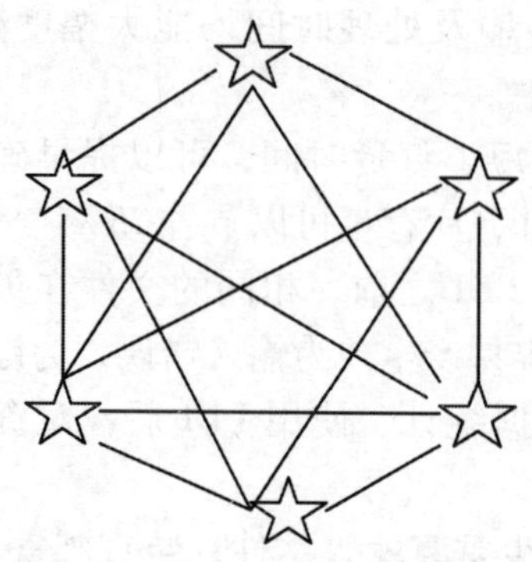
图 7-4　直接 EDI 方式

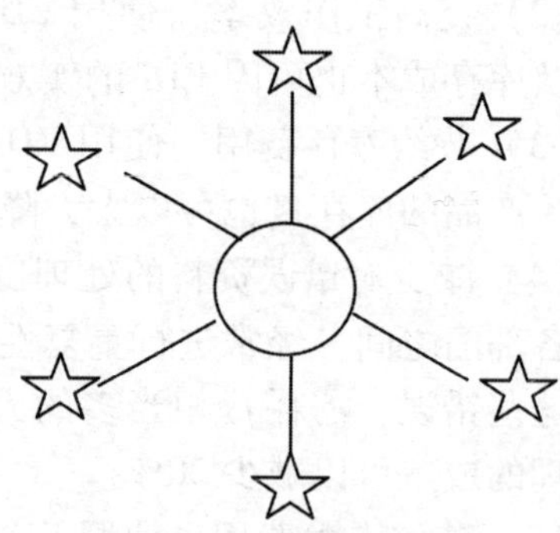
图 7-5　增值网通信方式

我们也可以在现有网络的基础上建立一个 EDI 服务中心，自身建立一个 EDI 信箱系统，提高第三方服务。

从图 7-4、图 7-5 可以看出，使用增值网不仅可以减少网络建设费用，减少接入端口个数，而且对于数据的安全有效传输、减少故障率都有显著作用。

（2）数据标准化技术　为了避免产生复杂和混乱的电子网络，满足错综复杂的电子数据交换，必须制订一套大家共同遵守的 EDI 标准。标准是实现 EDI 的保证，也是 EDI 的语言。标准化是实现 EDI 互通互联的前提和基础，要实现信息在不同的电子数据处理系统、不同计算机平台上的交换，就必须制订统一的 EDI 标准。我国的有关部门和专家确定采用 UN/EDIFACT 标准。

（3）计算机综合应用技术　社会的计算机综合应用水平。必须把 EDI 与办公自动化、管理自动化、各种 MIS 和 EDP 系统、数据库系统、计算机辅助设计（Computer Aided Design，CAD）、计算机信息管理系统（Computer Management Information System，CIMS）等结合起来，才能更好地应用 EDI，发挥其巨大的作用。

7.1.2　电子数据交换系统

1. EDI 系统的结构类型　企业之间通过 EDI 系统传递单证，进行贸易往来。EDI 系统中从系统功能的角度可分为 EDI 交换层、EDI 代理服务层、EDI 应用层三个层次。如图 7-6 所示。

2. EDI 系统各层的功能

（1）EDI 应用层　EDI 应用层是由各个面向不同应用的系统所组成，以满足应用需求为目标。它与 EDI 代理服务层通过文件或信息方式交流单证信息，面向最终的具体应用业务。

（2）EDI 代理服务层　EDI 代理服务层的主要功能是翻译、通信、管理和协

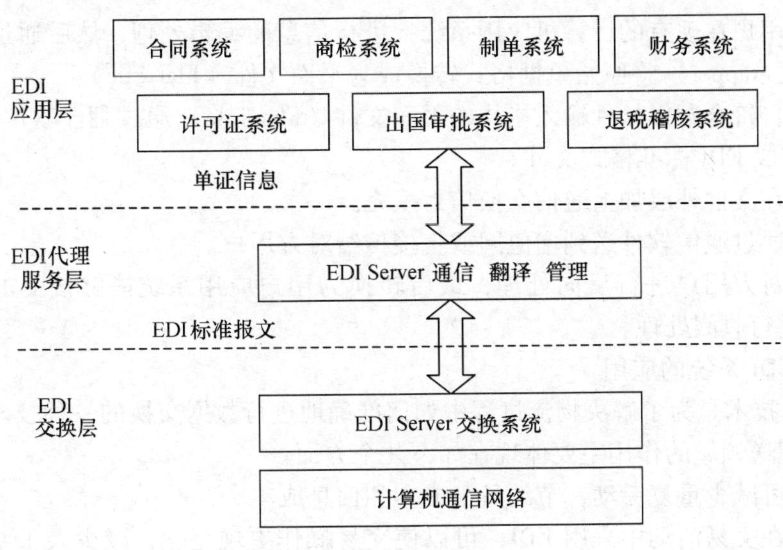

图 7-6 EDI 系统

调，即将 EDI 应用层提供的单证信息翻译成标准的 EDI 单证，并发送到 EDI 交换系统，或者从 EDI 交换系统中接收 EDI 单证，将其翻译成单证信息并分发提供给 EDI 应用层中的系统，以协调各系统 EDI 单证的传递，集中管理发送或接收 EDI 单证，以便日后查证。通信网络可以是共用电话网（Public Switched Telephone Network，PSTN）、数字数据网（Digital Data Network，DDN）、分组交换网 X. 25 以及 Internet 等。当两个团体决定采用 EDI 来传送信息时，除了软件、硬件和标准之外，还要决定采用什么方式连接。

（3）EDI 交换层　EDI 交换层包含计算机通信网络和 EDI 交换系统两部分。

3. EDI 系统的工作流程　EDI 系统的工作流程如图 7-7 所示。

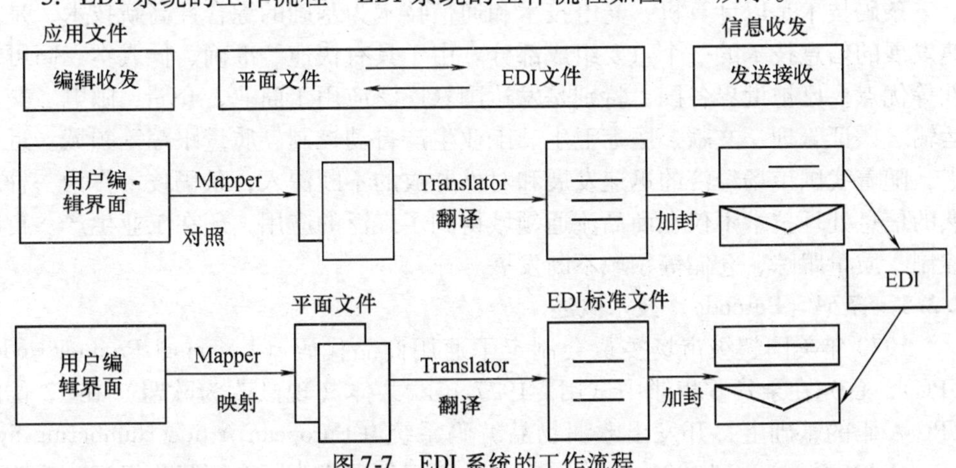

图 7-7 EDI 系统的工作流程

1）用户在现有的计算机应用系统上进行信息的编辑处理，然后通过 EDI 转换软件（Mapper）将原始单据格式转换成为平面文件（Flat File）。

2）将符合翻译软件输入格式的平面文件（Flat File）通过翻译软件（Translator）变成 EDI 标准格式文件。

3）在文件外层加上通信交换信封填充。

4）通过通信软件送到增值网或直接传给对方用户。

5）对方用户进行反向处理，最后转换为用户应用系统能够接受的文件格式，并进行收阅处理。

4. EDI 系统的应用

EDI 技术是为了解决物流过程中如何准确地进行数据交换的一种技术。它在仓储和配送领域的作用主要体现在如下几个方面。

1）可减少重复劳动，节约员工成本和信息成本。

2）在交易活动中采用 EDI，可以使交易操作更规范化，减少人工参与和贸易中的人为失误。

3）商品交易活动采用 EDI 后，大大缩短了交易周期，提高了交易的速率和效率，从而减少了企业商品和原材料的库存量，以及资金和商品积压。

4）采用 EDI 可以改善企业的内部管理机制，提高仓储配送的管理效率。

5）EDI 的采用是生产商和销售商之间的合作得到加强，对商品供应链的发展产生巨大影响。

6）采用 EDI 后，能扩展市场，增加贸易机会。

7.2 条码技术在仓储中的应用

条码技术是以计算机、光电技术和通信技术为基础的综合性高新技术，是高速发展的信息技术的一个重要组成部分。由于具有快速、准确、低成本、高可靠性等优点，已被世界各国，特别是发达国家广泛应用于商业、仓储、邮电、交通运输、票证管理、文献、医疗卫生、工业生产自动控制、质量跟踪等领域。近年来，随着我国市场经济的迅速发展和对外开放的不断深入，条码技术作为一种成熟的信息处理技术不仅在商品流通领域得到了广泛的应用，还在工业生产、自动控制、质量跟踪、仓储等领域不断发展。

7.2.1 条码（Barcode）技术概述

1970 年美国超级市场委员会制定了通用商品代码（Universal Product Code，UPC），首先在杂货零售业中试用。1977 年欧共体（现已改为欧盟）在 12 位的 UPC-A 码的基础上，开发出欧洲物品编码系统（European Artide Numbering System，EAN 系统）。到 1981 年，由于 EAN 组织发展成为一个国际化组织，后改称为国际物品编码协会。目前绝大多数商品采用UPC码或EAN码，它包含国别、生产厂商、商品等信息。

在亚洲，几乎所有的国家和地区都参加了国际物品编码协会，加入了EAN系统，也都成立了本国的物品编码协会。我国于1988年12月28日成立物品编码中心，1991年4月19日正式加入国际物品编码协会。国际物品编码协会分配给中国的前缀码为690、691和692。许多企业都获得了条码标志的使用权，标志着这些企业生产的商品可以在全世界配备了扫描装置的百货商店、专业商店和超级市场畅通无阻地销售。从而结束了我国出口商品因没有条码不能进入国外自动化零售市场，只能在低价商店低价销售，使国家和企业蒙受巨大经济损失的历史。解决了我国因商品上没有条码而被外商拒绝订货、外商因我国商品上没有条码要更换包装而肆意压价引起的纠纷，大大提高了我国商品的国际地位和声誉，条码已成为商品流通和销售的“通行证”。

1. 条码的概念及构成

（1）条码的基本概念　所谓条码，就是利用光电扫描阅读设备识读并实现数据自动输入计算机的一种特殊代码。它是由一组粗细不同、黑白或彩色相间的条、空及其相应的字符、数字、字母组成的标记，用以表示一定的信息，如图7-8所示。

图7-8　条码

条码的基本术语有以下几个。

1）条码元素。它用以表示条码的条和空，简称为元素。

2）条码字符。它用以表示一个数字、字母及特殊符号的一组条形码元素。

3）条。它是在条码符号中，反射率较低的元素。

4）空。它是在条码符号中，反射率较高的元素。

5）位空。它是在条码符号中，位于两个相邻的条码字符之间，且为代表任何信息的空。

6）条高。它是在条的二维尺寸中较长的那个尺寸。

7）条宽。它是在条码符号中，排除两侧静区的那部分长度。

8）单位元素长度。在条码符号中，窄元素的标称宽度为单位元素宽度，用X表示。

9）两种元素宽条码。在条码符号中，如果元素的宽度只有两种，即宽元素和窄元素，则称此种码制为两种元素宽条码。

10）多种元素宽条码。在条码符号中，如果元素的宽度有三种或三种以上，则称此种码制为多种元素宽条码。

11）条码逻辑值。对于两种元素宽长码，宽元素的逻辑值为1、窄元素的逻辑值为0，对于多种元素的宽条码，若单位元素宽度上是条，则逻辑值为1，若单位元素宽度上是空，则逻辑值为0。

12）连续码型、离散型条码。在条码符号中，如果两个相邻条码字符之间存在位空，则称此种码制为离散型条码，否则称为连续型条码。

13）条码一般分区。条码分为静区、起始字符、数据字符、校验字符、终止字符和静区。

14）长度固定、长度可变条码。在条码符号中，如果符号所包含和条形字符的个数是固定的，则称此种码制是长度固定条码，否则称为长度可变条码。

15）自校验条码。如果一个印刷错误不引起一个字符被译成此码制中另一个字符，则称此种码制为自校验条码。

16）污点。它是指空及静区中出现的与条反射率相近的点。

（2）条码的构成　一个完整的条码符号是由两侧静区、起始字符、数据字符、校验字符（可选）和终止字符组成。

1）静区。没有任何印刷符或条码信息，它通常是白的，位于条码符号的两侧。静区的作用是提示阅读器即扫描器准备扫描条码符号。

2）起始字符。条码符号的第一位字符是起始字符，它的特殊条、空结构用于识别一个条码符号的开始。阅读器首先确认此字符的存在，然后处理由扫描器获得的一系列脉冲。

3）数据字符。它由条码字符组成，用于代表一定的原始数据信息。

4）终止字符。条码符号的最后一位字符是终止字符，它的特殊条、空结构用于识别一个条码符号的结束。

阅读器识别终止字符，便可以知道条码符号已扫描完毕。若条码符号的结束，阅读器就向计算机传送数据出处，并向操作者提供“有效读入”的反馈。终止字符的使用，避免了不完整信息的输入。当采用校验字符时，终止字符还指示阅读器对数据字符实施校验计算。起始字符、终止字符的条、空结构通常是不对称的二进制序列。这一非对称二进制序列允许扫描器进行双向扫描。当条码符号被反向扫描时，阅读器会在进行校验计算和传送信息前把条码各字符号重新排列成正确的顺序。

5）校验字符。在条码制中对校验字符进行了定义。有些码制的校验字符是必需的，有些码制的校验字符则是可选的。校验字符是通过对数据字符进行一种算术运算而确定的。当符号中的各字符被解码器进行同一种算术运算，并将结果与校验字符比较。若一致，则说明读入的信息有效。

2. 条码的起源与发展　条码最早出现在20世纪40年代，但是得到实际应用和发展还是在70年代左右。现在世界上的各个国家和地区都已经普遍使用条码技术，而且它正在快速的向世界各地推广，其应用领域越来越广泛，并逐步渗透到许多技术领域。

1970 年美国超级市场 AdHoc 委员会制定出通用商品代码 UPC 码，许多团体也提出了各种条形码符号方案。UPC 码首先在杂货零售业中试用，这为以后条码的统一和广泛采用奠定了基础。

1971 年布莱西公司研制出布莱西码及相应的自动识别系统，用以库存验算。这是条码技术第一次在仓库管理系统中的实际应用。

1972 年蒙那奇·马金（Monarch Marking）等人研制出库德巴（Code bar）码，至此美国的条码技术进入新的发展阶段。

1973 年美国统一编码协会（简称 UCC）建立了 UPC 条码系统，实现了该码制标准化。同年，食品杂货业把 UPC 码作为该行业的通用标准码制，为条码技术在商业流通销售领域里的广泛应用，起到了积极的推动作用。

1976 年在美国和加拿大超级市场上，UPC 码的成功应用给人们以很大的鼓舞，尤其是欧洲人对此产生了极大兴趣。次年，欧洲共同体在 UPC-A 码基础上制定出欧洲物品编码 EAN-13 和 EAN-8 码，签署了“欧洲物品编码”协议备忘录，并正式成立了欧洲物品编码协会（简称 EAN）。到了 1981 年由于 EAN 已经发展成为一个国际性组织，故改名为“国际物品编码协会”，简称 IAN。但由于历史原因和习惯，至今仍称为 EAN。

日本从 1974 年开始着手建立 POS 系统，研究标准化以及信息输入方式、印制技术等。并在 EAN 基础上，于 1978 年制定出日本物品编码 JAN。同年加入了国际物品编码协会，开始进行厂家登记注册，并全面转入条码技术及其系列产品的开发工作，10 年之后成为 EAN 最大的用户。

从 20 世纪 80 年代初，人们围绕提高条码符号的信息密度，开展了多项研究。128 码和 93 码就是其中的研究成果。128 码于 1981 年被推荐使用，而 93 码于 1982 年使用。这两种码的优点是条码符号密度比 39 码高出近 30%。随着条码技术的发展，条码码制种类不断增加，因而标准化问题十分突出。为此先后制定了军用标准 1189、交叉 25 码、39 码和库德巴码 ANSI 标准 MH10. 8M 等。同时一些行业也开始建立行业标准，以适应发展需要。此后，戴维·阿利尔又研制出 49 码，这是一种非传统的条码符号，它比以往的条码符号具有更高的密度。接着特德·威廉斯（Ted Williams）推出 16K 码，这是一种适用于激光系统的码制。到目前为止，共有 40 多种条码码制，相应的自动识别设备和印刷技术也得到了长足的发展。从 20 世纪 80 年代中期开始，我国一些高等院校、科研部门及一些出口企业，把条码技术的研究和推广应用逐步提到议事日程。一些行业如图书、邮电、物资管理部门和外贸部门已开始使用条码技术。

3. 条码的编码方法　条码的编码方法是指条码中条、空的编码规则及二进制的逻辑表示的设置。一般的条码编码方法有两种，即模块组合法和宽度调节法。

（1）模块组合法　模块组合法是指条码符号中，条与空是由标准宽度的模块组合而成。一个标准宽度的条表示二进制的“1”，而一个标准宽度的空模块表示二进制的“0”。商品条码模块的标准宽度是0. 33mm，它的一个字符由两个条和两个空构成，每一个条或空由1～4个标准宽度模块组成。

EAN条码、UPC条码均属模块式组合型条码。商品条码的标准模块宽度为0. 33mm。每个商品条码字符由2个条和2个空构成，每一个条或空由1～4个模块组成，每一个条码字符的总模块数为7，如图7-9所示。

图7-9　商品条码

（2）宽度调节法　宽度调节法是指条码中，条（空）的宽窄设置不同，宽单元表示二进制的“1”，窄单元表示二进制的“0”，宽单元的宽度通常是窄单元宽度的2～3倍。

下面以二五条码为例，简单介绍宽度调节型条码的编码方法。二五条码是一种只有条表示信息的非连续型条码。条码字符由规则排列的5个条构成，其中有两个宽单元，其余是窄单元。宽单元一般是窄单元的三倍，宽单元表示二进制的“1”，窄单元表示二进制的“0”。如图7-10所示。

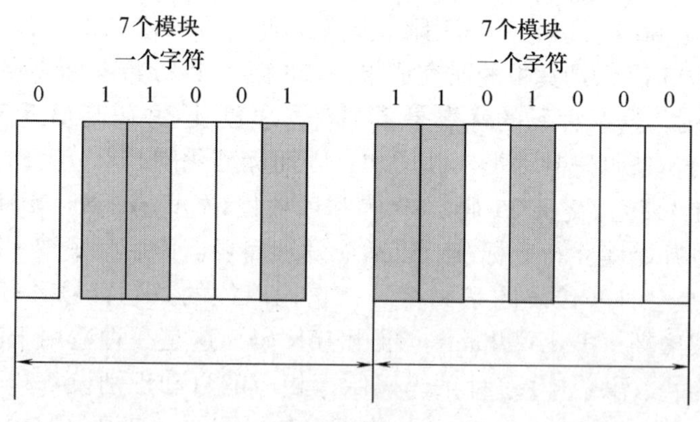

图7-10　宽度调节

4. 编码容量　每个码制都有一定的编码容量，这是由其编码方法决定的。编码容量限制了条码字符集中所能包含的字符个数的最大值。例如，EAN/UCC-13条码有5位数字可用于编制商品项目条码，在每一位数字的代码均无含义的情况下，其编码容量为100000，所以厂商如果选择这种代码结构，最多能标识100000种商品。

5. 条码的种类

（1）按维数分类

1）一维条码（1D Barcode）。普通的一维条码（见图7-11）自问世以来，很快得到了普及并广泛应用。但是由于一维条码的信息容量很小，如商品上的条码仅能容纳13位的阿拉伯数字，更多对商品信息的描述只能依赖数据库的支持，离开了预先建立的数据库，这种条码就变成了无源之水，无本之木，因而条码的应用范围受到了一定的限制。

图7-11　一维条码

图7-12　二维条码

2）二维条码（2D Barcode）。除具有普通条码的优点外，二维条码（见图7-12）还具有信息容量大、可靠性高、保密防伪性强、易于制作、成本低等优点。

一维条码与二维条码的区别为：

一维条码只在一个方向（一般是水平方向）表达信息，而在垂直方向则不表达任何信息，其一定的高度通常是为了便于阅读器的对准。一维条码的应用可以提高信息录入的速度，减少差错率，但是一维条码也存在一些不足之处：

1）数据容量较小，约30个字符左右。

2）只能包含字母和数字。

3）条码尺寸相对较大（空间利用率较低）。

4）条码遭到损坏后便不能阅读。

二维条码是在水平和垂直方向的二维空间存储信息的条码，它的特点是：

1）可直接显示英文、中文、数字、符号、图型。

2）储存数据量大，可存放1KB字符，可用扫描仪直接读取内容，无需另接数据库。

3）保密性高（可加密）。安全级别最高时，损污50%仍可读取完整信息。

4）多维条码。进入20世纪80年代以来，人们围绕着如何提高条码符号的信息密度问题，开展了研究工作。多维条码和集装箱条码成为人们研究、发展与应用的方向。信息密度是描述条码符号的一个重要参数据，即单位长度中可能编写的字母个数，通常记做字母个数/cm。影响信息密度的主要因素是条、空结构和窄元系的宽度。128码和93码就是人们为提高密度而进行的成功的尝试。128码是1981年被推荐应用的，而93码于1982年投入使用。这两种条码的符号密度均比39码高将近30%。随着条码技术的发展和条码种类的不断增加，条码的标准化也显得越来越重要。

（2）按码制分类

1）UPC码。1973年，美国率先在国内的商业系统中应用于UPC码之后加拿大也在商业系统中采用UPC码。UPC码是一种长度固定的连续型数字式码制，其字符集为数字0~9。它采用四种元素宽度，每个条或空是1、2、3或4倍单位元素宽度。UPC码有两种类型，即UPC-A码和UPC-E码。

2）EAN码。1977年，欧洲经济共同体（现已改为欧洲联盟）各国按照UPC码的标准制定了欧洲物品编码EAN码，与UPC码兼容，而且两者具有相同的符号体系。EAN码的字符编号结构与UPC码相同，也是长度固定的、连续型的数字式码制，其字符集是数字0~9。它采用四种元素宽度，每个条或空是1、2、3或4倍单位元素宽度。EAN码有两种类型，即EAN-13码和EAN-8码。

3）交叉25码。交叉25码是一种长度可变的连续型自校验数字式码制，其字符集为数字0~9。采用两种元素宽度，每个条和空是宽或窄元素。编码字符个数为偶数，所有奇数位置上的数据以条编码，偶数位置上的数据以空编码。如果以奇数个数位数据编码，则在数据前补一位0，以使数据为偶数个数位。

4）39码。39码是第一个字母数字式码制，1974年由Intermec公司推出。它是长度可比的离散型自校验字母数字式码制。其字符集为数字0~9，26个大写字母和7特殊字符（－、。、Space、/、%、¥），共43个字符。每个字符由9个元素组成，其中有5个条（2个宽条，3个窄条）和4个空（1个宽空，3个窄空），是一种离散码。

5）库德巴码。库德巴码（Code Bar）出现于1972年，是一种长度可变的连续型自校验数字式码制。其字符集为数字0~9和6个特殊字符（－、。、/、。、＋、¥），共16个字符。常用于仓库、血库和航空快递包裹中。

6）128码。128码出现于1981年，是一种长度可变的连续型自校验数字式码制。它采用四种元素宽度，每个字符由3个条和3个空，共11个单元元素宽度，又称（11，3）码。它由106个不同条形码字符，每个条形码字符有三种含义不同的字符集，分别为A、B、C。它使用这3个交替的字符集可将128个美国信息互换标准代码（American Standard code for Information Interchcmge，ASCⅡ）码编码。

7）93码。93码是一种长度可变的连续型字母数字式码制。其字符集成为数字。0~9，26 个大写字母和 7 个特殊字符（-、。、Space、/、+、%、¥）以及 4 个控制字符。每个字符由 3 个条和 3 个空，共 9 个元素宽度。

8）49 码。49 码是一种多行的连续型、长度可变的字母数字式码制，出现于 1987 年，主要用于小物品标签上的符号。采用多种元素宽度。其字符集为数字 0~9，26 个大写字母和 7 个特殊字符（-、。、Space、/、+、%、¥）、3 个功能键（F1、F2、F3）和 3 个变换字符，共 49 个字符。

9）其他码制。除上述码制外，还有其他的码制，例如 25 码出现于 1977 年，主要用于电子元器件标签；矩阵 25 码是 11 码的变形；Nixdorf 码已被 EAN 码所取代，Plessey 码出现于 1971 年 5 月主要用于图书馆等。

7.2.2 二维条码

1. 二维条码的起源　条码技术自 20 世纪 70 年代初问世以来，发展十分迅速，仅仅 20 年时间，它已广泛应用于商业流通、仓储、医疗卫生、图书情报、邮政、铁路、交通运输、生产自动化管理等领域。由于受信息容量的限制，一维条码通常是对物品的标志，而不是对物品的描述。所谓对物品的标志，就是给某物品分配一个代码，代码以条码的形式标志在物品上，用来标志该物品以便自动扫描设备的识读，代码或一维条码本身不表示该商品的描述性信息。

2. 二维条码的概念及特点

（1）二维条码的概念　二维条码/二维码（2-Dimensional Bar Code）是用某种特定的几何图形按一定规律在平面（二维方向上）分布的黑白相间的图形记录数据符号信息的；在代码编制上巧妙地利用构成计算机内部逻辑基础的“0”、“1”比特流的概念，使用若干个与二进制相对应的几何形体来表示文字数值信息，通过图像输入设备或光电扫描设备自动识读以实现信息自动处理。它具有条码技术的一些共性。每种码制有其特定的字符集；每个字符占有一定的宽度；具有一定的校验功能。同时还具有对不同行的信息自动识别功能、及处理图形旋转变化等特点。二维条码/二维码能够在横向和纵向两个方位同时表达信息，因此能在很小的面积内表达大量的信息。

（2）二维条码技术的特点　二维条码具有高密度、高信息含量的特点，是实现证件、卡片及表单等，大容量、高可靠性信息，自动存储、携带并可用机器自动识读的理想手段。与一维条码相比较，二维条码具有如下特点：

1）信息密度高容量大。一个 QR（Quick Response）二维条码最多可以容纳约 4 296 个文本字符或 7 089 个数字或 2 953 个字节或 1 817 个汉字。而一个一维条码最多只能表示 40 多个数字、字符或特殊符号。

2）编码范围广。二维条码可将照片、指纹、掌纹、签字、声音、文字等一切可数字化的信息进行编码。这对于一维条码是根本不可能的。

3）保密、防伪性能好。二维条码具有多重防伪特性。它可采用密码防伪、软件加密及利用所包含的信息如指纹、照片等进行防伪。这对于一维条码也是根本不可能的。

4）译码可靠性高。一维条码的译码错误率约为百万分之二，PDF417 二维条码则不超过千万分之一。

5）纠错能力强。二维条码采用了目前最先进的数学纠错理论。如 PDF417 二维条码破损面积不超过 50%，条码因沾污、破损等所丢失的信息仍能补译出来；QR 码的最大纠错能力也达到了 30%。一维条码根本无此能力，甚至为了解决误读和拒读问题，通常要将其所表示的信息一同印刷出来。

3. 二维条码的分类　与一维条码一样，二维条码也有许多不同的编码方法，或称码制。就这些码制的编码原理而言，通常可分为以下两种类型：

（1）行排式二维条码　行排式二维条码（又称堆积式二维条码或层排式二维条码)，其编码原理是建立在一维条码基础之上，按需要堆积成二行或多行。它在编码设计、校验原理、识读方式等方面继承了一维条码的一些特点，识读设备与条码印刷与一维条码技术兼容。但由于行数的增加，需要对其进行判定，其译码算法与软件也于一维条码不完全相同。有代表性的行排式二维条码有 Code 16K、Code 49 和 PDF417 等。

（2）矩阵式二维码　短阵式二维条码（又称棋盘式二维条码）它是在一个矩形空间通过黑、白像素在矩阵中的不同分布进行编码。在矩阵相应元素位置上，用点（方点、圆点或其他形状）的出现表示二进制“1”，点不出现表示二进制的“0”，点的排列组合确定了矩阵式二维条码所代表的意义。矩阵式二维条码是建立在计算机图像处理技术、组合编码原理等基础上的一种新型图形符号自动识读处理码制。具有代表性的矩阵式二维条码有 Code One、Maxi Code、QR Code 以及 Data Matrix 等。

在目前几十种二维条码中，常用的码制有 PDF417、Data Matrix、Maxi Code、QR Code、Code 49、Code 16K 以及 Code one 等，除了这些常见的二维条码之外，还有 Veri Code 条码、CP 条码、Codablock F 条码、田字码、Ultra Code 和 Aztec 条码。

7.2.3　物流条码的标准体系

1. 物流条码的概念　物流条码是整个供应链过程，包括生产厂家、配销业、运输业、消费者等环节的共享数据，是供应链中用以标识物流领域中具体实物的一种特殊代码。它贯穿整个贸易过程，并通过物流条码数据的采集、反馈，提高整个物流系统的经济效益。

与商品条码相比较，物流条码有如下特点：

（1）储运单元的唯一标志　商品条码是最终消费品，通常是单个商品的唯一标志，用于零售业现代化的管理；物流条码是储运单元的唯一标志，通常标志多个或多种类商品的集合，用于物流的现代化管理。

（2）服务于供应链全过程　商品条码服务于消费环节。商品一经出售到最终客户手里，商品条码就完成了其存在的价值，商品条码在零售业的 POS 系统中起到了单个商品的自动识别、自动寻址、自动结账等作用，是零售业现代化、信息化管理的基础；物流条码服务于供应链全过程。生产厂家生产出商品，经过包装、运输、仓储、分拣、配送，直到零售商店，中间经过若干环节，物流条码是这些环节中的唯一标志，因此它涉及更广，是多种行业共享的通用数据。

（3）信息多　通常商品条码是一个无含义的 13 位数字条码；物流条码则是一个可变的，可表示多种含义、多种信息的条码，是无含义的货运包装的唯一标志，可表示货物的体积、重量、生产日期、批号等信息，是贸易伙伴根据在贸易过程中共同的需求，经过协商统一制定的。

（4）可变性　商品条码是一个国际化、通用化、标准化的商品的唯一标志，是零售业的国际化语言；物流条码是随着国际贸易的不断发展，贸易伙伴对各种信息需求的不断增加应运而生的，其应用在不断扩大，内容也在不断丰富。

（5）维护性　物流条码的相关标准是一个需要经常维护的标准。及时沟通用户需求，传达标准化机构有关条码应用的变更内容，是确保国际贸易中物流现代化、信息化管理的重要保障之一。

2. EAN 通用商品条码　商品条码是指由一组规则排列的条、空及其对应字符组成的标识，用以表示一定的商品信息的符号。其中条为深色、空为无色，用于条码识读设备的扫描识读。其对应字符由一组阿拉伯数字组成，供人们直接识读或通过键盘向计算机输入数据使用。这一组条、空和相应的字符所表示的信息是相同的。

条码技术是随着计算机与信息技术的发展和应用而诞生的，它是集编码、印刷、识别、数据采集和处理于一身的新型技术。使用条码扫描是今后市场流通的大趋势。为了使商品能够在全世界自由、广泛地流通，企业无论是设计制作，申请注册还是使用商品条码，都必须遵循商品条码管理的有关规定。

目前，世界上常用的码制有 EAN 条码、UPC 条码、二五条码、交叉二五条码、库德巴条码、三九条码和 128 条码等，而商品上最常使用的就是 EAN 商品条码。

EAN 商品条码也称通用商品条码，由国际物品编码协会制定，通用于世界各地，是目前国际上使用最广泛的一种商品条码。我国目前在国内推行使用的也是这种商品条码。EAN 商品条码分为 EAN-13（标准版）和 EAN-8（缩短版）两种。

EAN-13 通用商品条码一般由前缀部分、制造厂商代码、商品代码和校验码组成。商品条码中的前缀码是用来标志国家或地区的代码，赋码权在国际物品编码协会，如00～09代表美国、加拿大。45～49代表日本。690～692代表中国大陆，471代表我国台湾地区，489代表我国香港特区。制造厂商代码的赋权在各个国家或地区的物品编码组织，我国由国家物品编码中心赋予制造厂商代码。商品代码是用来标志商品的代码，赋码权由商品生产企业自己行使，生产企业按照规定条件自己决定在自己的何种商品上使用哪些阿拉伯数字为商品条码。商品条码最后用1位校验码来校验商品条码中左起第1～12数字代码的正确性。部分国家和地区（EAM）条码前缀码见表7-1。

表7-1　部分国家、地区（EAM）成员的条码前缀码

中国大陆690-695	中国台湾471	丹麦57	乌拉圭773
（店内码）20～29	委内瑞拉759	挪威70	美国、加拿大00～09
日本45～49	比利时/卢森堡54	玻利维亚773	西班牙84
芬兰64	智利780	奥地利90～91	瑞典73
厄瓜多尔786	新西兰94	意大利80～83	古巴850
斯洛文尼亚383	荷兰87	捷克859	德国400～440
澳大利亚93	韩国880	以色列729	新加坡888
保加利亚380	拉脱维亚475	克罗地亚385	斯里兰卡479
马来西亚893	俄罗斯460～469	越南977	中国香港489
爱沙尼亚474	墨西哥750	塞浦路斯529	哥伦比亚770
立陶宛477	马耳他535	菲律宾480	秘鲁775
葡萄牙560	希腊520	阿根廷779	波兰590
马其顿531	巴拉圭784	匈牙利599	巴西789
爱尔兰539	毛里求斯609	斯洛伐克858	阿尔巴尼亚613
冰岛569	原南斯拉夫860	印度尼西亚899	土耳其619、869
罗马尼亚594	南非600～601	泰国885	法国30～37
摩洛哥611	印度890	英国50	瑞士76

商品条码的编码遵循唯一性原则，以保证商品条码在全世界范围内不重复，即一个商品项目只能有一个代码，或者说一个代码只能标志一种商品项目。不同规格、不同包装、不同品种、不同价格、不同颜色的商品只能使用不同的商品代码。

商品条码的标准尺寸是37.29mm×26.26mm，放大倍率是0.8～2.0。当印刷面积允许时，应选择1.0倍率以上的条码，以满足识读要求。放大倍数越小的条码，印刷精度要求越高，当印刷精度不能满足要求时，易造成条码识读困难。

由于条码的识读是通过条码的条和空的颜色对比度来实现的，一般情况下，只要能够满足对比度（PCS值）的要求的颜色即可使用。通常采用浅色做空的颜色，如白色、橙色、黄色等，采用深色做条的颜色，如黑色、暗绿色、深棕色等。最好的颜色搭配是黑条白空。根据条码检测的实践经验，红色、金色、浅黄色不宜做条的颜色，透明、金色不能做空的颜色。

EAN-8商品条码是指用于标志的数字代码为8位的商品条码，由7位数字表示的商品项目代码和1位数字表示的校验符组成。

商品条码的诞生极大地方便了商品流通，现代社会已离不开商品条码。据统计，目前，我国已有50万种产品使用了国际通用的商品条码。我国加入世贸组织后，企业在国际舞台上必将赢得更多的活动空间。要与国际惯例接轨，适应国际经贸的需要，企业更不能慢待商品条码。

7.2.4 条码自动识别技术

条码技术是光电技术、通信技术、计算机技术和印刷技术相结合的产物。通常是研究如何把物品用条码符号表示出来，然后转换成计算机可自动识别的数据，这就需要一定的编码技术、印刷技术、光电技术和通信技术。它是快速、准确而可靠地采集数据的方法，为物流管理提供了有力的技术支持。

1. 条码自动识别技术的特点　条码自动识别技术与其他自动识别技术相比，一般具有以下特点。

（1）输入速度快　与键盘输入相比，条码输入的速度是键盘输入的5倍，并且能实现“即时数据输入”。

（2）可靠性高　键盘输入数据出错率为三百分之一，利用光学字符识别技术出错率为万分之一，而采用条码技术误码率低于百万分之一。

（3）采集信息量大　利用传统的一维条码一次可采集几十位字符的信息，二维条码更可以携带数千个字符的信息，并有一定的自动纠错能力。

（4）灵活实用　条码标志既可以作为一种识别手段单独使用，也可以和有关识别设备组成一个系统实现自动化识别，还可以和其他控制设备连接起来实现自动化管理。

另外，条码标签易于制作，对设备和材料没有特殊要求，识别设备操作容易，不需要特殊培训，且设备也相对便宜。

2. 条码自动识别设备

（1）条码扫描器　条码扫描器是一种电光系统，照亮条码符号来测量反光，然后将模拟形式的光波数据转换到数字形式交给解码器（内置在扫描器内或作为单独的插件）处理，最后传输给计算机上的应用软件。

扫描器有手持式和固定式两种。手持式扫描器可阅读固定物品上的条码；固定式扫描器可阅读手持或通过传送带的物品上的条码。手持式扫描器有三种技术方案，即接触笔、CCD 和激光扫描器。

1）接触笔。接触笔需要练习才能掌握成功阅读所要求的合适的斜度（一般为 30°）和适当的移动速度，但它是最便宜的条码扫描器。如图 7-13 所示。

2）CCD 扫描器。价格居中的条码扫描器是 CCD 扫描器。它使用固定光束（通常是发光二极管 IJED）将条码符号的图像反射给光敏元件阵列。扫描器阅读条码的最佳距离（称为景深 DOF）为 15cm 以内。CCD 扫描器没有激光扫描器精确度高。新型的 CCD 手持式图像扫描器不但能够阅读一维条码和二维堆叠式条码，还可以阅读二维短阵式条码。如图 7-14 所示。

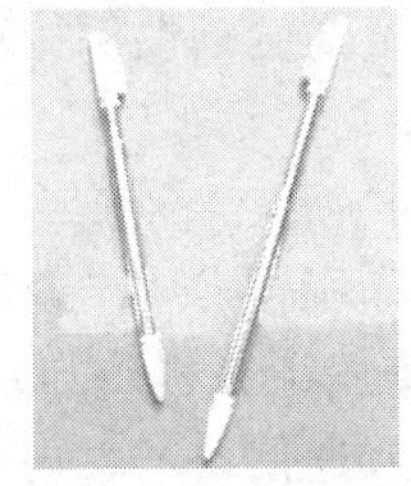

图 7-13　接触笔

图 7-14　CCD 扫描器

3）激光扫描器。激光扫描器用迅速移动的镜体将激光二极管发出的光束散射成水平光束。虽然光束每秒扫描 40 周，但看起来像一条光线（如果是在可见光谱内）。使用不可见的红外光谱的激光扫描器一般采用辅助照明法帮助用户瞄准激光光束，也可用旋转多边形或振动镜像产生更复杂的移动光束、交叉阴影或星形脉冲来提高阅读能力和全向扫描。激光扫描器的优点是有更大的视野和景深（平均为 15～30cm，但如果使用特殊的长距离反射标签，可达 10m），因此可识别歪斜的条码；但价格比 CCD 扫描器贵。新型的手持式激光扫描器能够阅读二维堆叠式条码，如图 7-15 所示。

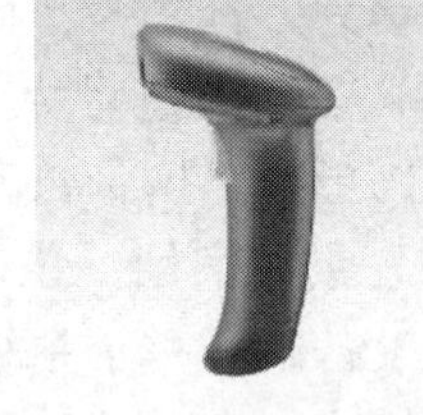

图 7-15　激光扫描器

固定式激光扫描器使用的是移动光束或 CCD 技术（也称为图像传感技术）。激光固定式扫描器常见于超市的收款处，也广泛用于流式制造业、仓储和配送中心的理货与装运业务；小型固定激光式扫描器也用在实验室和流程控制业务；悬挂式或半固定式激光扫描器可见于几乎所有行业。固定式激光图像扫描器刚开始普及，常用于高速理货业务。

（2）条码的印制　条码符号可通过各种方法生成。由激光蚀刻或喷墨直接印制，或者更多的是将条码符号印制到单独的标签上。条码的精确印制是非常重要的，整个条码系统的成功依赖于条码的印制质量。条码印制有两类，即现场的、由用户控制的印制与非现场的、由标签供应商控制的印制。

1）现场印制。所编码的数据是可变的，由操作人员键盘输入或由主机下载。最常见的条码现场印制技术有：

①热敏式。有选择地加热打印头上的热点，在印制介质上成像。

②热转式。所用打印头与热敏式相同，只是加热涂有树脂基或蜡基墨水的色带，然后将色带上的图像转印到印制介质上。

③点阵式。带成行打印针的打印头在色带上来回移动而生成图像，连续式点阵打印机逐字生成图像，行式点阵打印机每次移动打印一行。

④喷墨式。由带有许多喷出墨滴的细孔的打印头在印制介质上生成图像，喷墨打印机可直接在产品或产品包装上打印标签。

⑤激光式。用激光束在静电硒鼓上生成图像，充电点吸引增色剂微粒并将其熔到印制介质上。

现场条码印制所要求的打印机有多种选择，包括：大批印制时，可用大型的行式点阵打印机、喷墨打印机或热转式打印机；印制量变化较大时，可用桌面点阵打印机、激光打印机、热敏式打印机或热转式打印机；便携的现场直接印制可用无线热敏式打印机或热转式打印机。用户可根据条码印制的实际需要进行选择。现场印制除了打印机硬件外，还需购买标签设计软件。条码打印机内置的专用程序设计语言支持所有标准的条码符号，并且能够打印简单的静态数据或连续的条码标签。但需要额外样式的文字、图形或有多个域的标签需要专门的标签设计软件包。目前，市场上有上百种各种平台上用的多种性能的软件包，非程序员可以很方便地使用所见即所得图形界面进行标签设计。

2）非现场印制。专业的标签印制商使用凸版印制、平版印制、凹版印制、胶印、照相制版、热冲印、激光照排或数字化处理等手段，制成的标签比现场印制的质量高。如果使用前知道条码符号的内容，最好选择专业的标签印制商。但需要向专业的标签印制商订购并保留一定的库存，产品线或标签频繁变化的企业要仔细斟酌。

3）胶片制作。随着20世纪70年代初UPC的发展，条码已成为产品包装不可缺少的组成部分，而胶片也成为将条码印制到包装上的最实用的工具。胶片制作机可将精确的条码图片制成正片或负片（依印制的要求），供最终的图版生产。由于印制、制版、印制油墨及印制介质有多种规格，美国统一编码协会（UCC）在1991年制定了胶片制作手册，用以指导确定印制工艺的各种规范，并要求误差范围为正负0.005mm。尽管这是为UPC码制定的规范，但它同样适用于其他条码的胶片制作工艺。

3. 条码技术的应用

（1）应用于大型超市或购物中心　在超市的货架上每种商品上都有条码，这些商品经过光笔扫描、自动计价，并同时作销售记录。公司可用这些记录作统计分析、预测未来需求和定制进货计划。

（2）配送中心的订货、进货、验收、出库等作业　订货信息先利用计算机网络从终端向计算机中心输入，然后通过打印机打印，以条码及拣货单的形式输出。操作人员将条码贴在集装箱的侧面，并将拣货单放入集装箱。拣选过程中，集装箱一旦达到指定的货架前，自动扫描装置会立即读出条码的内容，并自动进行分货。工作人员根据拣货单的要求，将拣选好的货物放入集装箱，待作业结束后，只要按以下“结束”钮，装有货物的集装箱便会顺序地向货架移动。等到全部作业结束后，有关人员利用自动分拣系统将贴有条码的集装箱运往指定的出货口，转入发运工序。由此可见，配送中心运用条码技术，极大地提高了配送的运行效率和运行速度。

（3）应用于库存管理　在库存物资上应用条码技术，尤其是在规格包装、集装箱、托盘货物上，入库时自动扫描并输入计算机，由计算机处理后形成库存的信息，并输入入库区位、货架、货位的指令，出库工序正好相反，同时通过计算机处理，掌握了物资进、出、存的数据。

4. 应用举例

（1）一维条码在海尔配送中心的应用　海尔集团创立于1984年，它是在引进德国利勃海尔电冰箱生产技术成立的青岛电冰箱总厂基础上发展起来的大型企业集团。海尔就按首席执行官张瑞敏“名牌战略”思想的引领下，海尔经过艰苦奋斗和卓越创新，从一个濒临倒闭的集体小厂发展成为国内外知名的跨国企业集团。海尔集团在建设物流系统时，从一开始就突破了单纯降低成本的概念，而将物流定位在适应新经济时代需要增强企业竞争力的战略高度上。海尔集团在全国各地建有42个配送中心，这42个配送中心构成了海尔集团服务于市场和客户需求的重要物流网络。为确保配送中心实现高效运转，并为管理系统提供及时、准确的物流数据，配送中心的日常作业必须改变传统手工作业的方式，建设一套高效和准确的数据采集系统。经过多方面的对比和考核，海尔集团最终选定北京南开戈德自动识别技术公司作为战略合作伙伴。针对海尔集团决定在各地的配送中心全面应用便携式数据终端设备，在配送中心的入库、出库、盘点、移库等作业环节，实现了高效、准确、及时的数据采集和管理功能。

在配送中心的入库作业环节，待数据终端从主机系统下载有关的入库数据后，操作人员通过在数据终端上输入相应的入库单据编号，便可获得详细的入库数据，具体包括入库商品条码、单位、数量等。操作人员通过对实际入库品条码的扫描，并将实收数据与应收数据进行核对，实现了对入库数据的高效采集和流程控制功能。最后，数据终端上采集的数据被上传到主机系统中，供物流管理系统作进一步的处理和分析。

在配送中心的出库作业环节，待数据终端下载主机系统的出库数据之后，操作人员在数据终端上输入相应的出库单据号，便可获得当前批次出库的商品条码和数量。依据数据终端中的出库数据，操作人员可实现对出库商品的扫描、核对和确认，从而实现了对出库作业的严密管理。最后，数据终端的实际出库数据被上传到主机系统中。

在仓库盘点作业中，待数据终端下载由主机系统生成的盘点数据之后，操作人员便可在数据终端的操作提示下对库存商品进行逐项扫描、清点和确认，待盘点数据上传到主机系统之后，便可获得库存的盘点差异数据。

在库位移动作业中，待数据终端从主机系统下载移库指令后，操作人员便可在数据终端的操作指示下，将某个库位的商品转移到目的库位，在所有移库操作完成后，再将数据终端上传至主机系统，实现移库作用的确认。

此外，在海尔集团的物流管理系统中，所有的物流资源，包括作业人员、物流托盘、物流容器和作业单等，都通过条码实现了数字化标识，并由数据终端扫描后实现数据采集，从而由物流管理数据采集，从而由物流管理信息系统实现了作业统计、流程控制、作业调度等功能，并实现了整个物流系统合资源的高效运作和管理。

（2）二维条码在天津丰田汽车有限公司中的应用　天津丰田汽车有限公司是丰田汽车公司在中国的第一个轿车生产地。丰田汽车公司投入了 TOYOTA 的最新技术，生产专为中国最新开发的，充分考虑到环保、安全等条件因素的新型小轿车。二维码应用管理解决方案使丰田汽车公司在生产过程控制管理系统中成功地应用了 QR 二维条码数据采集技术，并与天津丰田汽车有限公司共同完成了生产过程控制管理系统的组建。汽车是在小批量、多品种混合生产线上生产的，一般将写有商品种类生产指示命令的卡片装在商品生产台上，这些命令被各个作业操作人员读取并完成组装任务，使用这些卡片存在严重的问题和隐患，包括速度、出错率、数据统计、协调管理、质量问题的管理等一系列问题。

采用二维码来取代手工卡片，初期投入费用并不高，但可建立起可靠性的系统。

1）生产线的前端，根据主控计算机发出的生产指示信息，条码打印机打印出一张条码标签，贴在商品的载具上。

2）各作业工序中，操作人员用条码识读器读取载具上的条码符号，将作业的信息输入计算机，主系统对作业人员和检查装置发出指令。

3）各个工序用激光扫描器读取贴在安装零件上的条码标签，然后再读取贴在载具上的二维条码，以确认零件安装是否正确。

4）各个工序中，二维条码的生产指示号码、生产线顺序号码、车身号数据和实装零件部件的数量、检查数据等，均被反馈到主控计算机，用来对进展情况进行管理。

应用效果如下：

1）投资较低。

2）二维条码可被识读器稳定读取（错误率低）。

3）可省略大量的人力和时间。

4）主系统对生产过程的指挥全面提升。

5）使生产全过程和主系统连接成为一体，生产效益大大提高。

丰田汽车供应链采集系统的应用如下：

1）应用环境。汽车零件供货商按汽车厂商的订单生产零配件，长期供货，这样可以减少人为操作，缩减成本，提高效率。

2）应用描述

①汽车厂家将看板标签贴在自己的周转箱上，先定义箱号。

②汽车厂家读取看板标签上的一维条码，将所订购的零件编号、数量、箱数等信息制作成 QR 码，并制作带有该 QR 码的看板单据。

③将看板单据和看板标签一起交给零件生产厂，零件生产厂读取由车辆提供的看板单据上的 QR 码，处理接受的订货信息，并制作发货指示书。

④零件生产厂将看板标签附在发货商品上，看板单据作为交货书发给汽车生产厂。汽车生产厂读取看板单据上的 QR 码后进行接货统计。

3）应用效果

①采用 QR 码使得原来无法条码化的“品名”、“规格”、“批号”、“数量”等可以做到对照，出库时的肉眼观察操作大幅减少，降低了操作人员人为识别验货的错误，避免了误配送现象的发生。

②出库单系统打印二维条码加密、安全、不易出错。

③验货出库工作，可以完全脱离主系统和网络环境独立运行，对系统的依赖性小，减少主系统网络通信和系统资源的压力，同时对安全性要求降低。

④真正做到了二维条码数据及实际出库的物品的属性、特征的统一。

⑤加快了出库验收作业的时间，缩短了工作的过程，并且验收的信息量大大增加，从而提高效率、降低成本、保证安全、防止错误的发生。

7.3 射频识别技术在仓储中的应用

射频识别技术是 20 世纪 90 年代开始兴起的一种自动识别技术，射频识别技术是一项利用射频信号通过空间耦合（交变磁场或电磁场）实现无接触信息传递并通过所传递的信息达到识别目的的技术。

7.3.1 射频识别技术的概念

射频技术是利用无线电波对记录媒体进行读写的一种技术。射频识别的距离可达几十厘米至几米，且根据读写的方式，可以输入数千字节的信息，它还具有极高的保密性。

射频识别技术适用的领域：物料跟踪、运载工具和货架识别等要求非接触数据采集和交换的场合，要求频繁改变数据内容的场合尤为适用。例如，香港的车辆自动识别系统——驾易通，采用的主要技术就是射频技术。目前，香港已经有约 8 万辆汽车装上了电子标签，装有电子标签的车辆通过装有射频扫描器的专用隧道、停车场或高速公路路口时，无需停车交费，大大提高了行车速度，提高了效率。射频技术在其他物品的识别及自动化管理方面也得到了较广泛的应用。

7.3.2 射频识别系统的工作原理

射频识别系统的工作原理如图 7-16 所示。首先，读写器在一个区域发射能量形成电磁场，射频标签经过这个区域时检测到读写器的信号会发送存储的数据，然后读写器接收到射频标签发送的信号，解码并校验数据的准确性以达到识别的目的。

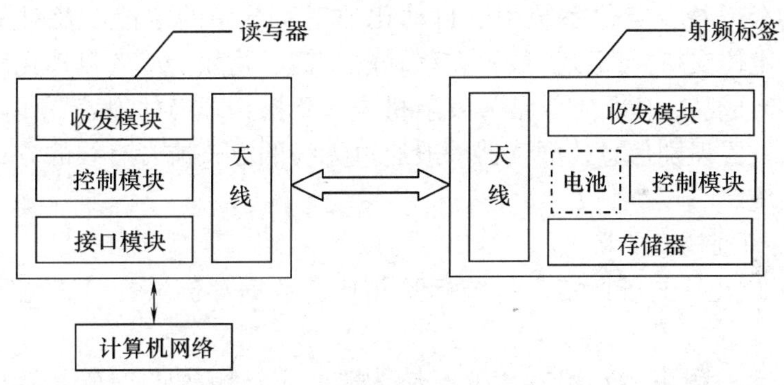

图 7-16 射频识别系统的工作原理

7.3.3 射频识别技术的种类及特点

1. 射频识别技术的种类 RFID 系统分成四种类型，即 EAS 系统、便携式数据采集系统、物流控制系统和定位系统。

（1）EAS 系统 EAS 是一种设置在需要控制物品出入的门口的 RFID 技术。这种技术的典型应用场合是商店、图书馆、数据中心等地方，当未被授权的人从这些地方非法取走物品时，EAS 系统会发出警告。其工作原理是：在应用 EAS 技术时，首先在物品上黏附 EAS 标签，当物品被正常购买或者合法移出时，在结算处通过一定的装置使 EAS 标签失活，物品就可以取走。物品经过装有 EAS

系统的门口时，EAS 装置能自动检测标签的活动性，发现活动性标签 EAS 系统会发出警告。

典型的 EAS 系统一般由以下三部分组成：

1）电子标签灭活装置，以便授权商品能正常出入。

2）附着在商品上的电子标签，电子传感器。

3）监视器，在出口造成一定区域的监视空间。

（2）便携式数据采集系统　便携式数据采集系统是使用带有 RFID 阅读器的手持式数据采集器采集 RFID 标签上的数据。这种系统具有比较大的灵活性，适用于不宜安装固定式 RFID 系统的应用环境。手持式阅读器（数据输入终端）可以在读取数据的同时，通过无线电波数据传输方式（RFDC）实时地向主计算机系统传输数据，也可以暂时将数据存储在阅读器中，再一批一批地向主计算机系统传输数据。

（3）物流控制系统　在物流控制系统中，固定布置的 RFID 阅读器分散布置在给定的区域，并且阅读器直接与数据管理信息系统相连，信号发射机是移动的，一般安装在移动的物体或人的身体上面。当物体、人经过阅读器时，阅读器会自动扫描标签上的信息并把数据信息输入数据管理信息系统存储、分析、处理，达到控制物流的目的。

（4）定位系统　定位系统用于自动化加工系统中的定位以及对车辆、轮船等进行运行定位支持。阅读器放置在移动的车辆、轮船上或者自动化流水线中移动的物料、半成品、成品上，信号发射机嵌入到操作环境的地表下面。信号发射机上存储有位置识别信息，阅读器一般通过无线的方式或者有线的方式连接到主信息管理系统。

2. 射频识别技术的特点

（1）存储大　电子标签与传统标签相比，数据存储大，可读可写，可随时更新。

（2）安全、耐用　专用芯片，不易伪造，无机械故障，寿命长，抗恶劣环境。

（3）扫描方便　不需直线对准物体扫描，看不见也可扫描，扫描速度快，可实现运动扫描，多目标扫描。

（4）经济实用　价格低，费用省，实用性强。

7.3.4　射频识别系统的组成

RFID 系统在具体的应用过程中，根据不同的应用目的和应用环境，系统的组成会有所不同，但从 RFID 系统的工作原理来看，系统一般都由信号发射机、信号接收机、编程器和发射接收天线几部分组成。

1. 信号发射机　在 RFID 系统中，信号发射机为了不同的应用目的，会以不同的形式存在，典型的形式是标签（TAG）。标签相当于条码技术中的条码符号，用来存储需要识别传输的信息，另外，与条码不同的是，标签必须能够自动或在外力的作用下，把存储的信息主动发射出去。标签一般是带有线圈、天线、存储器与控制系统的低电集成电路。按照不同的分类标准，标签有许多不同的分类。

（1）主动式标签、被动式标签　在实际应用中，必须给标签供电才能工作，虽然它的电能消耗是非常低的（一般是百万分之一毫瓦级别）。按照标签获取电能的方式不同，可以把标签分成主动式标签与被动式标签。主动式标签内部自带电池进行供电，它的电能充足，工作可靠性高，信号传送的距离远。另外，主动式标签可以通过设计电池的不同寿命对标签的使用时间或使用次数进行限制，它可以用在需要限制数据传输量或者使用数据有限制的地方，如一年内，标签只允许读写有限次。主动式标签的缺点主要是标签的使用寿命受到限制，而且随着标签内电池电力的消耗，数据传输的距离会越来越小，影响系统的正常工作。

被动式标签内部不带电池，要靠外界提供能量才能正常工作。被动式标签典型的产生电能的装置是天线与线圈，当标签进入系统的工作区域，天线接收到特定的电磁波，线圈就会产生感应电流，在经过整流电路给标签供电。被动式标签具有永久的使用期，常常用在标签信息需要每天读写或频繁读写多次的地方，而且被动式标签支持长时间的数据传输和永久性的数据存储。被动式标签的缺点是数据传输的距离要比主动式标签短。

（2）只读标签与可读可写标签　根据内部使用存储器类型的不同，标签可以分成只读标签与可读可写标签。只读标签内部只有只读存储器 ROM（READ ONLY MEMORY，ROM）和随机存储器 RAM（RANDOM ACCESS MEMORY，RAM）。ROM 用于存储发射器操作系统说明和安全性要求较高的数据，它与内部的处理器或逻辑处理单元完成内部的操作控制功能，如响应延迟时间控制，数据流控制，电源开关控制等。另外，只读标签的 ROM 中还存储有标签的标志信息。这些信息可以在标签制造过程中由制造商写入 ROM 中，也可以在标签开始使用时由使用者根据特定的应用目的写入特殊的编码信息。这种信息可以只简单地代表二进制中的“0”或者“1”，也可以像二维条码那样，包含复杂的相当丰富的信息。但这种信息只能是一次写入，多次读出。只读标签中的 RAM 用于存储标签反应和数据传输过程中临时产生的数据。另外，只读标签中除了 ROM 和 RAM 外，一般还有缓冲存储器，用于暂时存储调制后等待天线发送的信息。

（3）标志标签与便携式数据文件　根据标签中存储器数据存储能力的不同，可以把标签分成仅用于标志目的的标志标签与便携式数据文件两种。对于标志标签来说，一个数字或者多个数字字母字符串存储在标签中，为了识别的目的或者是进入信息管理系统中数据库的钥匙（Key）。条码技术中标准码制的号码，如

EAN/UPC 码或者混合编码或者标签使用者按照特别的方法编的号码，都可以存储在标志标签中。标志标签中存储的只是标志号码，用于对特定的标志项目，如人、物、地点进行标志，关于被标志项目的详细的特定的信息，只能在与系统相连接的数据库中进行查找。

便携式数据文件就是说标签中存储的数据非常大。这种标签一般都是用户可编程的，标签中除了存储标志码外，还存储有大量的被标志项目其他的相关信息。在实际应用中，关于被标志项目的所有的信息都是存储在标签中的，读标签就可以得到关于被标志项目的所有信息，而不用再连接到数据库进行信息读取。另外，随着标签存储能力的提高，可以提供组织数据的能力，在读标签的过程中，可以根据特定的应用目的控制数据的读出，实现在不同的情况下读出的数据部分不同。

2. 信号接收机　在 RFID 系统中，信号接收机一般称为阅读器。根据支持的标签类型不同与完成的功能不同，阅读器的复杂程度是显著不同的。阅读器基本的功能就是提供与标签进行数据传输的途径。另外，阅读器还提供相当复杂的信号状态控制、奇偶错误校验与更正功能等。标签中除了存储需要传输的信息外，还必须含有一定的附加信息，如错误校验信息等。识别数据信息和附加信息按照一定的结构编制在一起，并按照特定的顺序向外发送。阅读器通过接收到的附加信息来控制数据流的发送。一旦到达阅读器的信息被正确的接收和译解后，阅读器通过特定的算法决定是否需要发射机对发送的信号重发一次，或者知道发射器停止发信号，这就是“命令响应协议”。使用这种协议，即便在很短的时间、很小的空间阅读多个标签，也可以有效地防止“欺骗问题”的产生。

3. 发射接收天线　天线是标签与阅读器之间传输数据的发射、接收装置。在实际应用中，除了系统功率，天线的形状和相对位置也会影响数据的发射和接收，需要专业人员对系统的天线进行设计、安装。

4. 编程器　只有可读可写标签系统才需要编程器。编程器是向标签写入数据的装置。编程器写入数据一般来说是离线（Off-Line）完成的，也就是预先在标签中写入数据，等到开始应用时直接把标签黏附在被标志项目上。也有一些 RFID 应用系统，写数据是在线（On-Line）完成的，尤其是在生产环境中作为交互式便携数据文件来处理时。

7.3.5　射频识别系统的应用

电子标签因为具有防冲撞性、封装任意性、使用寿命长和可重复利用等特点，适合应用于现代科学的库存管理系统中。目前的库存管理系统通常使用条码标签或是人工库存管理单据书写等方式来实现库存管理。但是条码的易复制、不防污、不防潮等特点，还有人工书写单据的繁琐性，容易造成认为损失等无法避免的缺点，使得国内的库存管理供应链始终存在着缺陷。随着电子标签这一最新科技商品的投入应用，可以从根本上解决上述问题。将电子标签封成卡状，贴在每个货物的包装上或托盘上，在标签中写入货物的具体资料、存放位置等信息。同时，在货物进出仓库时可写入送达方的详细资料，在仓库和各经销管道设置固定式或手提式卡片阅读机，以辨识、侦测货物流通。

用电子标签支持现今的库存管理系统的优势在于：

1）能有效管理货物装箱作业。

2）信息收集自动化。

3）可更改电子标签上的资料而无须更改商品包装。

4）能有效管理货物装卸（减少丢失）。

5）自动化结果更能实现有效品质监督。

6）可以全程跟踪库存物品的物流情况，将损失和失误降到最低点。

7.4　信息跟踪技术在仓储中的应用

7.4.1　GPS 技术

1. GPS 的概念及基本原理

（1）定义　全球定位系统（Global Position System，GPS），是一种可以授时和测距的空间交会定点的导航系统，可向全球用户提供连续、实时、高精度的三维位置，三维速度和时间信息。

（2）GPS 的产生与发展——由 TRANSIT 到 GPS。

1）1957 年 10 月第一颗人造地球卫星上天，天基电子导航应运而生。

2）美国 1964 年建成子午卫星导航定位系统（TRANSIT）。

3）美国从 1973 年开始筹建全球定位系统，1994 年全部建成投入使用。

GPS 的研制最初主要用于军事目的。例如，为陆海空三军提供实时、全天候和全球性的导航服务，并用于情报收集、核爆监测、应急通信和爆破定位等方面。随着 GPS 系统步入试验和实用阶段，其定位技术的高度自动化及所达到的高精度和巨大的潜力，引起了各国政府的普遍关注，同时引起了广大测量工作者的极大兴趣。特别是近几年来，GPS 定位技术在应用基础的研究、新应用领域的开拓、软硬件的开发等方面都取得了迅速发展。

（3）GPS 的基本原理　GPS 导航系统的基本原理是测量出已知位置的卫星到用户接收机之间的距离，然后综合多颗卫星的数据就可知道接收机的具体位置。要达到这一目的，卫星的位置可以根据星载时钟所记录的时间在卫星星历中查出。而用户到卫星的距离则通过纪录卫星信号传播到用户所经历的时间，再将其乘以光速得到，由于大气层中电离层的干扰，这一距离并不是用户与卫星之间的真实距离，而是伪距（Pseudo Range，PR）。当 GPS 卫星正常工作时，会不断地用 1 和 0 二进制码元组成的伪随机码（简称伪码）发射导航电文。

GPS 系统使用的伪码一共有两种，分别是民用的 C/A 码和军用的 P（Y）码。C/A 码频率 1. 023MHz，重复周期 1ms，码间距 1μs，相当于 300m；P 码频率 10. 23MHz，重复周期 266. 4 天，码间距 0. 1μs，相当于 30m。而 Y 码是在 P 码的基础上形成的，保密性能更佳。导航电文包括卫星星历、工作状况、时钟改正、电离层时延修正、大气折射修正等信息。它是从卫星信号中解调制出来，以 50bit/s 调制在载频上发射的。导航电文每个主帧中包含 5 个子帧，每帧长 6s。前三帧各 10 个字码；每 30s 重复一次，每小时更新一次。后两帧共 15 000bit。导航电文中的内容主要有遥测码、转换码、第 1、2、3 数据块，其中最重要的则为星历数据。当客户接受到导航电文时，提取出卫星时间并将其与自己的时钟做对比便可得知卫星与客户的距离，再利用导航电文中的卫星星历数据推算出卫星发射电文时所处位置，客户在 WGS-84 大地坐标系中的位置速度等信息便可得知。可见 GPS 导航系统卫星部分的作用就是不断地发射导航电文。然而，由于客户接收机使用的时钟与卫星星载时钟不可能总是同步，所以除了客户的三维坐标 x、y、z 外，还要引进一个 Δt，即卫星与接收机之间的时间差作为未知数，然后用 4 个方程将这 4 个未知数解出来。所以如果想知道接收机所处的位置，至少要能接收到 4 个卫星的信号。

2. GPS 系统的组成　GPS 系统包括三大部分。空间部分——GPS 卫星星座；地面控制部分——地面监控系统；用户设备部分——GPS 信号接收机，如图 7-17 所示。

(1) GPS 卫星星座　由 21 颗工作卫星和 3 颗在轨备用卫星组成 GPS 卫星星座记作(21 +3)GPS 星座。24 颗卫星均匀分布在 6 个轨道平面内轨道倾角为 55°各个轨道平面之间相距 60°即轨道的升交点赤经各相差 60°。每个轨道平面内各颗卫星之间的升交角距相差 90°一轨道平面上的卫星比西边相邻轨道平面上的相应卫星超前 30°。

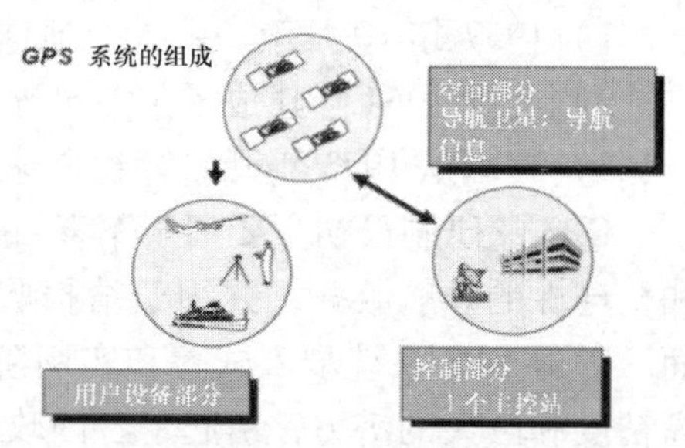

图 7-17　GPS 系统组成

在两万公里高空的 GPS 卫星当地球对恒星来说自转一周时它们绕地球运行二周即绕地球一周的时间为 12 恒星时。这样对于地面观测者来说每天将提前 4min 见到同一颗 GPS 卫星。位于地平线以上的卫星颗数随着时间和地点的不同而不同最少可见到 4 颗，最多可见到 11 颗卫星。在用 GPS 信号导航定位时为了结算测站的三维坐标必须观测 4 颗 GPS 卫星称为定位星座。这 4 颗卫星在观测过程中的几何位置分布对定位精度有一定的影响。对于某地某时甚至不能测得精确的点位坐标这种时间段叫做“间隙段”。但这种时间间隙段是很短暂的并不影响全球绝大多数地方的全天候、高精度、连续实时的导航定位测量。GPS 工作卫星的编号和试验卫星基本相同，如图 7-18 所示。

（2）地面监控系统　对于导航定位来说 GPS 卫星是一动态已知点。星的位置是依据卫星发射的星历——描述卫星运动及其轨道的参数算得的。每颗 GPS 卫星所播发的星历是由地面监控系统提供的。卫星上的各种设备是否正常工作以及卫星是否一直沿着预定轨道运行都要由地面设备进行监测和控制。地面监控系统另一重要作用是保持各颗卫星处于同一时间标准——GPS 时间系统。这就需要地面站监测各颗卫星的时间求出钟差。然后由地面注入站发给卫星，卫星再由导航电文发给客户设备。GPS 工作卫星的地面监控系统包括一个主控站、三个注入站和五个监测站，如图 7-19 所示。

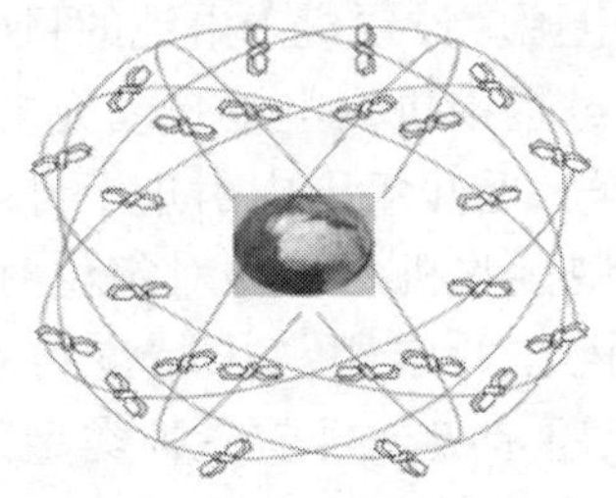

图 7-18　GPS 空间卫星部分

图 7-19　GPS 地面控制部分

（3）GPS 信号接收机　GPS 信号接收机的任务是能够捕获到按一定卫星高度截止角所选择的待测卫星的信号并跟踪这些卫星的运行对所接收到的 GPS 信号进行变换、放大和处理以便测量出 GPS 信号从卫星到接收机天线的传播时间解译出 GPS 卫星所发送的导航电文实时地计算出测站的三维位置、三维速度和时间，外形如图 7-20 所示。

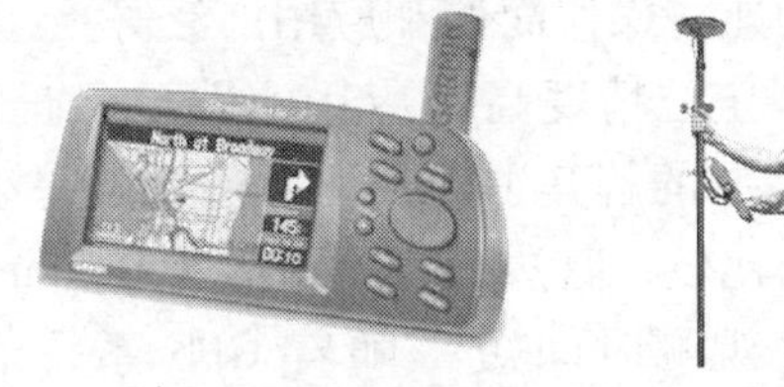

图 7-20　导航型 GPS 接收机外形

GPS 卫星发送的导航定位信号是一种可供无数客户共享的信息资源。对于陆地、海洋和空间的广大客户只要客户拥有能够接收、跟踪、变换和测量 GPS 信号的接收设备，即 GPS 信号接收机，可以在任何时候用 GPS 信号进行导航定位测量。根据使用目的的不同客户要求的 GPS 信号接收机也各有差异。目前，世界上已有几十家工厂生产 GPS 接收机，产品也有几百种。这些产品可以按照原理、用途、功能等来分类。

静态定位中 GPS 接收机在捕获和跟踪 GPS 卫星的过程中固定不变接收机高

精度地测量 GPS 信号的传播时间；利用 GPS 卫星在轨的已知位置解算出接收机天线所在位置的三维坐标。而动态定位则是用 GPS 接收机测定一个运动物体的运行轨迹。GPS 信号接收机所位于的运动物体叫做载体（如航行中的船舰，空中的飞机，行走的车辆等）。载体上的 GPS 接收机天线在跟踪 GPS 卫星的过程中相对地球而运动接收机用 GPS 信号实时地测得运动载体的状态参数（瞬间三维位置和三维速度）。

接收机硬件和机内软件，以及 GPS 数据的后处理软件包构成完整的 GPS 客户设备。GPS 接收机的结构分为天线单元和接收单元两大部分。对于测地型接收机来说两个单元一般分成两个独立的部件，观测时将天线单元安置在测站点上，接收单元置于测站点附近的适当地方，用电缆线将两者连接成一个整机。也有的将天线单元和接收单元制作成一个整体，观测时将其安置在测站点上。GPS 接收机一般用蓄电池做电源。同时采用机内机外两种直流电源。设置机内电池的目的在于更换外电池时不中断连续观测。在用机外电池的过程中机内电池自动充电。关机后机内电池为 RAM 存储器供电，以防止丢失数据。近几年国内引进了许多种类型的 GPS 测地型接收机。各种类型的 GPS 测地型接收机用于相对定位时，其双频接收机精度可达 5MM + 1PPM. D；单频接收机在一定距离内精度可达 10MM + 2PPM. D。用于差分定位其精度可达毫米级至厘米级。目前各种类型的 GPS 接收机体积越来越小，重量越来越轻，便于野外观测。GPS 和 GLONASS 兼容的全球导航定位系统接收机已经问世。

3. GPS 系统的基本特点　GPS 系统的基本特点包括高精度、全天候、高效率、多功能、操作简便和应用广泛等。

（1）定位精度高　应用实践已经证明，在 300 ~ 1 500m 工程精密定位中，1h 以上观测的解其平面其平面位置误差小于 1mm，与 ME-5000 电磁波测距仪测定的边长比较，其边长较差最大为 0. 5mm，校差中误差为 0. 3mm。

（2）观测时间短　随着 GPS 系统的不断完善，软件的不断更新，目前，20km 以内相对静态定位，仅需 15 ~ 20min；快速静态相对定位测量时，当每个流动站与基准站相距在 15km 以内时，流动站观测时间只需 1 ~ 2min，然后可随时定位，每站观测只需几秒钟。

（3）测站间无须通视　GPS 测量不要求测站之间互相通视，只需测站上空开阔即可，因此可节省大量的造标费用。由于无需点间通视，点位位置可根据需要，可稀可密，使选点工作甚为灵活，也可省去经典大地网中的传算点、过渡点的测量工作。

（4）可提供三维坐标　经典大地测量将平面与高程采用不同方法分别施测。GPS 可同时精确测定测站点的三维坐标。目前 GPS 水准可达到四等水准测量的精度。

（5）操作简便　随着 GPS 接收机不断改进，自动化程度越来越高，有的已达“傻瓜化”的程度；接收机的体积越来越小，重量越来越轻，极大地减轻测量工作者的工作紧张程度和劳动强度。使野外工作变得轻松愉快。

（6）全天候作业　目前 GPS 观测可在一天 24h 内的任何时间进行，不受阴天黑夜、起雾刮风、下雨下雪等气候的影响。

（7）功能多、应用广　GPS 系统不仅可用于测量、导航，还可用于测速、测时。测速的精度可达 0.1m/s，测时的精度可达几十毫微秒。其应用领域不断扩大。设计当初，GPS 系统的主要目的是用于导航，收集情报等军事。但是，后来的应用表明，GPS 系统不仅能够达到上述目的，而且用 GPS 卫星发来的导航定位信号能够进行厘米级甚至毫米级精度的静态相对定位，米级至亚米级精度的动态定位，亚米级至厘米级精度的速度测量和毫微秒级精度的时间测量。因此，GPS 系统有极其广阔的应用前景。

4. GPS 的应用

（1）GPS 在道路工程中的应用　GPS 在道路工程中的应用，目前主要是用于建立各种道路工程控制网及测定航测外控点等。随着高等级公路的迅速发展，对勘测技术提出了更高的要求，由于线路长，已知点少，因此，用常规测量手段不仅布网困难，而且难以满足高精度的要求。目前，国内已逐步采用 GPS 技术建立线路首级高精度控制网，然后用常规方法布设导线加密。实践证明，在几十公里范围内的点位误差只有 2cm 左右，达到了常规方法难以实现的精度，同时也大大缩短了工期。GPS 技术也同样应用于特大桥梁的控制测量中。由于无需通视，可构成较强的网形，提高点位精度，同时对检测常规测量的支点也非常有效。GPS 技术在隧道测量中也具有广泛的应用前景，GPS 测量无需通视，减少了常规方法的中间环节，因此，速度快、精度高，具有明显的经济和社会效益。

（2）GPS 在汽车导航和交通管理中的应用　三维导航是 GPS 的首要功能，飞机、轮船、地面车辆以及步行者都可以利用 GPS 导航器进行导航。汽车导航系统是在全球定位系统 GPS 基础上发展起来的一门新型技术。汽车导航系统由 GPS 导航、自律导航、微处理机、车速传感器、陀螺传感器、CD-ROM 驱动器、LCD 显示器组成。GPS 导航系统与电子地图、无线电通信网络、计算机车辆管理信息系统相结合，可以实现车辆跟踪和交通管理等许多功能。

（3）GPS 在长途客运车辆管理中的应用　以国内首套专业的 GPS 长途客运车辆管理系统——雅迅长途客运 GPS 智能管理系统为例，它就是结合了卫星定位技术、GPRS/CDMA 通信业务、GIS 技术、图像采集技术、计算机网络和数据库等技术，在客运公司建立一个总控（C/S 结构和 B/S 结构相结合），其他设为分控，公安部门和运管部门等各部门建立专控的中心系统，系统由控制中心系统、无线通信平台（GPRS/CDMA）、全球卫星定位系统（GPS）、车载设备四部分组成一个全天候、全范围的驾驶员管理和车辆跟踪的综合平台；系统可对注册车辆实施动态跟踪、监控、拍照、行车记录、管理、数据分析等功能，监控车辆可以在电子地图上显示出来，并保存车辆运行轨迹数据；操作终端可任意选择服务器内部局域网或国际互联网对中心进行访问并可通过 IE 浏览器提供网上综合客车管理数据分析控制系统（B/S 结构）；且系统容量可随时根据中心服务器和操作终端硬件配置进行扩展，最大为 50 万辆，入网车辆不仅可以是长途客运车辆，也可以是旅游车等社会车辆。同时，系统还可以采用分组管理，不同类型的车辆归入不同分组，便于管理人员的操作。

7.4.2 GIS 技术

1. GIS 的概念及基本原理　地理信息系统简称为 GIS。国际上有两种不同的全称，英国出版的季刊的全称是 Geographical Information System，德国出版的季刊的全称是 Geo Information System。在加拿大和澳大利亚，则称为 Land Information System。在我国，通常称为 Resources and Environmental Information Systems。全称虽有差异，但简称都是 GIS。

那么，什么是 GIS 呢？对于不同的部门和不同的应用目的，其定义也不尽相同。

这些定义，有的侧重于 GIS 的技术内涵，有的则强调 GIS 的应用功能。为了能更具体地认识和真正了解 GIS 的概念，编者推荐美国联邦数字地图协调委员会（FICCDC）定义为“GIS 是由计算机硬件、软件和不同的方法组成的系统，该系统设计用来支持空间数据的采集、管理、处理、分析、建模和显示，以便解决复杂的规划和管理问题”。根据这个定义，可得出 GIS 的如下基本概念：

（1）GIS 的物理外壳是计算机化的技术系统　该系统又由若干个相互关联的子系统构成，如数据采集子系统、数据管理子系统、数据处理和分析子系统、可视化表达与输出子系统等。这些子系统的构成直接影响着 GIS 的硬件平台、系统功能和效率、数据处理的方式和产品输出的类型。其框架和结构如图 7-21 所示。

（2）GIS 的对象是地理实体　地理实体数据的最根本特点是每一个数据都按统一的地理坐标进行编码，实现对其定位、定性、定量和拓扑关系的描述。GIS 以地理实体数据作为处理和操作的主要对象，这是它区别于其他类型信息系统的根本标志，也是其技术难点之所在。

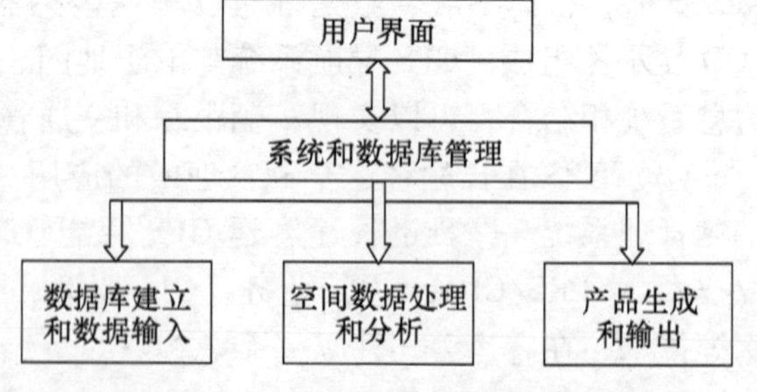

图 7-21　GIS 概念框架和构成

（3）GIS 的技术优势在于它的混合数据结构和有效的数据集

成、独特的地理空间分析能力、快速的空间定位搜索和复杂的查询功能、强大的图形创造和可视化表达手段，以及地理过程的演化模拟和空间决策支持功能等。其中，通过地理空间分析可以产生常规方法难以获得的重要信息，实现在系统支持下的地理过程动态模拟和决策支持，这既是GIS的研究核心，也是GIS的重要贡献。地理信息系统根据其研究范围，可分为全球性信息系统和区域性信息系统；根据其研究内容，可分为专题信息系统和综合信息系统；根据其使用的数据模型，可分为矢量信息系统、栅格信息系统和混合型信息系统。

2. GIS的组成及分类

(1) GIS的组成　GIS包括硬件和软件系统两大部分。地理信息系统主要硬件设备包括：

1）数据采集装置，有各种类型的数字化仪。

2）人机图形交互装置，可采用高分辨率的彩色图形显示器和输入部件。

3）中央处理装置，通常使用不同类型的数字计算机。

4）数据存储设备，作为计算机的外存设备，主要是大容量的磁盘和磁带机。

5）图形输出设备，有矢量式或光栅式绘图机、静电式符号打印设备等。

地理信息系统软件分为系统软件和应用软件。系统软件包括计算机系统提供的操作系统、语言编译系统、数据库管理系统和数据库，还有数字化操作软件、基本的显示绘图软件等。应用软件范围广泛，功能多样，如处理多边形信息和网格信息的各种程序、多元统计分析程序、各种地理分析程序以及应用绘图程序等。

(2) GIS的分类　GIS按性质分为静态非空间模式、静态空间模式、动态非空间模式和动态空间模式四种地理信息系统。静态非空间模式系统以瞬时段经济社会数据为主要管理对象，它与现行的手工统计信息系统接口；动态非空间模式系统处理随时间变化的经济社会数据，它与手工统计信息系统有密切关系；静态空间模式系统和动态空间模式系统的特点要与地图数据、空间遥感数据接口，反映各种地理要素的空间变化特征和过程。一个大型的地理信息系统，根据各地理要素的数据性质包含上述四种模式，而以动态空间数据模式为其核心。小型、初级地理信息系统则仅采用静态非空间模式，以满足地方或小城镇对地理信息的需求。

按应用功能分为专题地理信息系统、区域地理信息系统和地理信息技术处理系统。专题地理信息系统是根据专门地理问题的需求而建立的，如土地利用信息系统、能源信息系统、水资源信息系统、旅游信息系统、城市规划管理信息系统。区域地理信息系统以一定的区域作为研究对象，既有区域综合地理信息系统，也有区域专题信息系统，直接服务于区域发展的部门和综合数据管理。地理信息技术处理系统是面向技术处理的，如遥感数据处理系统、计算机辅助制图系统、地理数据分析系统等。

3. GIS 的基本功能　地理信息系统（GIS）的基本功能有：

（1）数据采集与编辑功能　包括图形数据采集与编辑和属性数据编辑与分析。

（2）地理数据库的信息和管理功能　地理信息数据库管理系统是数据存储和管理的高新技术，包括数据库定义、数据库的建立与维护、数据库操作、通信功能等。

（3）制图功能　根据 GIS 的数据结构及绘图仪的类型，客户可获得矢量地图或栅格地图。地理信息系统不仅可以为客户输出全要素地图，而且可以根据客户需要分层输出各种专题地图，如行政区划图、土壤利用图、道路交通图、等高线地图等。还可以通过空间分析得到一些特殊的地学分析用图，如坡度图、坡向图、剖面图等。

（4）空间查询与空间分析功能　它包括拓扑空间查询、缓冲区分析、叠置分析、空间集合分析、地学分析、数字高程模型的建立和地形分析等。

（5）二次开发和编程功能　客户可以在自己的编程环境中调用 GIS 的命令和函数，或者 GIS 系统将某些功能做成专门的控件供客户开发使用。

4. GIS 存在的问题及发展趋势

（1）GIS 存在的问题

1）数据结构方面存在的问题。在矢量结构方面，其缺点是处理位置关系（包括相交、通过、包含等）相当费时，且缺乏与 DEM 和 RS 直接结合的能力。在栅格结构方面，存在着栅格数据分辨率低，精度差；难以建立地物间的拓扑关系；难以操作单个目标及栅格数据储存量大等问题。

2）GIS 模型存在的问题。传统 GIS 模型是按照计算机的方法对客观世界地理空间不自然的分割和抽象，使得人们认知地理空间的认知模型与计算机中的数据模型不能形成良好的对应关系，难以表达复杂的地理实体，更难满足客观世界的整体特征要求。在 GIS 软件开发中，如果语义分割不合理，将难以有效表达地理空间实体间的关系，这就导致较深层次的分析、处理操作难以实现。随着 GIS 应用需求领域的不断开拓及计算机技术的迅速发展，对空间数据模型和空间数据结构提出了更高的要求，使得传统的地理空间数据模型力不从心，逐渐暴露其弊端。

（2）GIS 未来发展趋势

1）三库一体化的数据结构方向。空间数据库向着真正面向对象的数据模型和图形矢量库、影像栅格库和 DEM 格网库三库一体化数据结构的方向发展。这种三库一体化的数据结构改变了以图层为处理基础的组织方式，实现了直接面向空间实体的数据组织，使多源空间数据的录入与融合成为了可能，从而为GIS与遥感技术的集成创造了条件。

2）多比例尺、多尺度和多维空间数据的表达。对于多比例尺数据的显示，将运用影像金字塔技术、细节分层技术和地图综合等技术；而为了实现GIS的动态、实时和三维可视化，出现存储真三维坐标数据的3DGIS和真四维时空GIS，这其中涉及了空间数据的海量存储、时空数据处理与分析以及快速广域三维计算与显示等多项理论与技术。

3）利用数据挖掘技术进行知识发现。空间数据挖掘是从空间数据库中抽取隐含的知识、空间关系以及其他非显式的包含在空间数据库中，但以别的模式存在的信息供客户使用，这是GIS应用的较高层次。由于目前空间数据的组织与管理仍局限于二维、静态、单时相，且仍以图层为处理基础，因此，当前的GIS软件和空间数据库还不能有效地支持数据挖掘。

4）基于空间数据仓库的海量空间数据管理的研究。空间数据量非常大，而且数据大都分散在政府、私人机构、公司的各个部门，数据的管理与使用就变得非常复杂，但这些空间数据又具有极大的科学价值和经济价值，因此大多数发达国家都比较重视空间数据库的建立工作，许多研究机构和政府部门都参与到空间数据库建立的研究工作。

5）GIS与虚拟现实技术的结合。从本质上说，虚拟现实就是一种先进的计算机客户接口，通过计算机建立一种仿真数字环境，将数据转换成图形、声音和接触感受，利用多种传感设备使客户“投入”到该环境中，客户可以如同在真实世界那样“处理”计算机系统所产生的虚拟物体。将虚拟和重建逼真的、可操作的地理三维实体，GIS客户在客观世界的虚拟环境中能更有效的管理、分析空间实体数据。因此，开发虚拟GIS已成为GIS发展的一大趋势。

6）分布式技术、万维网与GIS的结合。目前，随着Internet技术的迅猛发展，其应用已经深入到各行各业，作为与我们日常生活息息相关的GIS也不例外，它们的结合产生了Web GIS。当前WebGIS系统已经得到迅速的发展，到1999年1月，仅在美国出现的这类系统就有23种之多。又由于客户端可能会采用新的应用协议，因此也被认为是Internet GIS。

5. GIS的应用　在信息的诸多类型中与空间相关的信息是十分重要的一类，如何利用计算机处理这类信息是地理信息系统产生和发展的原动力。GIS技术在国防、城市规划、交通运输、环境监测和保护等领域的成功应用，极大地刺激了GIS技术的发展，使之成为世界各国激烈竞争的高科技热点之一，国家科委将其列入“九五”重中之重科技攻关项目。由于GIS本身是把计算机技术、地理信息和数据库技术紧密结合起来的新型热点技术，其特征非常适合仓库建设与规划，从而使仓库建设规划走向规范化和科学化，使仓库建设的经费得到最合理的运用，也使仓库布局分配更加合理。仓库 GIS 作为仓库 MIS 系统中的一个子系统，它用地理坐标、图标的方式更直观地反映仓库的基本情况，如仓库建筑情况、仓库附属公路和铁路情况、仓库物资储备情况等；它是仓库 MIS 系统的一个重要的分支和补充。

作为仓库规划的 GIS 应用系统，它主要解决两个方面的问题。一是解决仓库建设的规划审批；二是必须解决能为规划师和上级有关部门提供辅助决策功能。从仓库整个的宏观规划来说，它可以解决仓库的宏观布局问题。仓库规划的 GIS 应用系统总体结构中各模块的功能如下：

（1）客户接口　它是提供客户调用系统其他功能的人机界面，要求界面美观实用，适合客户的操作习惯。

（2）数据库管理子系统　提供各种数据库的数据入库及建库管理。它由基础地形图库管理（通过分幅输入、接边和校准，形成一张完整的仓库地形图）、规划数据库（该库主要用来存放容积率、绿化率、限高等要素，以供规划参考，同时，它也存放规划行业的法规文件以供检索）、现状数据库（该库主要用来存放现存的所有建筑地理位置及用地现状，可作为规划用地的参考）、属性数据库（该数据库主要存放工作表格、规划设计说明信息、统计数据及各种帮助信息）等模块组成。

（3）数据接口子系统　它主要完成和其他应用系统（如仓库物资管理信息系统、仓库人事管理信息系统等）的数据交换，实现数据共享。

（4）辅助设计子系统　提供各种线型、型号的设计功能及各种计算模块，为规划设计服务。

（5）知识库　主要存放仓库的人员分布情况、水文地质条件、仓库周围的社会经济情况和规划师的经验性知识等，以供规划决策使用。

（6）总体规划辅助决策子系统　根据用地现状、社会经济条件、人口分布情况、水文地质条件及经验性知识进行定性推理，得到仓库空间布局和用地安排等的总体规划方案，以供上级部门和专家决策使用。

（7）控制性规划子系统　在仓库总体规划指导下，根据规划控制数据库中的数据和知识库中的知识进行定性推理，得出各地块的用地面积、建筑容积率、总建筑面积、建筑间隔、库内交通和艺术风格等系统控制性设想方案，供专家决策使用。

（8）控制性详规子系统　该子系统是对仓库建设用地进行细分，并对细分后的各区、片、块建设用地的使用性质和使用强度进行控制，为修建性详细规划提供编制规则与依据，使规划设计、管理、开发有机结合。

GIS 物流分析软件中集成的物流分析模型，包括车辆路线模型、最短路径模型、网络物流模型、分配集合模型、设施定位模型等，这些模型既可以单独使用，解决某些实际问题，也可作为基础，进一步开发适合不同需要的应用程序，这些模型代表性地说明了 GIS 在物流分析中的应用水平。

（1）车辆路线模型　车辆路线模型用于解决在一个起点、多个终点的物品运输问题中，降低操作费用并保证服务质量，包括决定使用多少车辆，每个车辆经过什么路线的问题。

物流分析中，在一对多收发货点之间存在着多种可供选择的运输路线的情况下，应该以物品运输的安全性、及时性和低费用为目标，综合考虑，权衡利弊，选择合理的运输方式，并确定费用最低的运输路线。例如，一个公司有一个仓库，而零售店有 30 个，并分布在各个不同的位置上，每天用卡车把物品从仓库运到零售商店，每辆卡车的载重量或者货物尺寸是固定的，同时每个商店所需的物品重量或体积也是固定的，因此，需要多少车辆以及所有车辆所经过的路线就是一个最简单的车辆路线模型。

实际问题中，车辆路线问题还应考虑很多影响因素，问题也变得十分复杂。例如，仓库的数量不止一个，而仓库和商店之间不是一一对应的；部分或所有商店对物品送达时间有一定的限制，如某商店上午 8 点开始营业，因此要求物品在上午 5 点 ~7 点之间运到；仓库的发货时间有一定的限制，如当地交通规则要求货车上午 7 点之前不能上路，而驾驶员要求每天下午 6 点之前完成一天的工作；在每个车站，需要一定的服务时间，最常见的情况是不管货车所运物品多少，在车站上都需要固定的时间让货车进站接受检查，当然也有检查时间随着所运物品多少而变化的情况等。物流 GIS 中的车辆路线模型可以综合考虑这些因素加以解决。

（2）设施定位模型　设施定位模型用来确定仓库、医院、零售商店、加工中心等设施的最佳位置，其目的同样是为了提高服务质量，降低操作费用，使利润最大化等。设施定位模型可以用于确定一个或多个设施的位置。

在物流系统中，仓库和运输线共同组成了物流网络，仓库处在网络的“节点”上，运输线就是连接各个“节点”的“线路”，从这个意义上看，“节点”决定着“线路”。具体地说，在一个具有若干资源点及若干需求点的经济区域内，物品资源要通过某一个仓库的汇集中转和分发才能供应各个需求点，因此，根据供求的实际需要并结合经济效益等原则，在既定区域内设立多少仓库，每个仓库的地理位置在什么地方，每个仓库应有多大规模（包括吞吐能力和存储能力），这些仓库间的物流关系如何等问题，就显得十分重要。而这些问题运用设施定位模型可以很容易地解决。

设施定位模型也可以加入经济或者其他限定条件，运用模型的目的也可以是使各服务设施之间的距离最大或使其服务的人数总和最大，同时，也可以是在考虑其他已经存在设施的影响的情况下，确定设施的最佳位置等。对于这些形式不一的问题，物流 GIS 都可以通过运用现有的模型，或者修改一定的参数加以解决。

（3）网络物流模型　用于寻求最有效的分配货物路径问题，也就是物流网点布局问题。

物流 GIS 包括网络物流的程序，这些程序解决最有效的分配货物路径或提供服务路径问题。例如，需要把物品从 15 个仓库运到 100 个零售商店，每个商店有固定的需求量，因此需要确定哪个仓库供应哪个零售商店，从而使运输代价最小；在考虑线路上的车流密度前提下，怎样把空的货车从所在位置调到物品所在位置，这些问题物流 GIS 都能有效解决。

分配集合模型可以根据各个要素的相似点把同一层上的所有或部分要素分成几组，用于解决确定服务范围、销售市场范围等问题。很多物流问题都涉及分配集合模型，如某公司要设立 12 个分销点，要求这些分销点覆盖整个地区，且每个分销点的客户数目大致相等；某既定经济区域（可大至一个国家，小至某一地区、城市）内，考虑各个仓储网点的规模及地理位置等因素，合理划分配送中心的服务范围，确定其供应半径，实现宏观供需平衡。

物流 GIS 可以提供两个程序解决这些问题：区域分散模型和集中模型。在想把某一区域做地理分区时应使用区域分散模型，而想把某一层上的许多小的要素依据它们彼此之间的距离或旅行时间进行组合时则应使用集中模型。

在我国，GIS 的应用及其产业的发展水平与发达国家相比，差距还很大，而且缺乏有效的宏观调控，把 GIS 应用于物流研究中，迄今为止还处于起步阶段。国内许多物流分析 GIS 软件都是从国外引进的，必须处理好已有模型和二次开发的关系。

我国现在已经加快了地理信息系统产业化进程，一批我国自行设计的 GIS 软件研制成功，并陆续投入使用。但应注意宏观指导和协调，避免重复开发，浪费资源，无序竞争，尽快实现 GIS 软件应用的国产化，建立全面的系统的 GIS 数据库。物流企业也应该加大对 GIS 应用的投入，提高信息化水平。

案例分析 7

弗兰克集团的信息技术

弗兰克集团的苗圃和手工艺商店，是由 290 个家庭工厂、园艺商店和手工艺商店组成的零售连锁店，基地设于密歇根州的底特律。

该公司实行了条码商品以及卫星网络和无线电频率扫描仪两项通信技术。有将近 95% 的弗兰克集团的商品都用上了条码，越来越多的家庭工厂和苗圃都供应条码商品。为了条码商品及平衡库存，弗兰克集团生产了内部使用的条码标签，其中包括工厂使用的打结标签。

价值400万美元的卫星网络，使弗兰克集团的商品直接与Visa USA公司连接起来，这解决了长期未能解决的长时间校验线路问题。而用直接的连接已经把认可信用卡的时间，从使用电话时间的最高45s削减到只用7s。不仅如此，进一步的好处是，排除了原来以电话为基础的过程中发生的中间人工费用，而现在只需要向卫星系统付费就可以了。新系统让公司总部得以控制电信设备，将广告信息传送到所有商店的扬声器里，还可以选择背景音乐以及控制各处的音量。

截止到1992年7月，弗兰克集团的商品已经全部安装使用广域谱广播技术的无线电频率网络。无线电频率网络使弗兰克集团为手提无线扫描仪开发了两项有价值的店内应用。这两项应用分别为价格核查和订货登录。过去，这两项工作都要书面处理，花费店员大量的工时。

价格核查是根据价格检查产品清单在标签上配价的工艺，过去是参考总价格单来完成的。许多雇员宁可用手推车把产品推上销售点自动记录器上，在那里扫描价格，而不愿意使用产品清单。该工艺是效率低，并降低了价格核查的速度。现在，雇员仅需要用手提无线扫描仪扫描某项物品的条码，将显示屏上的价格与标签的价格作比较即可。新工艺节省了时间，提高了价格的精确性，并使雇员的劳动时间转向客户服务上，而不是花在麻烦的管理任务上。

订货登录的开发应用，其目的也是要让雇员有更多的时间，把精力集中在客户服务上。弗兰克集团的每一个商店，都负责补充其基本备货品目。额外数量的广告产品，由公司的销售人员负责。在过去，雇员每天要花费几个小时，记录几十种手工艺和工厂产品的存货记录。现在店员将扫描得到的现货数量与计算机生成的包含有现货目标数量的货架标签相比较，然后，直接将必须补充的数量登录到扫描仪里。该订货数量由备货处理器实时处理，然后送往公司总部作进一步处理。弗兰克集团估计，无线再订货应用技术已将备货补充所需要总工时减少了75%。零售店的备货状况也有了较大的提高。

弗兰克集团进一步开发了无线电频率网络的应用。手提无线扫描仪，正被分阶段地应用于实际存货中。在公司的三个配送中心，扫描仪用于：

1）以EDI的装船预告为基础，按UCC128航运集装箱编号收货入库。

2）在销售经理巡视商店期间，向其提供有关订货数量、销售率、成本、零售数量及其他关键信息的品目状况。

3）在轻便型现金登记器上进行无线销售点应用，以处理路边销售和帐篷销售。

弗兰克集团的苗圃和手工艺商店，在创新和利用信息技术的基础上，向着一定的目标大规模地扩张业务。

资料来源：浙江物流网。

思考题：

1. 弗兰克集团的苗圃和手工艺商店使用了哪些信息技术？

2. 这些信息技术应用在哪些方面？为弗兰克集团带来了什么利益？

思考与练习

1. EDI系统的工作流程是什么？

2. 物流条码的特点是什么？一维条码与二维条码的区别。
3. 物流 EDI 的特点和优势有哪些？
4. 射频识别系统的工作原理是什么？
5. GPS/GIS 技术的概念和分类有哪些？
6. 条码技术如何应用在仓储业中的。
7. 电子数据交换技术是如何应用在仓储中的？

第8章　物流配送管理

【本章学习目标】

了解物流配送的产生与形成，掌握配送的概念、分类、要素、特点、功能、作用，了解中国物流的现状及发展趋势。能够分析具体企业的配送类型，描述具体企业的配送功能。

8.1　物流配送的产生和发展

8.1.1　物流配送的产生

几十年来，发达国家为了实现物流合理化，积极进行探索，取得了一定成效，但在经济复兴和经济高速发展时期，其流通状况尚不能令人十分满意。主要存在的问题有：物流分散，生产企业自备车辆，出行混乱；道路拥挤，运输效率低而流通费用上升。当时，日本曾就这方面的情况进行过大量的调查，调查的结果表明，由于社会上自备车辆多、道路拥挤及停车时间长，使得企业收集和发送货物的效率明显下降。

另据有关资料介绍，美国“20世纪财团”也曾进行过一次调查，他们提供了如下数据。“以商品零售价格为基数进行计算，流通费用所占的比例达59%，其中大部分为物流费。”该调查团得出的结论是：“在商品成本中，流通成本确实太大。”流通结构分散和物流费用逐年上升，严重阻碍了生产的发展和企业利润率的提高。在这种形势下，改变传统的物流方式，采用现代化的物流技术，进一步提高物流合理化的程度，自然成了一些国家实业界人士的共同要求，并且就此采取了一系列改革措施。美国企业界人士受流行于第二次世界大战期间的“战时后勤”观念与实践的影响和启发，率先把“战时后勤”的概念引入到了企业的经营管理活动中，推行新的供货方式，将物流中的装卸、搬运、保管、运输等功能一体化和连贯化，取得了很大的成效。与此同时，他们改革不合理的流通体制，改造了原有的仓库。仓库的功能，几千年都是作为保管物品的设施，在社会不断的发展过程中，由于经济的发展，生产总量的逐渐扩大，仓库功能也在不断地演进和分化。在我国，早在闻名于世的京杭大运河进行自南向北的粮食漕运时期，就已经出现了以转运职能为主的仓库设施，明代出现了有别于传统的以储存、储备为主要功能的新型仓库，并且冠以所谓“转搬仓”之名，其主要职能已经从“保管”转变为“转运”。在1949年建国以后，服务于计划经济的分配体制，我国出现了大量以衔接流通为职能的“中转仓库”。中转仓库的进一步发展和这种仓库业务能力的增强，出现了相当规模、相当数量的“储运仓库”。在外国，仓库的专业分工，形成了仓库的两大类型：一类是以长期贮藏为主要功能的“保管仓库”；另一类是以货物的流转为主要功能的“流通仓库”。流通仓库以保管期短、货物出入库频度高为主要特征，这和我国的中转仓库有类似之处，这一功能与传统仓库相比，有很大区别。货物在流通仓库中处于经常运动的状态，停留时间较短，有较高的进出库频度。流通仓库的进一步发展，使仓库和联结仓库的流通渠道形成了一个整体，起到了对整个物流渠道的调节作用，为了和仓库进行区别，越来越多的人将其称之为物流中心或流通中心。配送中心就是适应这种新的经济环境，在仓库不断进化和演变过程中所出现的创新的物流设施。在此期间，不少公司设立了新型的送货方式。在日本，企业界也针对物流中存在的问题开始寻求解决矛盾的方法，在制定物流中心和物流团地（节点）的同时，还积极推行“共同配送制度”。经过不断的变革，一种被日本实业界称为“配送”的物流方式和流通体制便应运而生了。

配送是由送货逐渐演变过来的。一般的送货形态在西方发达国家已经有相当长的历史，可以说是随着市场而诞生的一种必然的市场行为。尤其是伴随资本主义经济的生产过剩，在买方市场情况下，必然采取各种各样的推销手段，送货最初便是作为一种迫不得已的推销手段出现的。

仅将配送作为推销手段而没有认识到它是企业发展的战略手段，这种情况在有些国家持续了很长的时间，甚至在经济发展的高峰时期仍然如此。很多企业直到20世纪70年代仍然将送货看成“无法回避、令人讨厌、费力低效的活动，甚至有碍企业的发展”，这种看法很好地反映了当时的现实。

8.1.2 物流配送的形成

作为一种新型的物流运动，配送首先是在变革和发展仓库业的基础上开展起来的。从某种意义上说，配送也是仓储业功能的扩大和强化。

传统仓库和仓储业是以储存和保管货物（包括生产资料和生活资料）为其职能而设置和形成的，其基本功能是保持储存货物的使用价值，以此为生产的连续运转和生产的正常进行提供物资保障。然而当生产力已经高速发展、生产方式已经发生变革（也即专业化、社会化大生产已经成为社会生产的主要形式）之后，仓储企业如果再单纯地只储存和保管物资，就很难进一步发展。对于生产者（或生产企业）来说，处在社会化大生产和市场竞争的条件下，生产节奏的逐步加快，社会分工的不断扩大，以及竞争的日趋激烈，迫切要求缩短流通时间和减少库存资金的占用量。与此同时，也急需社会上的流通组织提供系列化、一体化和多项目的后勤服务。正是在这样的形势下，许多经济发达国家的仓储业相对调整了内部结构、扩大了业务范围，转变了经营方式。其中不少老式仓库演化成了商品流通中心，其功能由货物“静态储存转变为动态储存”，其业务活动由原来的单纯保管、储存货物改变成了向社会提供多种类的后勤服务，并且将货物的保管、储存、加工、分类、拣选、输送等连成了一个整体。从服务方式上看，变革以后的仓库可以做到主动为客户提供“门到门”的服务（即可以把货物从仓库一直运送到用户的仓库、车间生产线或营业场所）。至此，现代化的物流运动——配送随即形成和推行了起来。

8.1.3 配送的发展

与其他新生事物一样，配送（或配送方式）是伴随着生产的不断发展而发展起来的。

自从第二次世界大战以后，为了满足日益增长的物资需求，西方工业发达国家逐步开始发展配送中心，加速库存物资的周转，打破了仓库的传统观念。

1. 配送的雏形最早出现于20世纪60年代初期　在这个时期，物流运动中的一般性送货开始向备货、送货一体化方向转化。从形态上看，初期的配送只是一种粗放型、单一性的活动。这时的配送活动范围很小，规模也不大。在这个阶段，企业开展配送活动的主要目的是为了促进商品销售和提高其市场占有率。因此，配送主要以促销手段的职能来发挥作用。

2. 20世纪80年代后配送被广泛采用成为多功能的供货活动　20世纪80年代以后，受多种社会以及经济因素的影响，配送有了长足的发展，并且以高技术为支撑手段，形成了系列化、多功能的供货活动。具体表现在：

（1）配送区域进一步扩大　近几年，实施配送的国家已不再限于发达国家，许多次发达国家和发展中国家也按照流通社会化的要求实行了配送制，并积极开展配送。就发达国家而言，20世纪80年代以后，配送的活动范围已经扩大到了省际、国际和洲际。

（2）配送的发展极为迅速　无论是配送的规模、数量，还是配送的方式方法都得到了迅猛的发展。首先，配送中心数量和规模的增加；其次，随着配送货物数量增加，配送中心除了自己直接配送外，还采取转承包的配送策略。而且，在配送实践中，除了存在独立配送、直达配送等一般性的配送形式外，又出现了“共同配送”、“即时配送”等配送方式。这样，配送方式就得到了进一步发展。

（3）配送的技术水平提高、手段日益先进　技术不断更新，劳动手段日益先进，是成熟阶段配送活动的一个重要特征。进入20世纪80年代以后，各种先进技术特别是计算机的应用，使物资配送基本上实现了自动化，发达国家普遍采用诸如自动分拣、光电识别、条码等先进技术，并建立了配套的体系，配备了先进的设备，如无人搬运车、分拣机等，使配送的准确性和效率大大提高。有的工序因采用先进技术和先进设备，工作效率提高了5~10倍。

（4）配送的集约化程度明显提高　20世纪80年代以后，随着市场竞争日趋激烈以及企业兼并速度明显加快，配送企业的数量在逐渐减少。但是，总体的实力和经营规模却在增长，配送的集约化程度不断提高。

（5）配送服务质量提高　在激烈的市场竞争中，配送企业必须保持高质量的服务，否则就可能倒闭。配送服务质量可以归纳为准确和快速，即不出现差错并且供货周期短。

8.2　配送的概念及分类

8.2.1　配送的概念

配送一词属于外来语，源于日本，是在20世纪50年代，日本专家对美国进行访问后提出的新名词。

中国国家标准《物流术语》（GB/T 18354—2006）将配送定义为：“在经济合理区域范围内，根据客户要求，对物品进行拣选、加工、包装、分割、组配等作业，并按时送达指定地点的物流活动”。配送是物流中一种特殊的、综合的活动形式，是商流与物流紧密结合，包含了商流活动和物流活动，也包含了物流中若干功能要素的一种形式。配送的实质是送货，现代物流中的配送同时也是一种资源配置的方式，通过“配”和“送”的有机结合低成本、高效率地满足客户的需求。现代意义上的配送不同于一般性的运送或运输，是建立在备货和配货基础上的满足客户灵活需要的送货活动，是一种以社会分工为基础的、综合的、现代化的送货活动。

8.2.2　配送的内涵

配送的内涵可以概括为以下几个方面：

1. 配送提供的是物流服务，因此满足顾客对物流服务地需求是配送的前提

配送是从客户利益出发，按客户要求进行的一种活动，因此，在观念上必须明确“客户第一”、“质量第一”。配送承运人的地位是服务地位而不是主导地位，因此必须从客户的利益出发，在满足客户利益的基础上取得本企业的利益。本内涵引申出以下两个方面内容：

1）由于在买方市场条件下，顾客的需求是灵活多变的，消费特点是多品种、小批量的，因此从这个意义上说，配送活动绝不是简单的送货活动，而应该是建立在市场营销策划基础上的企业经营活动。

2）由于在买方市场条件下，顾客的需求是灵活多变的，消费特点是多品种、小批量的，因此单一的送货功能，无法较好地满足广大顾客对物流服务的需求，因此配送活动是多项物流活动的统一体。（如我国《物流术语》所述）更有些学者认为。配送就是“小物流”。只是比大物流系统在程度上有些降低和范围上有些缩小罢了。从这个意义上说，配送活动所包含的物流功能，应比我国

《物流术语》提出的功能还要多而全面。

2. 配送是“配”与“送”的有机结合　“合理地配”是“送”的基础和前提，“送”是“合理地配”的结果。这是配送区别于原始送货的根本点。所谓“合理地配”是指在送货活动之前必须依据顾客需求对其进行合理的组织与计划。只有“有组织有计划”地“配”才能实现现代物流管理中所谓的“低成本、快速度”地“送”，进而有效满足顾客的需求。

3. 配送是在积极合理区域范围内的送货　所谓经济合理，是指既要满足客户的需要，又要有利于实现配送的经济效益。一般配送物品的批量小、批次多，所以远距离物品配送规模经济性较差，运力浪费严重。因此，配送不宜在大范围内实施，通常仅局限在一个城市或地区范围内进行。

8.2.3　配送的要素

配送是根据客户的订货要求，在配送中心或物流节点进行货物的集结与组配，以最适合的方式将货物送达客户的全过程。配送包括以下要素：

1. 集货　集货即将分散的或小批量的物品集中起来，以便进行运输，配送的作业。集货是配送的重要环节，为了满足特定客户的配送要求，有时需要把从几家甚至数十家供应商处预订的物品集中，并将要求的物品分配到指定容器和场所。集货是配送的准备工作或基础工作，它通常包括制订进货计划、组织货源、储存保管等基本业务。配送的优势之一，就是可以集中客户进行一定规模的集货。

2. 分拣　分拣是将物品按品种、出入库先后顺序进行分门别类堆放的作业。分拣是配送不同于其他物流形式的功能要素，也是配送成败的一项重要支持性工作。它是完善送货、支持送货准备性工作，是不同配送企业在送货时进行竞争和提高自身经济效益的必然延伸。所以，也可以说分拣是送货向高级形式发展的必然要求。有了分拣，就会大大提高送货服务水平和送货效率。

3. 配货　配货是使用各种拣选取设备和传输装置，将存放的物品，按客户要求分拣出来，配备齐全，送入指定发货地点。它与分拣作业不可分割，二者一起构成了一项完整的作业。分拣配货可实现高水平送货，达到客户的要求。

4. 配装　在单个客户配送数量不能达到车辆的有效运载负荷时，就存在如何集中不同客户的配送货物，进行搭配装载以充分利用运能、运力的问题，这就需要配装。跟一般送货不同之处在于，通过配装送货可以大大提高送货水平及降低送货成本，减少运次，同时能缓解交通流量过大造成的交通堵塞，降低空气污染。所以配装也是配送系统中有现代特点的功能要素，也是现代配送不同于已往送货的重要区别之一。

5. 配送运输　运输中的末端运输、支线运输和一般运输形态的主要区别在于：配送运输是较短距离、较小规模、额度较高的运输形式，一般使用汽车做运输工具。它与干线运输的另一个区别是，配送运输的路线选择问题是一般干线运输所没有的，干线运输的干线是唯一的运输线，而配送运输由于配送客户多，一般城市交通路线又较复杂，如何组合成最佳路线，如何使配装和路线有效搭配等，是配送运输的特点，也是难度较大的工作，对于较为复杂的配送运输需要用数学模型规划整合来取得较好的运输效果。

6. 送达服务　将配好的货运输到客户处，还不算配送工作的结束，这是因为送达货物和客户接货的过程往往还会出现不协调，使配送前功尽弃。因此，要圆满地实现货物的移交，并有效地、方便地处理相关手续并完成结算，还应讲究卸货地点、卸货方式等。送达服务也是配送独具的特殊性。

7. 配送加工　配送加工是按照配送客户的要求所进行的流通加工。在配送活动中，为便于流通和消费，改进商品质量，促进商品销售，有时需要根据客户的要求，对商品进行套裁、简单组装、分装、贴标、包装等加工活动；有时是为了提高配送的效率而进行加工。在配送中，配送加工这一功能要素不具有普遍性，但往往是有重要作用的功能要素。这是因为通过配送加工，可以大大提高客户的满意程度。配送加工是流通加工的一种，但配送加工有它不同于流通加工的特点，即配送加工一般只取决于客户要求，其加工的目的较为单一。

8.2.4　配送的分类

1. 按实施配送的节点不同进行分类

（1）配送中心配送　组织者是专职从事配送的配送中心，规模较大，有的配送中心需要储存各种商品，储存量也比较大。有的配送中心专职于配送，储存量较小，货源靠附近的仓库补充。配送中心配送覆盖面较宽，配送规模较大。因此必须有一套配套的大规模实施配送的设施。例如，配送中心建筑、车辆、路线等，一旦建成便很难改变，灵活机动性较差，投资较高，在实施配送时难以一下子大量建设配送中心。因此，这种配送形式有一定的局限性。

（2）仓库配送　以传统的仓库为据点而实施的配送形式。它可以是把仓库完全改造成配送中心；也可以是以仓库原功能为主，在保持原功能的前提下，增加一部分配送职能。由于不是专门按配送中心要求设计和建立的，所以仓库配送规模较小，配送的专业化程度低。

（3）商店配送　这是以商店为据点组织的配送活动。组织者是商业或物资的门市网点，这些网点主要承担商品的零售，规模一般不大，但经营品种较齐全。这种配送组织者实力有限，往往只是小批量、零星商品的配送。

（4）厂矿企业配送　它是以工矿企业成品库为据点开展的配送活动。

2. 按配送商品的种类和数量的多少进行分类

（1）单（少）品种大批量配送　当生产企业所需的物资品种较少，或只需某个品种的物资，而需要量较大、较稳定时，可实行此种配送形式。这种形式多由生产企业直送客户，但为了降低客户库存量，也可由配送中心进行配送。

（2）多品种少批量配送　在现代化生产发展过程中，由于消费者的需求在不断发生变化，市场的供求状况也随之变化。这就促使生产企业的生产向多样化方面发展，消费者需求的变化，也引起了企业对产品配送需求方面的变化，在配送上也应按照客户要求，随时改变配送物资的品种和数量，或增加配送次数。这样，一种多品种、少批量、多批次的配送形式也就应运而生。

（3）配套成套配送　这是一种为满足装配企业的生产需要，按其生产进度，将装配的各种零配件、部件、成套设备定时送达生产线进行组装的配送形式。

3. 按配送时间和数量的多少进行分类

（1）定时配送　按规定时间或时间间隔进行的配送称为定时配送。定时配送的时间，由配送的供给与需求双方通过协议确认。由于时间确定，客户易于根据自己的经营情况，按照最理想的时间进货，也易于安排接货力量。对于配送供给企业而言，也易于安排工作计划，有利于对多个客户实行共同配送，以减少成本投入，但是，由于配送物品种类变化，配货、装货难度较大，因此如果要求配送数量变化较大时，也会使安排配送运力出现困难。

（2）定量配送　按照规定的批量，在一个指定的时间范围内进行配送。这种配送方式数量固定，备货工作较为简单，可以根据托盘、集装箱及车辆的装载能力规定配送的定量，能够有效利用托盘、集装箱等集装方式，也可做到整车配送，配送效率较高。由于时间不严格限定，因此可以将不同客户所需的物品凑成整车后配送，运力得以很好地利用。对于客户来讲，每次接货都处理同等数量的货物，有利于人力、物力的准备工作。

（3）定时定量配送　定时定量配送指按照规定的配送时间和配送数量进行配送，兼有定时、定量两种方式的优点，是一种精密的配送服务方式。这种方式要求有较高的服务质量水平，组织工作难度很大，通常针对固定客户进行这项服务。由于适合采用的对象不多，很难实行共同配送等配送方式，因而成本较高，在客户有特殊要求时采用，不是一种普遍适用的方式。

（4）定时定路线配送　在规定的运行路线上，制定配送车辆到达的时间表，按运行时间表进行配送的一种配送方式。采用这种方式有利于配送企业计划安排车辆和驾驶人员，可以依次对多个客户实行共同配送，比较容易管理，配送成本较低。对客户而言，可以在确定的路线、确定的时间表上进行选择，又可以有计划地安排接货力量，客户也乐于接受这种服务方式。

（5）即时配送　完全按照客户突然提出的时间、数量方面的配送要求，随即进行配送的方式。

4. 按经营形式不同进行分类

（1）销售配送　这种配送方式是指配送企业是销售性企业，或者是指销售企业作为销售战略一环所进行的促销型配送。一般来讲，这种配送的配送对象是不固定的，客户也往往是不固定的，配送对象和客户往往是根据对市场的占有情况而定。其配送的经营状况也取决于市场状况，因此，这种形式的配送随机性较强，而计划性较差。各种类型的商店配送一般多属于销售配送。

（2）供应配送　供应配送是指客户为了自己的供应需要所采取的配送形式。在这种配送形式下，一般来讲是由客户或客户集团组建配送据点，集中组织大批量进货（以便取得批量折扣），然后向本企业配送或向本企业集团若干企业配送。在大型企业或企业集团或联合公司中，常常采用这种配送形式组织对本企业的供应，如商业中广泛采用的连锁商店，就常常采用这种方式。用配送方式进行供应，是保证供应水平、提高供应能力、降低供应成本的重要方式。

（3）销售—供应一体化配送　此配送形式是配送经营中的重要形式，这种形式有利于形成稳定的供需关系，有利于采取先进的计划手段和技术手段，有利于保持流通渠道的畅通稳定，因而受到人们的关注。

（4）代存代供配送　是指客户将属于自己的货物委托给配送企业代存、代供，有时还委托代订，然后组织对本身的配送。这种配送在实施时不发生物品所有权的转移，配送企业只是客户的委托代理人。物品所有权在配送前后都属于客户所有，所发生的仅是商品物理位置的转移。配送企业仅从代存、代送中获取收益，而不能获得物品销售的经营性收益。在这种配送方式下，商物是分流的。

8.2.5　配送的特点

1. 配送是从物流据点至用户的一种特殊送货形式　配送与一般送货的区别在于。一般的企业送货是生产什么就送什么，而配送则是依据用户的要求送货；一般送货是工厂直达送货（直接送到用户手中），而配送是“中转”型送货；配送中向用户送货的不是物品的生产企业，而是专门从事物流或配送业务的企业，如配送中心、第三方物流公司等。

2. 配送是“配”和“送”的有机结合　根据用户订货所要求的商品品种、规格、等级、型号、数量等在物流据点经过拣选、组配后，将分拣的商品送交用户。配送中含有大量的分拣、配货、配装等工作，“配”是“送”的前提和条件，“送”是“配”的完成和实现。

3. 配送是一种门到门的运输服务形式　配送是按照用户的订货要求，将物品从物流据点送到用户指定交货地点（仓库、车间、营业所、住宅、生产线）的运送服务，是一种“门到门”的服务形式。

4. 运载工具比较单一　一般配送的运输距离短、批量小、品种多、时间性强，配送所采用的运载工具较为单一，通常为汽车。

8.3 配送的功能和作用

8.3.1 配送的功能

配送的基本功能包括备货、储存、理货、配装和送货等。这些功能的实现，便形成了备货、储存、理货（拣选配货）、配装和送货（运输与送达服务）等配送业务各个环节。

1. 备货　备货是配送的准备工作和基本环节。备货工作包括组织货源、订货、采购、进货、验货、入库、质量检验、结算等一系列作业活动。备货的目的在于把用户的分散需求集合成规模需求，通过大批量的采购，来降低进货成本，在满足用户要求的同时也提高了配送的效益。

2. 储存　储存是进货的延续，是维系配送活动连续运行的资源保证。它包括入库、码垛、上架、上苫下垫、货区标识、货物的维护、保养等活动。在配送活动中，储存有暂存和储备两种形态。

1）暂存形态的储存是指按照分拣、配货工序的要求，在理货场地所做的少量货物储存。这种形态的储存是为了适应“日配”、“即时配送”的需要而设置的；其数量的多少，只会影响到下一步工序的方便与否，而不会影响到储存的总体效益。因此，在数量上并不作严格控制。在分拣、配货之后，还会出现一种发送货物之前的暂存。这种形式的暂存时间一般不长，主要是为调节配货和送货的节奏而设置的。

2）储备形态的储存是按一定时期的配送经营要求和货源到货情况而设置的，它是配送持续运作的资源保证。这种形态的储备数量大，结构较完善。可根据货源和到货情况，有计划地确定周转储备及保险储备的结构和数量。因为物品储备合理与否，会直接影响到配送的整体效益。储备形态的储存可以在配送中心的自由库房和货场中进行，也可以在配送中心以外租借的库房和货场中进行。

3. 理货　理货是配送活动中的一个重要内容。理货通常包括分类、拣选、加工、包装、配货、粘贴货运标志、出库、补货等项作业。理货是各配送企业在送货时进行竞争和提高自身经济效益的重要手段。所以从某种意义上说，理货环节抓得好坏，直接关系到配送企业所创造的附加效益的好坏。

4. 配装　配装是送货的前奏，是根据运载工具的运能，合理配载的作业活动。在单个客户的配送量达不到运载工具的有效载荷时，为了充分利用运能和运力，往往需要把不同客户的配送货物集中起来搭配装载，以提高运送效率，降低送货成本。所以配装也是配送系统中一个重要的环节。配装一般包括粘贴或附加关于物品重量、数量、类别、物理特性、体积大小、送达地、货主等的标志，并登记和填写送货单、装载、覆盖、困扎固定等项作业。

5. 送货　送货是配送活动的核心，也是配送的最终环节。要求做到确保在恰当的时间，将恰当的物品、恰当的数量，以恰当的成本送达恰当的客户。由于配送中的送货（或运输）需面对众多的客户，大多数的运送也是多方向的。因此，在送达过程中，必须对运输方式，运送路线和运送工具作出规划和选择。选择时要贯彻经济合理、力求最优的原则。在全面计划的基础上，制订科学的、运距较短的货运路线，选择经济、迅速、安全的运输方式，采用适宜的运输工具。一般而言，城市或区域内的送货，由于距离较短、规模较小、频率较高，往往采用汽车、专用车等作为运输工具。送货一般包括运送路线、方式、工具的选择，卸货地点及方式的确定，交付、签收和结算等项内容。

8.3.2　配送的意义

配送是物流活动的重要环节，做好配送工作具有十分重要的意义，概括为以下几点：

1. 配送完善了输送及整个物流系统　配送环节处于支线运输，灵活性、适应性、服务性都较强，能将支线运输与小搬运统一起来；使运输过程得以优化和完善。

2. 配送提高了物流系统的经济效益　配送中心可以做到以优惠价格进货，同时采取将各种商品配齐集中起来向用户配送或将多个客户小批量商品集中在一起进行配送的方式，提高了物流系统的经济效益。

3. 通过集中库存，可使企业实现低库存或零库存　配送中心集中采购、储存，生产企业可以节约大量库存资金、改善财务状况并降低成本。

4. 手续简便、方便客户　一般情况下，客户只需要向配送中心一处订购，就能满足采购要求，减少了同时向多处订货的费用和开支。

5. 提高了供应保证程度　一般配送中心的规模较大，物品齐全，提高了物品的供应率，降低了客户因缺货而影响生产的风险。

8.3.3　配送的作用

1）推行配送有利于物流运动实现合理化。

2）完善了运输和整个物流系统。

3）提高了末端物流的效益。

4）通过集中库存使企业实现低库存或零库存。

5）简化事务，方便客户。

6）提高供应保证程度。

7）配送为电子商务的发展提供了基础和支持。

8.4 物流现状及发展趋势

8.4.1 中国物流现状

物流，被业界称为“第三利润源”，被媒体称为“21 世纪最大的行业”，被老百姓称为“金饭碗”。物流概念引入我国不过十几年，在这期间，许多的物流园区，物流企业应运而生。现代物流业已经被确定为我国国民经济的重要产业和经济发展的新增长点。我国东部地区有许多城市在完成物流规划后，将开始招商引资；国家计委、国家经贸委将出台全国物流业发展总体规划设想与有关产业政策，对具备较强实力的物流企业予以扶持，地方政府特别是沿海一些省、市也将逐步出台支持物流业发展的相关政策；一部分工业与流通企业，特别是外商独资与中外合资企业为降低成本、提高竞争力，将首先释放大量的物流需求，如家电、服装、汽车、日化、连锁零售、饮料、医药、烟草等行业，预计未来 10 年内，与物流相关的服务收入每年将有 20% 的增长幅度。那么，我们拿什么技术掌握这个领域的主动权呢？今天，相当数量的中国物流企业的老板尚不了解何谓现代物流技术，现代物流技术发展水平落后已成为制约我国物流产业发展的技术瓶颈。而现代化物流技术在物流领域中应用水平较低的现实，不仅影响其发展和市场规模的扩大，而且影响着整个行业的经营服务手段、运行方式、组织形式的创新和发展，制约着市场竞争程度和自动化水平的提高。因此，发展我国现代物流技术已成为摆在我们面前的当务之急。现代物流是提高企业经济效益的重要源泉，它以高新技术为基础的先进经营方式和管理方式，将有效地整合资源，降低成本，提高效率，进一步改善投资环境，扩大对外开放，促进国内物流业持续发展，加快流通现代化、规范市场经济秩序，加快企业及产业结构调整，大大提高整个社会生产力和市场竞争力。

近年来，我国经济中出现的许多物流企业，主要由三部分组成。

1）国际物流企业。这些国际物流公司一方面为其原有的客户——跨国公司进入中国市场提供延伸物流服务；另一方面，针对中国市场正在生成的专业化物流服务需求提供的服务。

2）由传统运输、储运及批发贸易企业转变形成的物流企业。它们依托原有的物流业务基础和在客户、设施、经营网络等方面的优势，通过不断拓展和延伸物流服务，逐步向现代物流企业转化。

3）新兴的专业化物流企业。这些企业依靠先进的经营理念、多样化的服务手段、科学的管理模式在竞争中赢得了市场地位，成为我国物流产业发展中一个不容忽视的力量。

8.4.2 第三方物流市场现状

从现代意义上讲第三方物流是一个具有10~15年历史的行业。在美国第三方物流业被认为尚处于生命周期的发展期；在欧洲，尤其是在英国，普遍认为第三方物流市场有一定的成熟程度。由此可见全世界的第三方物流具有潜力大、渐进性和高增长率的特性。这种情况使第三方物流业拥有大量服务供求者。

我国第三方物流市场潜力大、发展迅速，处于发展初期，而且呈地域性集中分布。中国第三方物流供应商功能单一，增值服务薄弱。整个第三方物流市场还相当分散，第三方物流企业规模小，没有一家的物流服务供应商拥有超过2%的市场份额。

通过对我国第三方物流需求现状及趋势的分析，我国第三方物流需求状况及对第三方物流供应方的要求大致如下：一方面，第三方物流市场潜力巨大，随着我国的经济增长速度进一步提高，物流需求量随之也将大大增加，企业的即时性及个性化服务化需求也会增多；另一方面，目前第三方物流的有效需求还不足，由于企业自身拥有物流设施，自营物流的比例很大，扩大市场，则需要物流企业去主动开发，进一步挖掘潜在的客户需求，帮助企业组织并为其提供全方位、个性化服务。目前，第三方物流需求存在着明显的地域和行业分布特点。现需求主要来自东部沿海经济发达地区，来自市场发育较成熟的几大行业，而且不同行业有着不同的个性化需求。因此，物流企业要做好市场调查，做到定位准确，合理确定自身业务重点及积极配置资源，为进入新市场做好准备工作。企业目前对第三方物流服务需求的层次还不高、局限性明显，物流的主要业务仍以外包为主、集中在销售物流业务，对企业的服务需求仍集中在传统仓储、运输等传统性基本服务上，还未真正参与组织物流及提供个性服务。物流企业应做好客户目前及潜在需求的调查，从最基本的服务入手，贴近客户需求，塑造自身的核心能力。企业正逐渐向按需生产和零库存过渡，对成本和服务越来越重视，国际化经营的增多，需要快速响应的物流系统和全球化的物流系统来支持，而物流企业真正要做到这两点，实现信息化是运作的关键。

8.4.3 我国物流外包的需求状况

客户对第三方物流需求千差万别，物流外包将是一个渐进的过程。

1. 第三方物流面临的挑战　对客户而言，降低成本和周期，提高服务水平是第三方物流面临的主要挑战，但不同行业重点不一。

2. 客户眼中国际和国内物流供应商各自的优势　客户认为国际物流供应商在IT系统、行业以及专业方面具有较为丰富的经验。同时，他们认为我国物流供应商在成本、本地经验与国内网络方面的优势较为显著。这一结果同时证实了国内物流供应商同国际物流供应商建立战略联盟的协调效应。

3. 中国第三方物流市场的重点　我国企业，尤其是传统的我国国有企业使用第三方物流服务的比例较少。与此相反，在我国的跨国企业在外包物流方面的脚步最快，是目前我国第三方物流市场的重点。但这些跨国公司在外包时也十分谨慎。

4. 客户外包物流的原因　首先是为了降低物流成本，然后是为了强化核心业务，第三是为了改善与提高物流服务水平与质量。客户在选择第三方物流企业时，首先注重行业与运营经验即服务能力；第二注重品牌声誉；第三注重网络覆盖率，然后注重较低的价格。

5. 使用第三方物流的客户中，有超过30%的客户对第三方物流企业不满意　不满意最多的是物流供应商的信息技术系统很差，信息反馈有限；互相之间沟通不顺畅，供方不了解需方的情况变化；缺乏标准化的运作程序，导致各地区的服务水平参差不齐；无法提供整体解决方案等。

6. 分销商的外包量增加　第三方物流促使原材料供应以及物品销售都有了大幅度提高，分销商物流的外包量将从目前的略高于25%，增加到65%。

8.4.4　我国第三方物流企业现状

第三方物流企业发展很快，但面临一些共有的挑战，也存在各自的困难，许多第三方物流企业正在寻求合作，以提高服务能力。我国第三方物流企业基本上具有以下特点：

1. 不同的第三方物流供应商具有不同特点　不同的第三方物流供应商，有着各自的优势与劣势，并设立了不同的目标和方向。

2. 目前我国与外国第三方物流供应商在运营过程中，各有侧重　国外的第三方物流供应商主要关注进出口物流，约占业务收入的70%，所以他们的服务客户98%是外商独资或中外合资企业等外国客户。我国的第三方物流服务供应商更注重国内物流的商机，其收入占总收入88%，按调查企业分，56%为外国客户服务，44%为国内客户服务。

3. 第三方物流供应商认为，吸引物流需求客户存在三大障碍　一是生产与流通企业有较大物流能力，物流外包就意味着裁员和资产出售；二是客户对第三方物流缺乏认识；三是对现在的第三方物流企业能否降低成本，能否提供优质服务缺乏信心。

4. 国际物流供应商在我国寻找合作伙伴　大多数国际的物流供应商正在寻找在我国的合作伙伴，以获得迅速进入市场的机会，但迄今为止，他们很难找到合适的对等的本地合作伙伴。造成这一困难的原因在于国内的物流供应商，尽管非常希望从国际的同行那里获得行业运作的知识及其国际网络，但并不愿意让国际的合作方在他们的市场获得资产所有权和管理权。

5. 第三方物流供应商普遍希望改善我国当前的物流发展环境　我国的物流服务供应商认为缺乏物流人才是他们面临的最大挑战，国外供应商认为“政府限制”是首要挑战。诸如政策环境涉及运营许可、跨省运输、登记注册、税收政策和行业标准等。

6. 第三方物流供应商面临的挑战　第三方物流供应商普遍认为在我国第三方物流市场发展的初期，获取利润并快速成长是一件很难的事。第三方物流供应商首先从提供基础物流服务开始，展示他们有能力把这些服务做得最好，随后才开始提供高附加值的服务。即使基础服务的利润率比较低，但只有通过把这些服务做好了，才能说服顾客外包更复杂的整合的供应链管理。在一开始利润率较低的时期，应当避免过度投资，但应当购买一些必要的资产，以确保其对运营的控制和对客户的信誉度。物流供应商还应当在那些潜在的高利润的并且与其自身能力相匹配的领域投资。如何在这些方面合理平衡，做出明智的选择，将是在中国第三方物流市场制胜的法宝。

8.4.5　我国物流发展趋势

总的来说，我国的物流主要是在美国与日本专家培养和理论影响下成长起来的，发展过程经过了较长的时间和曲折的道路。我国物流企业只有了解了自己和巨头的差距、洞察全球一体化后，我国物流的发展趋势才能在新的竞争和发展中寻求良机，真正快马加鞭地跟上世界的步伐。那么世界物流经济的发展将呈现怎样的趋势呢？有三大趋势将成为必然，也就是说把握住了这三大趋势也就把握住了未来物流发展的脉搏。

1. 趋势一：物流信息网络化　随着世界经济一体化和网络技术的发展，信息资源共享互通将成为企业发展壮大的必然手段，以网络系统提供服务可以产生特殊的规模经济效应，物流企业的覆盖地域越广，客户越多，就越有利于降低物流成本。

2. 趋势二：强强联手，提高自我　在经济学界有个著名的“马太效应”定律：强者越强，弱者越弱。随着世界经济资源集中度的进一步加大，马太效应将越来越明显。一家独大的垄断在自由竞争的环境中已经成为一种“幻想”，强强联手将成为另一个重要趋势。

3. 趋势三：供应链资源的整合　加入WTO以后，以电子商务、供应链软件集成和第三方物流为特征的物流企业将对企业的服务、系统能力要求更加严格，供应链的整合成为了当务之急。

案例分析8

餐饮企业吉野家物流配送信息管理

吉野家创业于1899年，具有一百多年的历史，以牛肉饭经营为主，并积极开展和促进包括多种经营在内的其他形式的餐饮事业，如DQ的冰淇淋店。此外，吉野家还面向北京、上海、中国台湾、中国香港、纽约、加州、菲律宾、新加坡、马来西亚等市场扩展业务，积极从事全球化经营。

吉野家物流配送信息管理系统从逻辑上划分为五个业务中心：

门店联络中心（门店客户部）实现物流配送工作人员与门店客户进行联络、交互的功能。公司总部采购可以通过Web/VPN交互式服务确认身份和服务请求，通过对供货商的管理和合同管理、商品管理的处理，及时生成详细的采购订单需求，传送给其他子系统，完成各项功能，答复相关部门的请求。每天来自门店的领料单通过邮件方式接收并检验导入，生成门店需要的配送单，提高门店的作业效率和生产成本。

加工配送中心（加工管理部与运输管理部）每天根据每个门店所需要的货品，下达加工生产任务，把配送计划工作分配给各个配送部门，并且根据门店领料单生成的门店配送单和配送线路汇总单，结合自身和外部公司的运输配送能力进行有效的物流服务，并提供运送服务平台。通过对整个物流配送任务的运行过程进行实时服务跟踪，提高整个配送过程的服务质量和客户满意度。

仓储物流中心（物流管理部和仓储管理部）物流信息系统是一个多层次的管理系统，可分别从组织架构的级别、类别，管理区域的经营参数、经营配置，不同库别的货区、货位，库存的进出批次、单件与单品等不同角度反映物品的数量、库存成本和资金占用情况，从而帮助仓库管理人员对库存物品的入库、出库、调拨移动和库存盘点、成本核算、报表分析等操作进行全面的控制和管理，以降低库存，减少资金占用，杜绝物料积压与短缺现象。

营销管理中心（总部采购部）总部采购管理是整个系统的核心控制所在，汇聚了公司各部门的数据并以此对其他部分进行控制和监督。根据公司营运部门店发展计划和门店的每周、每月千元用量，参照1.5倍安全库存和0.5最低库存系数，建立有效的库存管理。同时建立起市场门店开发筹备计划、财务管理、分析报表、绩效考核管理等辅助决策的支持。

信息管理中心（总部信息部）作为整个系统的管理部门，对于系统的正常维护、使用起到关键作用，保证系统从整体参数设置、权限分配、组织架构设置、经营配置、数据的备份与恢复、虚拟网络管理，到具体的业务运作，做到对系统多方面的支持与维护，保证系统正常运转和业务的信息畅通。

经过一段时间的运行，吉野家公司的物流配送系统，可以做到方便地接收来自供货商的订货送货和门店的领料补货配送，及时进行各项业务处理，支持多门店的开发需求，同时，建立起了完整的仓储管理和运输管理功能，确保及时响应门店客户需求，监控订单执行情况，高效完成配送作业。

吉野家物流配送系统良好的实施效果还体现在：

充分利用资源。在物流管理中，成本可变性最大的就是库存，因此库存的管理在物流管理乃至整个供应链中都是一个重要的环节。这套系统采用了动态库存管理的设计，使管理者可及时了解和控制库存业务各方面的情况和数据，并且多层次地管理系统，可以从多种角度反映物品的库存情况。

合理调配资金周转。资金的周转在企业的运行中起着非常重要的作用。运用物流管理系统，管理者和生产厂商及其代理可了解到相应的库存统计数据，还能够监测到每一个订单的执行情况，根据最新的市场动态及时调配资金运转，制定门店发展计划。

提高客户服务水平。在为门店客户提供服务的过程中，采购部门和配送部门密切合作，让门店客户放心物品的品质、安全性、准确性和及时性。考虑到采购部门的切实需求，吉野家采购部门提供了专用窗口、特别权限和密码，客户可以在总部以在线的方式监控订单的执行过程及物品的运送情况，还可查询以往的订单情况。

节约物流配送成本。在物流企业的运营成本中，与客户联络和信息交流的费用也是不可忽视的。传统的交流方式如传真、电话、长途通信等费用成本很高，这一物流管理系统采用了 Web 邮件和 VPN 网络技术，不仅节约了订单运转的时间，而且避免了手工操作容易发生的各种错误，提高了管理水平，也降低了费用支出。

资料来源：中华物流考试网。

思考题：

1. 吉野家物流配送信息管理系统功能有哪些？
2. 吉野家物流配送信息管理系统优势是什么？

思考与练习

1. 如何理解配送的概念？配送有哪些特点？
2. 配送包括哪些基本环节？
3. 配送如何分类？
4. 配送的功能有哪些？

第9章 配 送 中 心

【本章学习目标】

掌握配送中心的概念、功能、类型；了解配送中心的地位。

9.1 配送中心的基本概念

根据中华人民共和国国家标准《物流术语》（GB/T 18354—2001），配送中心被定义为：从事配送业务的物流场所或组织，应基本符合下列要求：

1）主要为特定的客户服务。

2）配送功能健全。

3）辐射范围小。

4）多品种、小批量、多批次、短周期。

5）主要为末端客户提供配送服务。

一般来说，配送中心是从事集货、加工、分货、拣选、配选和组织对特定用户送货业务的，以高水平实现销售或供应的现代流通服务场所和组织。

鉴于配送中心的概念，对配送中心可以从以下角度进一步理解：

1）配送中心的“配送”工作是其主要、独特的工作，是全部由配送中心完成的。

2）配送中心为了实现配送，要进行必要的货物储备。

3）配送中心可以按一定的配送辐射范围完全自行承担送货，也可以利用社会运输企业完成送货。配送中心是配送的组织者。

4）配送中心利用配送信息网络实现其配送活动，将配送活动与销售或供应等经营活动相结合，因而它不是单纯从事物流配送活动。

5）在配送中心中，为了能更好地进行送货的组织，必须采取零星集货、批量进货等种种资源搜集工作和对货物的分拣、配备等工作，因此，它具有集货中心、分货中心的职能。为了更有效地配送，配送中心往往还有比较强的流通加工能力。配送中心实际上是集货中心、分货中心、加工中心的综合。

6）配送中心是“现代流通设施”，在这个流通设施中，以现代装备和工艺为基础，不但处理商流，而且处理物流，配送中心是兼有商流、物流全功能的流通设施。由此可见，配送中心是从供应者手中接收多种大量的货物，进行倒装、分类、保管、流通加工和情报处理等作业，然后按照众多需求者的订货要求备齐货物，针对特定用户，以令人满意的服务水平进行配送的设施。

7）配送中心是在物流领域中社会分工、专业分工进一步细化的产物。配送中心现在不但要承担起物流节点的功能，还要起到衔接不同运输方式和不同规模的运输的功能。

总体来说，配送中心的主要工作是进行货物配备、供应或销售。是联结生产与消费的流通节点，是产生时间和空间效用的物流设施。配送中心是物流领域中社会分工、专业分工进一步细化之后产生的。在新型配送中心没有建立起来之前，配送中心现在承担的某些职能是在转运型节点中完成的。今后此类中心一部分将向纯粹的转运站发展以衔接不同的运输方式和不同规模的运输，一部分则增强了“送”的职能，并会朝着更高级的“配”的方向发展。

9.2　配送中心的地位及功能

9.2.1　配送中心的地位

无论从现代物流学科建设方面还是从经济发展的要求方面来讲，都需要对配送中心的地位有一个明确的界定。从物流系统出发，配送中心的地位界定主要从以下几方面来考虑。

1. 层次关系　在整个物流系统中，流通中心定位于商流、物流、信息流、资金流的综合汇集地，具有非常完善的功能；配送中心定位于物流、信息流、资金流的综合设施，其涵盖面较流通中心低，属于第二个层次的中心。配送中心如果具有商流职能，则属于流通中心的一种类型，如果只有物流职能则属于配送中心的一种类型，可以被流通中心或配送中心所覆盖，属于第三个层次的中心。

2. 横向关系　从横向来看，与配送中心作用大体相当的物流设施有仓库、货栈和货运站等。这些设施都可以处于末端物流的位置，实现资源的最终配置。不同的是，配送中心是进行配送的专门设施，而其他设施可以进行取货、一般送货，而不是按照配送要求有完善组织和设备的专业化流通设施。

3. 纵向关系　如果将物流过程按纵向顺序划分为物流准备过程、首端物流过程、干线物流过程、末端物流过程，配送中心是处于末端物流过程的起点。它所处的位置是直接面向客户的位置，因此，它不仅承担直接对客户服务的功能，而且发挥根据客户的要求，指导物流全过程的作用。

4. 系统角度　在整个物流系统中，配送中心在系统中的作用，是提高整个系统的运行水平。尤其是现代物流利用集装方式将物流对象做了很大的分流，所剩下的主要是多批量、多品种、小批量、多批次的货物，这种类型的货物难以通过传统物流系统提高物流效率。在包含着配送中心的物流系统中，配送中心对整个系统的效率提高起着决定性的作用。所以，在包含了配送中心的大物流系统中，配送中心处于重要的位置。

5. 功能角度　配送中心的功能，是通过配货和送货完成资源的最终配置。配送中心的主要功能是围绕配货和送货而确定的，如有关的信息活动、交易活动、结算活动等虽然也是配送中心不可缺的功能，但是它们必然服务和服从于配货和送货这两项主要的功能。

9.2.2　配送中心的功能

一个较为完善的配送中心，应该具备下列基本功能：

1. 采购功能　配送中心只有采购到所要供应配送的商品，方能及时、准确无误地为其用户即生产企业或商业企业供应物资。为此，针对市场的供求变化情况制订和及时调整统一而周全的采购计划，并由专门的人员与部门组织实施的采购活动是配送中心的首要功能。

2. 储存功能　配送中心的服务对象是为数众多的生产企业和商业网点，配送中心的职能和作用是按照客户的要求及时将各种装配好的货物交送到客户手中，满足生产和消费需要。为顺畅而有序地完成向客户配送货物的任务，更好地发挥保障生产和消费需要的作用，配送中心通常都要兴建现代化的仓库并配备一定数量的仓储设备，储存一定数量的商品。某些区域性大型配送中心和开展“代理交货”配送业务的配送中心，不但要在配送货物的过程中储存货物，而且所储存的货物数量往往更大，品种更多。

3. 分拣功能　作为物流节点的配送中心，其服务对象众多。在这些客户中，经营范围不尽相同，经营规模也不一样，在订货或进货时，各自对物品的品种、规格、型号、数量、质量、送达时间和地点等会提出不同的要求。面对这种情况，为了能够有效地同时向不同的客户配送多种货物，配送中心必须采取适当的方式对接收到的货物进行拣选，并在此基础上按照配送计划分装和装配货物。

4. 分装功能　提供产品的企业常常通过大批量生产来降低生产成本，但使用物品的客户为了降低库存、加快资金周转、减少资金占用，则往往采用小批量进货的方法。配送中心为了满足双方客户的要求，在大量购进产品后，需就地分装，然后再实施配送。

5. 集散功能　集散功能是配送中心应具备的一项基本功能。配送中心凭借其特殊的地位和拥有的各种先进的设施和设备，将分散在各个生产企业的产品集中到一起后，经过分拣、配装，把各个客户所需要的多种物品有效地集合在一起，形成经济、合理的货载批量向多家客户发运。实践证明，利用配送中心来集散物品，可以提高卡车等运输工具的满载率，降低物流成本。

6. 加工功能　为了扩大经营范围和提高配送水平，目前，国内外许多配送中心都配备了各种简单加工设备。这些配送中心能够按照客户提出的要求和根据合理配送商品的原则，将组织进来的货物加工成一定的规格、尺寸和形状。这种业务的开展，不但大大方便了客户，省却了后者不少烦琐的劳动，而且也大大提高了物质资源的利用率和配送效率，客观上强化了配送中心的整体功能。

9.3 配送中心的类型

物流配送的综合性和专业性，要求配送中心的类型必须多种多样，既要有一定数量的大型综合性配送中心，又需要建立一批特殊的专业性配送中心，现结合实际的运作情况，将配送中心按照不同的标准分为以下几种类型：

9.3.1 按经营主体划分

1. 厂商主导型配送中心　厂商主导型配送中心是指以生产企业为主体建立的配送中心。对于实力雄厚的特大型生产厂家来说，通过配送中心的设立，形成具有特色的产供销一体化的经营体制，以此来增强市场竞争能力，保持市场占有率。建立以配送中心为核心的物流系统，有利于缩短物流距离，减少中间环节，将物品在最短的时间内以较低的物流成本推向市场，在维持产品的低价格水平的基础上，获得较高的收益。通常，家用电器、汽车、化妆品、食品等厂家多采取这种形式。

2. 批发商主导型配送中心　批发商主导型配送中心是指以批发企业为主体建立的配送中心。这种配送中心是作为批发商从厂家购进物品，向零售企业，如连锁零售企业的配送中心或店铺直接配送物品的物流基地。为满足零售商日益增加的需求，批发商必须在订货周期、送货时间等方面不断加以改进，提高服务水平。为了强化批发为零售服务的职能，有的批发企业成立了自由连锁集团。它在了解零售店铺经营需求的基础上，采取多种措施支持零售店铺的运营。例如，通过分析零售店铺在经营中遇到的困难以及准备采取的对策，归纳出零售商对服务的要求，即完备的物流功能、低廉的进货价格、齐全的物品品种、及时地提供信息以及销售预测准确等。

3. 零售商主导型配送中心　零售商主导型配送中心是指零售企业（包括不同业态的连锁企业和大型零售业），为了减少流通环节，降低物流成本，把来自不同进货者的货物在配送中心集中分拣、加工等，然后按其所属的店铺进行配送的配送中心。

4. 物流企业主导型配送中心　物流企业主导型配送中心是指由物流企业建设的面向货主企业提供配送服务的配送中心。其服务对象一般比较固定，物流企业在与货主企业签订长期物流服务合同的基础上，代理企业开展配送业务，属于第三方服务形态。物流企业提供的不仅是设施和保管、配送等作业服务，而且为货主企业提供物流信息系统和配送管理系统，并对配送系统的运营负责。还有一种情况是配送中心的硬件设施属于货主企业或物流设施提供商，但配送中心的运营由物流企业负责，信息系统等软件设施也由物流企业提供。

5. 共同型配送中心　共同型配送中心是指用来开展共同配送的中心。共同配送是为了实现物流活动的效率化，由两个或两个以上的企业相互协作共同开展配送活动的一种形式。共同型配送中心一般是由规模比较小的批发商或专业物流企业共同设立的。通过共同开展配送活动，可以解决诸如车辆装载效率低下，资金短缺无法建设配送中心以及配送中心设施利用率低等问题。为多个连锁店提供配送服务的配送中心也可以看做是共同型配送中心。共同型配送中心不仅负责共同配送，还进行共同理货、共同开展流通加工等活动。

9.3.2　按服务对象划分

1. 面向最终消费者的配送中心　在商物分离的交易模式下，消费者在店铺看样品挑选购买后，物品由配送中心直接送达消费者手中。一般来说，家具、大型电器等物品适合于这种配送方式。

2. 面向制造企业的配送中心　面向制造企业的配送中心根据制造企业的生产需要，将生产所需的原材料或零部件，按照生产计划调度的安排，送达到企业的仓库或直接送到生产现场。这种类型的配送中心承担了生产企业大部分原材料或零部件的供应工作，减少了企业物流作业活动，也为企业实现零库存经营提供了物流条件。

3. 面向零售商的配送中心　面向零售商的配送中心按照零售店铺的订货要求，将各种物品备齐后送达零售店铺，包括为连锁店服务的配送中心和为百货商店服务的配送中心等。

9.3.3　按配送物品的性质划分

1. 商业物品配送中心　所谓商业物品是指与商流活动直接联系的，伴随着商流活动发生的物品。非商业物品则是指个人、单位相关联的物品，也包括与企业事务处理相关联的物品，如个人的包裹、书籍、单位的文件等。商业货物配送中心以商业物品为对象，与商流活动直接发生关系，大多数配送中心处理的物品属于商业物品。

2. 非商业物品配送中心　非商业物品配送中心以非商业物品为对象，如快件运输的物品处理中心等。

9.3.4　按社会化程度划分

1. 个别企业的配送中心　个别企业的配送中心是指为满足企业自身经营的需要建设的配送中心，如大型零售企业的配送中心。

2. 公共配送中心　公共配送中心是指为货主企业或物流企业从事物品配送业务提供物流设施及有关服务的配送中心。使用者通过租赁的方式取得配送中心的使用权，并享受配送中心提供的公共服务。

9.3.5 按配送中心的功能划分

1. 专业型配送中心　专业型配送中心大体上有两个含义：一是配送对象、配送技术属于某一专业范畴，即在某一专业范畴对具有一定综合性、专业性的多种物资进行配送，如多数制造业的销售配送中心；二是以配送为专业化职能，基本不从事经营的服务型配送中心。

2. 柔性配送中心　柔性配送中心是在某种程度上是与专业型配送中心对立的一种配送中心类型。这种配送中心不向固定化、专业化方向发展，而向能随时变化、对用户要求有很强适应性、不固定供需关系、不断发展配送用户并向改变配送用户的方向发展。

3. 供应型配送中心　供应型配送中心是专门为某个或某些用户（如联营商店、联合公司、生产企业等）组织物料和商品等供应的配送中心。例如，专门为大型连锁超级市场组织商品供应的配送中心，向汽车整装厂供应零件和组件的零件配送中心，以及向炼钢厂和发电厂配送原料的配送中心，均属于供应型配送中心。

4. 销售型配送中心　销售型配送中心是以销售经营为目的，以配送为手段的配送中心。建立销售型配送中心大体有三种情况：第一种是生产企业为将自身的产品直接销售给消费者而建立的配送中心；第二种是流通企业作为自身经营的一种方式，建立配送中心以扩大销售的范围，我国目前拟建的配送中心大多属于这种类型；第三种是流通企业和生产企业联合建立的协作性配送中心。这类配送中心的客户主要包括不同业态的连锁企业和大型零售企业。为了减少流通环节，降低物流成本，把来自不同进货者的物品在配送中心集中分拣、加工等，然后按其所属的店铺进行配送。

5. 城市型配送中心　城市型配送中心是一种以城市范围作为配送范围的配送中心。由于城市范围一般处于汽车运输的经济里程，这种配送中心可直接将货物配送到最终用户，配送运输主要采用汽车，所以，这种配送中心往往和零售经营相结合。由于运距短，反应能力强，因而这种配送中心在从事多品种、少批量、多用户的配送中有较大的优势。

6. 区域型配送中心　区域型配送中心是一种以较强的辐射能力和库存准备，向省（州）际、全国乃至国际范围的客户配送的配送中心。这种配送中心配送规模较大，配送批量也较大，客户也多是大客户。而且，它往往是既配送给下一级的城市型配送中心，也配送给营业所、商店、批发商和企业用户，虽然它也从事零星的配送，但这种配送形式不是该类型配送中心的主体配送形式。

7. 储存型配送中心　储存型配送中心是有很强储存功能的配送中心。一般来讲，在买方市场下，企业产品销售需要有较大库存支持，其配送中心可能有较强储存功能；在卖方市场下，企业原材料、零部件供应需要有较大库存支持，相应配送中心也有较强的储存功能。大范围配送的配送中心，需要有较大库存支持，也可能是储存型配送中心。我国目前拟建的配送中心，都采用集中库存形式，库存量较大，多为储存型。配送中心采用集中库存方式，可以将大量采购的物品储存在配送中心，而各个工厂或店铺不再保有库存，根据生产和销售需要由配送中心及时组织配送。这种将分散库存变为集中库存的做法，有利于降低库存成本，提高库存周转率。

8. 流通型配送中心　流通型配送中心是基本上没有长期储存功能，仅以暂存或随进随出方式进行配货、送货的配送中心。商品在这里停留的时间非常短，物品途经配送中心的目的是为了将大批量的物品分解为小批量的物品，将不同种类的物品组合在一起，满足店铺多品种小批量订货的要求；通过集中与分散的结合，减少运输次数，提高运输效率以及理货作业效率等。流通型配送中心具备强大的物品检验、拣选以及订单处理等理货和信息处理能力，作业的自动化程度比较高，信息系统也比较发达。

9. 加工型配送中心　加工型配送中心以加工商品为主，因此，在其配送作业流程中，储存作业和加工作业居主导地位。由于流通加工多为单品种、大批量产品的加工作业，并且是按照客户的要求安排的，因此，对于加工型配送中心来说，虽然进货量比较大，但是分类、分拣工作量并不太大。此外，加工的产品品种较少（指在某一个加工中心内加工的产品品种），一般都不单独设立拣选、配货等环节。通常，加工好的产品（特别是生产资料产品）可直接运到按客户要求划定的货位区内，并且要进行包装和配货。

10. 特殊型配送中心　所谓特殊型配送中心是指某类配送中心进行配送作业时所经过的程序是特殊的，包括不设储存库（或储存工序）的配送中心和分货型配送中心。

（1）不设储存库的配送中心　在流通实践中，主要从事配货和送货活动（或者说专职于配货和送货），其本身不设储存库和存货场地，而是利用设立在其他地方的“公共仓库”来补充货物的配送中心，称作不设储存库的配送中心。

（2）分货型配送中心　这种配送中心是以中转货物为主要职能的配送中心。在一般情况下，这类配送中心在配送货物之前都先要按照要求把单品种、大批量的物品（如不需要加工的煤炭、水泥等物资）分堆，然后再将分好的物品分别配送到客户指定的接货点。其作业流程比较简单，无需进行拣选、配货和配装等作业程序。

9.4　配送中心的管理组织

各种配送中心都是由管理系统和各种作业区组成的。管理系统是配送中心的中枢神经。其职能是对外负责收集和汇总各种信息（包括用户订货和要货信息），并做出相应的决策；对内负责协调、组织各种活动，指挥调度各类人员，共同完成配送任务。就其位置而言，有的集中设在某一区域（管理区）内，有的则分布在各个作业区，由一个调度中心统一进行协调。

1. 配送中心的组织机构　配送中心的内部组织结构一般由行政部门、职能部门、信息中心、账务部门、仓库部门、运输部门等组成，部门下设各种作业区。其组织体系框架，如图 9-1 所示。

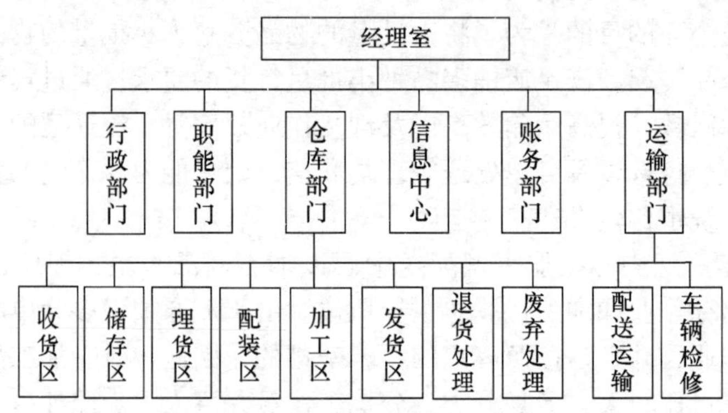

图 9-1　配送中心的组织结构

2. 配送中心的岗位设置　配送中心的岗位设置应该由配送中心的组织结构模式和作业流程来决定。其岗位设置，如图 9-2 所示。

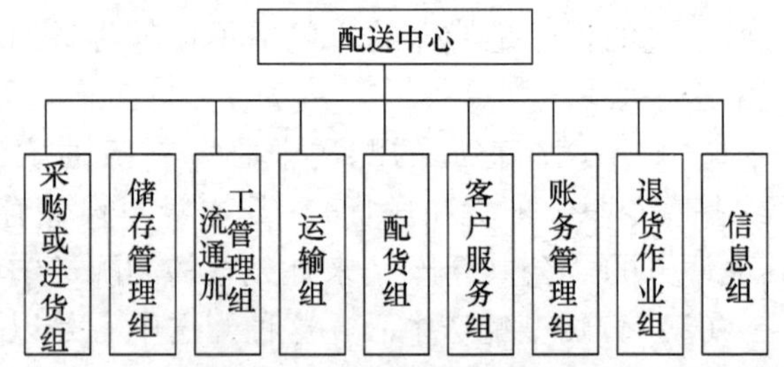

图 9-2　配送中心的岗位设置

3. 配送中心主要岗位的职能

（1）采购或进货组　它负责订货、采购、进货等作业的安排及相应的事务处理，同时负责对货物的验收工作。

（2）储存管理组　它负责货物的保管、拣取、养护等作业与管理。

（3）流通加工管理组　它负责按客户要求对货物进行加工、包装等作业与管理。

（4）运输组　它负责按照客户的要求制订合理的运输方案，将货物送交客户，同时对完成配送进行确认。

（5）配货组　它负责对配送物品的拣选、组配作业进行管理。

（6）客户服务组　它负责接收和传递客户的订货信息、送达物品的信息，处理客户的投诉，受理客户的退货要求。

（7）财务管理组　它负责核对配货完成表单、出货表单、进货表单、库存管理表单，协调控制监督物品流动，同时负责管理各种发票和物流收费统计、配送费用结算等工作

（8）退货作业组　接到客户服务组的退货信息后，负责安排车辆回收退货物品，再集中到仓库的退货区，重新清点整理并根据事故原因妥善处理。

（9）信息组　它负责整个配送中心的信息处理。

9.5　配送中心的现代化管理

在信息化时代，随着网络技术、电子商务、交通运输和管理的现代化，现代物流配送也将实现物流管理系统的现代化，配送各环节作业实现自动化、智能化。

1. 现代配送与物流企业管理相结合　发展物流集团，壮大配送主体的实力，从而为扩大配送范围、增大配送规模创造条件。同时，物流配送又是发展物流集团的有效手段。通过集中库存、集中配送等大生产方式，可以从根本上打破旧体制下单元的小生产方式，突破了单个企业的个别化配送模式，因而能实现整个产业、整个行业的组团式配送活动或配送企业。这对于克服不同企业间交错配送，提高车辆使用效益，减少城市交通拥挤，都将带来良好的社会效益和经济效益。

2. 现代配送的区域化管理　加强配送的区域化管理，能强化物资部门统筹规划、宏观调控社会资源的能力，有利于打破部门封锁，加强部门之间的相互联系，从而将物资部门、工业供销部门等紧密结合起来，共同开展“联库配送”。企业自身要抓住当前国有企业改革、改制、改组，建立现代企业制度的良好时机，理顺经营机制，强化内部管理，改善服务，开拓市场，壮大实力，为配送的发展和完善打下良好的硬件和软件基础。同时，生产企业与流通企业以及流通企业之间可以通过资产重组，以资本为纽带，以股份合作等形式，形成跨地域的物资配送联合体，达到优势互补、优化资源配置、共存发展的目的。使配送范围向周边地区、全国乃至全世界辐射。从而进一步带动国际物流，使配送业务向国际化方向发展。

3. 现代配送的信息化管理　现代化的物流配送中心需要具备现代化的物流管理信息系统和现代化的管理手段。配送信息化就是直接利用计算机网络技术构筑配送系统。例如，建立 EDI 系统，以快速、准确、高效地传递、加工和处理大量的配送信息；利用计算机技术，建立计算机辅助采购入库系统、辅助配货系

统、辅助分拣系统、辅助调度系统、辅助选址系统等。配送中心的信息管理是以完成配送中心的功能及作业为目的，是实现配送的基础作业。下面以采购入库管理系统为例来说明现代配送中心的信息化管理。

采购入库管理系统的工作包括入库作业处理系统、库存控制系统、采购管理系统、应付账款系统。其系统结构及信息流程，如图 9-3 和图 9-4 所示。

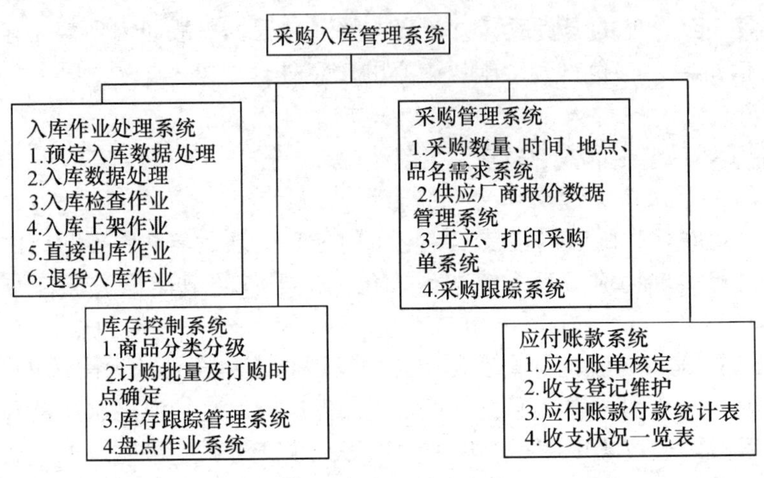

图 9-3 采购入库管理系统的结构

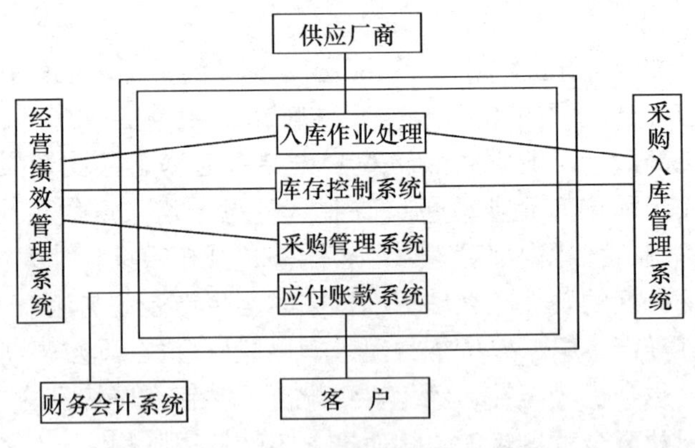

图 9-4 采购入库管理系统的流程

（1）入库作业处理系统　入库作业处理系统包括预定入库数据处理和实际入库作业两个系统。预定入库数据处理可打印定期入库数据表，为入库月台调度、入库人力资源及机具设备等资源分配提供参考。其数据来自采购单上的预定入库日期、入库商品、入库数量等，供应商预先通告的进货日期、物品及入库数量。物品入库后有两种处理方式。即立即出库和上架出库。对于立即出库的状况，入库系统需要具备待出库数据查询，并链接派车计划及出货配送系统。当入库数据输入后即可访问订单数据库，取出该商品待出货数据，将此数据转入出货配送数据库，并修正库存可调用量。

（2）库存控制系统　库存控制系统主要完成库存数量控制和库存量规划，以减少因库存积压过多造成的利润损失。它包括商品分类分级，订购批量及订购时间、地点的确定，库存跟踪管理和库存盘点作业。库存数量的管理与控制及货位的管理等作业依赖于库存数据和货位数据的正确性，因此，需要盘点作业。一般配合两种盘点方式。定期盘点及循环盘点。盘点作业系统主要包括定期打印各类物品报表，待实际盘点后输入实际库存数据并打印盘盈盘亏报表、库存损失率分析等报表。库存控制系统必须具备按物品名称、货位、仓库、批号等数据分类查询的功能，并设有定期盘点或循环盘点时间、地点设定功能，使系统在设定时间自动启动盘点系统，打印各种表单协助盘点作业。

（3）采购管理系统　采购管理系统是为采购人员提供一套快速而准确的工具，对供货厂商适时适量地开立采购单，使物品能在出货前准物品时入库，避免发生库存不足及积压物品太多等情况发生。此系统包括四个子系统，即采购需求系统、供应厂商管理系统、采购单据打印系统和采购跟踪系统。

（4）应付账款系统　采购物品入库后，采购数据即由采购数据库转入应付款数据库，会计管理人员为供货厂商开立发票及催款单时即可调用此系统，按供货厂商分类制作应付账款统计表作为金额核准的作用。账款支付后可由会计人员将付款数据登录，更改应账款文件内容。高层主管人员可由此系统制作应付账款一览表、应付账款已付款统计报表等。

4. 现代配送的自动化、机械化管理

（1）自动化分拣系统　配送中心的作业流程包括“入库—保管—拣货—分拣—暂存—出库”等作业，其中分拣作业是一项非常繁重的工作。尤其是面对零售业多品种、少批量的订货，配送中心的劳动量大大增加，若无新技术的支撑将会导致作业效率下降。与此同时，对物流服务和质量的要求也越来越高，致使一些大型连锁商业公司把拣货和分拣视为两大难题。

近年来，连锁超市和便利店的发展势头很猛，对物流作业的“拆零”需求越来越强烈，拣货、拆零作业的劳动力已占整个配送中心劳力的80%，订货物品的多品种、小批量化，使得配货作业人手不足的矛盾非常突出。如何提高这个物流环节的作业效率，已成为配送中心机械化、自动化的研究重点。目前，很多行业已广泛使用全自动拣选系统（如日本资生堂、花王、大木等株式会社）。自动分拣机的分拣效率极高，通常每小时可分拣商品6000～12000箱。

（2）自动化立体仓库　自动化立体仓库的出现是物流技术的一个划时代的革新。它不仅彻底改变了仓储行业劳动密集、效率低下的落后面貌，而且大大拓展了仓库功能，使之从单纯的保管型向综合的流通型方向发展。自动化立体仓库是用高层货架储存货物，以巷道堆垛起重机存取货物，并通过周围的装卸搬运设备，自动进行出入库存取作业的仓库。

自动化立体仓库具有普通仓库无可比拟的优越性。首先是节约空间、节约劳力。据据国际仓库自动化会议资料：以库存11000托盘、月吞吐10000托盘的冷库为例，自动化立体仓库与普通仓库比较情况为，用地面积为13%、工作人员为21.9%、吞吐成本为55.7%、总投资为63.3%。立体仓库的单位面积储存量为普通仓库的4~7倍。其次是提高仓库管理水平，减少货损，优化、降低库存，缩短周转期，节约资金。近年来，特别在冷冻行业，自动化立体仓库的发展极快。

（3）自动补货系统　配送中心自动补货系统，把供应商、配送中心、商场（POS系统）的产、供、销三者组成网络与ECR（集成供应链物流管理系统）。以网络化的商业行销（电子商务），带动创造附加价值的新物流行销，促进物品流通、缩短流通通路、满足客户多样化个性化的需求。真正使商流、物流、信息流、资金流融合为一体，实现商业自动化。

每日营业结束后，自动补货系统在执行日结作业时，由系统根据设定的订货条件、目前库存量、在途订货量等，再加上需求天数，经过公式计算出订货建议数量。拿到订货建议报表后，可依据历史销售记录、未来之销售趋势等，再调整采购建议数量，化为真正的订单。该系统可以帮助企业提高周转率减少库存量，并降低物品缺货率，是帮助企业提高经营效益的利器。

导入自动补货系统，不但可以简化订货的步骤，也大大减低了物品被遗漏订货的概率。自动补货系统能使供应商对其所供应的所有分门别类的物品及在其销售点的库存情况了如指掌，从而自动跟踪补充各个销售点的货源，使供应商提高了供货的灵活性和预见性，即由供应商管理零售库存，并承担零售店里的全部产品的定位责任，使零售商大大降低零售成本，迅速获得下游库存，降低库存天数，减少缺货情形产生。对于制造商和供应商来说，掌握了零店的销售量和库存，可以更好地安排生产计划、采购计划和供货计划，这是一个互动的商业生态系统。

5. 现代配送的条码化、数字化管理　条码技术是在计算机的应用实践中产生和发展起来的一种自动识别技术，它可以自动识读物品的各种信息且将数据自动输入计算机的方法和手段。在现代化配送中心的管理中，条码已被广泛应用。例如，配送中心的作业从收货开始，送货卡车到达后，叉车司机在卸车的时候用扫描器识别所卸的货物，条码信息通过无线数据通信技术传给计算机，在货架上显示应取货的位置和数量，同时计算机向叉车司机发出作业指令。

条码技术在配送中心的应用可以描述为如下过程：

当总部向供应商订货，或是连锁店向总部或配送中心订货时，都可以用条码扫描设备将订货簿或货架上的条码输入，然后通过主机，利用网络通知供货商或配送中心自己订哪种货、订多少。当配送中心收到从供应商处发来的商品时，接货员就会在物品包装箱上贴一个条码，同时对物品外包装上的条码进行扫描，将信息传到后台管理系统中，并使包装箱条码与物品条码形成一一对应。物品到货后，通过条码输入设备将商品基本信息输入计算机，计算机系统根据预先确定的入库原则、物品库存数量，确定该种物品的存放位置。通过自动输送机输送货物时，输送机识别箱上的条码后，将货箱放在指定的库位区。人工摆货时，搬运工首先扫描包装箱上的条码，计算机就会提示工人将物品放到事先分配的货位，搬运工将物品运到指定的货位后，再扫描货位条码，以确认所找到的货位是否正确。在配货过程中，分拣人员根据计算机打印出的拣货单（拣货单上印有发货信息），在仓库中进行拣货，并在物品上贴上拣货标签（在物品上已有包含物品基本信息的条码标签）。自动分类机上的激光扫描器对物品上的条码自动识别，分岔流向按分店分类的滑槽中。

由于条码和计算机的应用，大大提高了信息的传递速度和数据的准确性，从而可以做到实时物流跟踪，整个配送中心的运营状况、物品的库存量也会通过计算机及时反映到管理层和决策层。这样就可以进行有效的库存控制，缩短物品的流转周期，将库存量降到最低。另外，条码不仅仅在配送中心业务处理中发挥作用，配送中心的数据采集、经营管理同样离不开条码。通过计算机对条码的管理，对物品运营、库存数据的采集，可及时了解货架上物品的存量，从而进行合理的库存控制，将物品的库存量降到最低点；也可以做到及时补货，减少由于缺货造成的分店补货不及时，发生销售损失。条码同样可用来做配送中心配货分析。通过统计分店要货情况，可按不同的时间段，合理分配物品库存数量，合理分配物品摆放空间，减少库存占用，更好地管理物品。条码配合计算机应用于物流管理中，大大提高了物流作业自动化水平，提高了劳动生产率和劳动质量。

6. 现代配送的多种功能有机结合的管理　合理的配送，既应该包括送货，也应该包括分拣、配货、配载、配装等功能，是“配”与“送”的有机结合体。目前的物资配送，因其大都脱胎于送货上门，又因配送设备设施，配送资源等方面的限制，往往造成“配”与“送”的相互脱节。一方面，大部分的物流配送只是以送为主，而考虑分货、配货、配载、配装的则很少；另一方面，有的虽然做到了分货、配货功能，但又因缺乏必要的运输车辆而无法做到送货上门。

案例分析 9

上海联华生鲜食品加工配送中心物流

联华生鲜食品加工配送中心是我国国内目前设备最先进、规模最大的生鲜食品加工配送中心，总投资 6000 万元，建筑面积 35000m^2，年生产能力 20000t，其中肉制品的年生产能力 15000t，生鲜盆菜、调理半成品的年生产能力 3000t，在生产加工的同时还从事水果、冷冻品以及南北货的配送任务。连锁经营的利润源重点在物流，物流系统好坏的评判标准主要有两点，即物流服务水平和物流成本。生鲜商品按其称重包装属性可分为定量商品、称重商品和散装商品；按物流类型可分为储存型、中转型、加工型和直送型；按储存运输属性可分为常温品、低温品和冷冻品；按商品的用途可分为原料、辅料、半成品、产成品和通常物品。生鲜物品大部分需要冷藏，所以其物流转周期必须很短，节约成本；生鲜物品保值期很短，客店对其色泽等要求很高，所以在物流过程中需要快速流转。两个评判标准在生鲜配送中心通俗的归结起来就是“快”和“准确”。

1. 订单管理　门店的要货订单通过联华数据通信平台，实时地传输到生鲜配送中心，在订单上输入各商品的数量和相应的到货日期。生鲜配送中心接受到门店的要货数据后，立即在系统中生成门店要货订单，按不同的物品物流类型进行不同的处理。

（1）储存型的物品　此种物品是根据系统计算出当前的有效库存，再比对门店的要货需求以及日均配货量和相应的供应商送货周期自动生成各储存型物品的建议补货订单，采购售货员根据此订单再根据实际的情况作一些修改，即可形成正式的供应商订单。

（2）中转型物品　此种物品没有库存，直进直出，系统根据门店的需求汇总出到货日期直接生成供应商的订单。

（3）直送型物品　此种物品根据到货日期，分配各门店直送经营的供应商，直接生成供应商直送订单，并通过 EDI 系统直接发送给供应商。

（4）加工型物品　系统按日期汇总门店要货需求，根据各产成品/半成品的 BOM 计算物料耗用量，比对当前有效的库存，系统生成加工原料的建议订单，生产计划员根据实际需求作调整，发送采购部生成供应商原料订单。各种不同的订单在生成完成/或手工创建后，通过系统中的供应商服务系统自动发送给各供应商，时间间隔在 10min 以内。

2. 物流计划　在得到门店的订单并汇总后，物流计划部根据第二天的收货、配送和生产任务制订物流计划。

（1）线路计划　线路计划就是根据各线路上的门店的订货数量和品种，作线路的调整，保证运输效率。

（2）批次计划　批次计划是根据物品总量和车辆上售货员的情况设定加工和配送的批次，实现循环使用资源，提高效率；在批次计划中，将各线路分别分配到各批次中。

（3）生产计划　生产计划是根据批次计划制定的，将数量大的商品分批投料加工，设定各线路的加工顺序，保证和配送运输协调。

（4）配货计划　配货计划是根据批次计划，结合场地及物流设备的情况，作配货安排。

3. 储存型物流运作　物品进货时先要接受订单和品种和数量的预检，预检通过方可验货，验货时需进行不同要求的品质检验，终端系统检验物品条码和记录数量。在物品进货数量上，定量的物品的进货数量不允许大于订单的数量，不定量的物品提供一个超值范围。对于需要重量计量的进货，将系统和电子秤系统连接，自动去皮取值。

拣货采用播种方式，根据汇总取货，在汇总单上标出从各个仓位取货的数量，取货数量为本批配货的总量，取货完成后系统预扣库存，被取物品从仓库仓间拉到待发区。在待发区配货分配人员根据各路线各门店配货数量对各门店进行播种配货，并检查总量是否正确，如不正确则要向上校核，如果物品的数量不足或因其他原因造成门店的实配量小于应配量，配货人员通过手持终端调整实发数量，配货检验无误后使用手持终端确认配货数据。在配货时，冷藏和常温物品被分置在不同的待发区。

4. 中转型的物流运作　供应商送货同储存型物流先预检，预检通过后方可进行验货配货。供应商把中转物品卸到中转配货区，中转物品配货员使用中转配货系统按配货指令的指定执行，贴物流标签。将配完的物品采用播种的方式放到指定的路线门店位置上，配货完成统计单个物品的总数量/总重量，根据配货的总数量生成进货单。中转物品以发定进，没有库存，多余的部分由供应商带回，如果物品数量不足在门店间进行调剂。以下是三种不同类型的中转物品的物流处理方式：

（1）不定量需称重的物品　此种物品需要设定包装物皮重；由供应商将单件物品上秤，配货人员负责系统分配及其他控制性的操作；用电子秤称重，并在每箱物品上贴物流标签。

（2）定量的大件物品　此种物品需要先设定门店配货的总件数，汇总打印一张标签，贴于其中一件物品上。

（3）定量的小件物品　在供应商送货之前先进行虚拟配货，将标签贴于周转箱上；供应商送货时，取自己的周转箱，按其标签上的数量装入相应的物品；如果发生缺货，将未配到的门店（标签）作废。

5. 加工型物流运作　生鲜的加工按原料和成品的对应关系可分为两种类型，即组合型和分割型。两种类型在 BOM 设置和原料计算以及成本核算方面都存在着很大的差异。在 BOM 中每个物品设定一个加工车间，只属于唯一的车间，在物品上区分最终物品、半成品和配送物品，物品的包装分为定量和不定量的加工，对于称重的物品/半成品需要设定加工物品的换算率（单位物品和标准重量），原料的类型区分为最终原料和中间原料，设定各原料相对于单位成品的耗用量。

生产计划/任务中需要对多级物品链计算嵌套的生产计划/任务，并生成各种包装生产设备的加工指令。对于生产管理，在计划完成后，系统按计划内容制订出标准领料清单，指导生产人员从仓库领取原料以及生产时的投料。在生产计划中考虑物品链中前道与后道的衔接，各种加工指令、物品资料、门店资料、成分资料等下发到各生产自动化设备。加工车间人员根据加工批次和加工调度，协调不同量物品间的加工关系，满足配送要求。

6. 配送运作　物品分拣完成后，都堆放在待发库区，按正常的配送计划，这些物品在晚上送到各门店，门店第二天早上将新鲜的物品上架。在装车时按计划依门店的路线顺序进行，同时抽样检查准确性。在货物装车的同时，系统能够自动算出包装物（笼车、周转箱）的各门店使用清单，装货人员也据此来核对差异。在发车之前，系统根据各个配载情况制订出各运输的车辆随车物品清单，各门店的交接签收单和发货单。物品到门店后，由于数量的高度准确性，在门店验货时只要清点总的包装数量，退回上次配送带来的包装物，完成交接手续即可，一般一个门店的配送物品交接只需要5min。

资料来源：http：//www. siod. cn/

思考题：物流过程的快速流转在上海联华生鲜食品加工配送中心是如何体现的？

思考与练习

1. 我国物流标准如何定义“配送中心”这一概念的？
2. 简述配送中心的地位及功能。
3. 按功能划分，配送中心主要分哪几类？
4. 如何对配送中心进行现代化管理？

第 10 章　配送中心选址与规划

【本章学习目标】

了解进行配送中心规划设计的基本内容，熟悉配送中心选址的方法。能够为配送中心进行选址，能够为配送中心进行基本的内部布局设计。

10.1　配送中心规划设计的基本内容

随着国民经济的发展，社会物流量不断增长，要求有相应的配送中心及网点与之相适应。进行配送中心的建设，必须对其有一个总体规划，即从空间和时间上，对配送中心的新建、改建和扩建进行全面和系统的规划。规划的合理与否，对配送中心的设计、施工与应用，对其作业质量、安全、作业效率和保证供应，对节省投资和运营费用等，都会产生直接和深远的影响。

配送中心的规划设计工作是一个非常复杂的工作，需要许多相关人员的努力才能最终完成。设计一个配送中心，需要明确以下几方面的内容：

1. 明确服务的客户（E——Entry）　服务的对象是指配送的对象或客户，配送中心服务客户的确定是选择配送中心区位的前提和基础。配送中心的建立是为了更好地为顾客服务，所以，首先要明确配送中心所服务的对象，然后根据需要进行规划设计。通常对于为连锁商业体系服务的配送中心，由于其服务对象多为连锁门店或最终的客户，其辐射范围和能力决定于连锁企业的零售门店的分布情况和连锁企业的资金能力。对于为生产企业服务的配送中心，其服务对象为生产企业的销售对象，需要考虑客户分布的距离以及销售量的大小等条件。

2. 明确配送中心所处理的物品种类（I——Item）　配送中心服务的对象不同，其所处理的物品种类就不同，如电器配送中心、生鲜配送中心和干货配送中心等。不同的物品需要的作业场所、设施、设备、作业流程等有很大的区别。因此，如果想建立一个满足所有物品的配送中心是不切实际的。配送中心配送物品的类型需与配送中心的功能结合在一起进行考虑。

3. 明确配送中心的功能（F——Function）　配送中心应该具备的功能要和建设配送中心的决策思想相符合，这是由市场来决定的，也可以说取决于外围环境的条件。功能不同的配送中心，在规划设计阶段的重点就会不同。仓储型的配送中心需要具有很大的存储作业区；加工型的配送中心，仓储区和加工区的面积都不能过小；流通型的配送中心，拣选区的地位就比较重要。以深圳平湖地区的配送中心为例，就需要考虑以下几个方面的问题：

（1）深圳及周边地区的制造业的需求　它们的原材料供应物流和物品销售物流的合理组织，形成生产资料的供应和配送基地。

（2）深圳及周边地区的商业系统的需求　它们的供应物流的合理组织，形成商业系统共同的物品储存基地和综合配送中心。

（3）加强国际物流的需要　深圳紧邻香港，有皇岗、文锦渡等众多口岸，是我国国际物流主要通道之一。平湖地区可努力成为出境物资集货基地、进口物资的转运基地，并可考虑和海关合作，组织好出、入境物流以减轻海关负担。

（4）物资转运的需要　深圳有盐田港、蛇口港等大型港口，有京九、广深等铁路线，有深惠高速、深汕高速等公路干线。海—陆，公路—铁路之间的转运量巨大。

从上面的要求可以看出，平湖地区的配送中心多属于综合性、地区性的配送中心，功能比较齐全，而且为了增强服务性，可能需要配送中心具有流通加工能力，如包装器材的生产、重新包装、钢板剪切等功能。

配送中心的功能很多，但它们之间不是并列的，应该有主次之分，要根据配送中心的类型，来明确其功能。可以说，功能设定就是市场定位问题，市场定位准确，项目成功的可能性就有了一半。

4. 配送中心中商品的数量或库存量（Q——Quantity）　明确未来所配送物品的数量或库存量，有助于配送中心确定所要建设仓库的占地面积以及需求的服务能力。

5. 配送中心所提供的服务水平（S——Service）　服务水平指物流服务水平，配送中心所承诺的物流服务水平越高，在硬件和软件的配备上的投入就越多，但是资金的回报并不能在短期内收回，所以建立配送中心之初就需要提前做好规划。

6. 配送中心的规划设计主要涉及以下几方面的内容：

（1）配送中心的选址　较佳的配送中心选址方案可以使物品通过配送中心的汇集、中转、分发，直至输送到需求点的全过程的效益最好。

（2）配送中心的内部布局　配送中心的内部布局是否合理，不仅决定着配送中心的初始投入，同时影响着配送中心的日常工作。

（3）配送中心的网点布局　配送中心的合理布局影响着配送中心的服务水平。

其总体的规划设计过程，如图10-1所示。

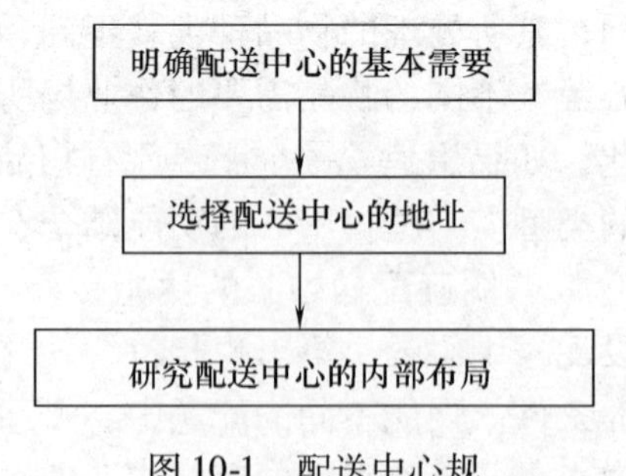

图10-1　配送中心规划设计的基本过程

10.2 配送中心选址

1. 配送中心选址的原则　配送中心的选址过程应同时遵守适应性原则、协调性原则、经济性原则和战略性原则。

（1）适应性原则　配送中心的选址须与国家以及省市的经济发展方针、政策相适应，与我国物流资源分布和需求分布相适应，与国民经济和社会发展相适应。

（2）协调性原则　配送中心的选址应将国家的物流网络作为一个大的系统来考虑，使配送中心的设施设备，在地域分布、物流作业生产力、技术水平等方面互相协调。

（3）经济性原则　在配送中心的发展过程中，有关选址的费用，主要包括建设费用及物流费用（经营费用）两部分。配送中心的选址定在市区、近郊区或远郊区，其未来物流辅助设施的建设规模及建设费用，以及运费等物流费用是不同的，选址时应以总费用最低作为配送中心选址的经济性原则。

（4）战略性原则　配送中心的选址、应具有战略眼光。局部要服从全局，目前利益要服从长远利益，既要考虑现在的实力，又要考虑日后发展的可能性。

2. 配送中心选址的条件　配送中心设立的地址需要从多方面进行考虑，既要有利于上游的供应企业进行采购，又要有利于对下游的配送中心、连锁门店或最终客户进行配送。应优先在交通便利、适宜货物集中和分散的地段选址。选址过程中，经常考虑下面几个条件：

（1）宏观条件

1）政治和经济条件。宏观政治因素主要指一个国家的政权是否稳定、法制是否健全、是否存在贸易禁运政策等，这一点是显而易见的，大多数的企业都不愿意在动乱的国家或地区投资。宏观政治因素是无法量化的指标，主要依靠企业的主观评价。

2）法规制度条件。法规制度条件是指在指定用地区域内是否有不允许建设仓库和配送中心等设施的土地。

（2）自然环境条件

1）气候条件。配送中心选址过程中，主要考虑的气候条件有温度、风力、降水量、冻土深度、年平均蒸发量等指标。例如，选址时要避开风口，因为在风口建设配送中心会加速露天堆放物品的老化。

2）地质条件。配送中心是大量物品的聚集地。某些容重很大的建筑材料堆码起来，会对地面造成很大压力。如果配送中心地面以下存在着淤泥层、流沙层、松土层等不良地质条件，会在受压地段造成沉陷、翻浆等严重后果，为此，配送中心选址要求土壤承载力要高。

3）水文条件。配送中心选址需远离容易泛滥的河川流域与地下水上溢的区域。要认真考察近年的水文资料、地下水位不能过高，洪泛区、内涝区、干河滩等区域绝对不能进行选择。

4）地形条件。配送中心应选择地势较高、地形平坦之处，且应具有适当的面积与外形。若选在完全平坦的地形上是最理想的，其次选择稍有坡度或起伏的地方，对于山区陡坡地区则应该完全避开；在外形上可选择长方形，不宜选择狭长或不规则形状。

（3）经营环境因素

1）经营环境。配送中心所在地区的优惠物流产业政策对物流企业的经济效益将产生重要影响，数量充足和素质较高的劳动力也是配送中心选址考虑的因素之一。

2）物品特性。经营不同类型物品的配送中心最好能分别布局在不同的地域，如生产型配送中心的选址应与产业结构、产品结构、工业布局紧密结合进行考虑；生鲜类配送中心的建立应该贴近产地。

3）物流费用。物流费用是配送中心选址的重要考虑因素之一。大多数配送中心选择接近物流服务需求地，如接近大型工业、商业区，以便缩短运距、降低运价等物流费用。

4）配送服务条件。配送中心应能够及时通知客户物品的到达时间、配送频率、订发货周期、配送距离及范围。

（4）基础设施状况

1）运输条件。配送中心必须具备方便的交通运输条件。最好靠近交通枢纽进行布局，如紧临港口、交通干道枢纽、铁路编组站或机场，有两种以上运输方式相连接。

2）公共设施状况。配送中心的所在地，要求城市的道路、通信等公共设施齐备，有充足的供电、水、热、燃气的能力，因此，目前配送中心选址时多选择城市内已经建好的物流园区内部。

（5）其他因素

1）国土资源利用。配送中心的规划应贯彻节约用地、充分利用国土资源的原则。配送中心一般占地面积较大，周围还需留有足够的发展空间，为此地价的高低对布局规划有重要影响。此外，配送中心的布局要兼顾区域与城市规划用地的其他要素。

2）周边的环境因素。由于配送中心是火灾重点防护单位，不宜设在易散发火种的工业设施（如木材加工、冶金企业）附近；同时配送中心的工作时间可能不定，噪声较大，所以也不宜选择居民住宅区附近。

3）竞争对手。所谓“知己知彼，百战不殆”，在企业给配送中心进行选址决策中必须考虑到竞争对手的布局情况，根据配送中心的产品或服务的自身特征，来决定是靠近竞争对手还是远离竞争对手。

4）内部条件。选址决策首先要与配送中心的发展战略相适应。配送中心的定位如果是高科技、现代化的配送中心，那么就应该选择劳动力素质高的地区，而这些地方往往成本较高。如果建立劳动力为主的配送中心，则要选择生产成本低的地区作为备选地址。

3. 配送中心选址的基本程序　在进行配送中心选址时，可以按照图 10-2 中所示的程序进行。选址具体来说可分为以下几个步骤：

第一步，整理资料阶段

1）首先进行选址约束条件分析。选址时，首先要明确建立配送中心的必要性、目的和意义。然后根据物流系统的现状进行分析，制订物流系统的基本计划，确定所需要了解的基本条件，以便大大缩小选址的范围。

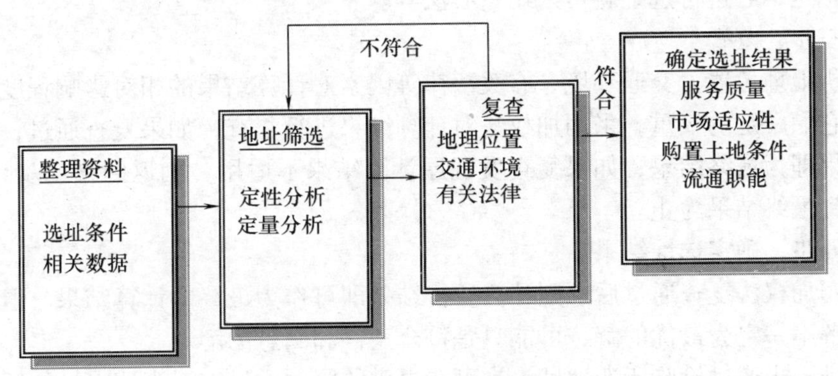

图 10-2　配送中心选址的基本程序

2）搜集相关数据。选择地址的方法，一般是通过成本计算，也就是将运输费用、物流设施费用模型化，根据约束条件及目标函数建立数学公式，从中寻求费用最小的方案。但是，采用这种选择方法，寻求最优的选址解时，必须对业务量和生产成本正确地分析和判断。

应掌握的业务量如下：

1）工厂至配送中心之间的运输量。

2）配送中心向客户配送的物品数量。

3）配送中心的库存量。

4）不同配送路线的作业量。

应掌握的生产成本如下：

1）工厂至配送中心之间的运输费。

2）配送中心至客户间的配送费。

3）与设施、土地有关的费用及人工费、业务费等。

其中，1）、2）两项费用是随着业务量和运送距离的变化而变动的，必须对每吨物品每千米的运输费用进行成本分析；3）项费用包括可变费用和固定费用，最好根据其总和进行成本分析。

第二步，地址筛选

1）定性分析。在对所取得的上述资料进行充分的整理和分析，考虑各种因素的影响并对需求进行预测后，就可以初步确定选址范围，即确定初步候选地点。

2）定量分析。针对不同情况选用不同的模型进行计算，得出结果。例如，对多个配送中心进行选址时，可采用重心法、层次分析法、遗传算法等；如果是对单一配送中心进行选址就可采用重心法等。

第三步，复查

分析地理位置、交通环境、有关法律等因素对计算结果的相对影响程度，分别赋予它们一定的权重，采用加权法对计算结果进行复查，如果复查通过，则原计算结果即为最终结果；如果复查发现原计算结果不适用，则返回第二步计算，直至得到最终结果为止。

第四步，确定选址结果。

在用加权法复查通过后、则计算所得结果即可作为最终的计算结果。但是所得到的解不一定为最优的解，可能只是符合条件和满意的解。

再进一步通过检验所选地址未来可能提供的服务质量、对当地市场的适应性以及购置土地等条件来最终确定所选地址是否合适，从而找到最合适的地点。

4. 配送中心选址的模型

(1) 单一配送中心选址——重心法

单一配送中心选址过程中，最常用且最容易理解的模型就是重心法模型，有人称作数值分析法。这是一种静态的选址方法，将运输成本作为唯一的选址决策因素。基本思想是应选择处于各客户间的中心位置，且配送费用最小的地方，如图 10-3 所示。

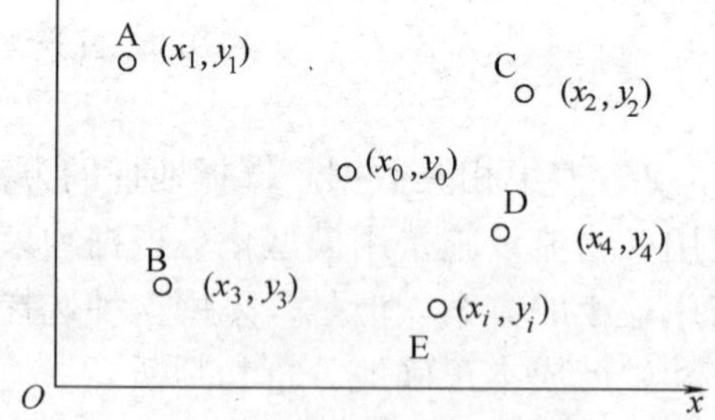

图 10-3　单一配送中心选址布局图

注：(x_0, y_0) 为配送中心的坐标；(x_i, y_i) 为配送中心所服务的对象的坐标点。

重心法的计算公式如下：

$$TC_{\min} = \sum a_i w_i d_i$$

$$x_0 = \frac{\sum_{i=1}^{n} a_i w_i x_i / d_i}{\sum_{i=1}^{n} a_i w_i / d_i} \qquad y_0 = \frac{\sum_{i=1}^{n} a_i w_i y_i / d_i}{\sum_{i=1}^{n} a_i w_i / d_i}$$

式中 TC——运输总成本；

a_i——从配送中心到客户 i 每单位运量、单位距离的运输费率；

w_i——从配送中心到客户 i 的运输量；

d_i——从配送中心到客户 i 的直线距离。

$$d_i = k[(x_i - x_0)^2 + (y_i - y_0)^2]^{1/2}$$

式中 k——模型中坐标单位与实际空间距离的比例尺（例 1 = 100km，则 k = 100）。

此公式求解的过程如下：

1）确定已知的供给点与需求点的坐标、运输量及线性运输费率。

2）忽略距离 d_i，将公式变为：

$$x_0 = \frac{\sum_{i=1}^{n} a_i w_i x_i}{\sum_{i=1}^{n} a_i w_i} \qquad y_0 = \frac{\sum_{i=1}^{n} a_i w_i y_i}{\sum_{i=1}^{n} a_i w_i}$$

3）根据第 2）步的公式求出拟定的配送中心的坐标点，并在不考虑 k 的前提下，计算出 d_i。

4）将 d_i 代入初始的公式中，求出修正的配送中心坐标。

5）再根据修正的配送中心坐标重新计算 d_i。

6）重复 4）和 5），直到配送中心的坐标变动小于理想的精度。

7）最后，求得的坐标点即为所求坐标，并且可以根据求得的最佳选址坐标计算得出运输总成本。

实际运用中，并不需要这么麻烦的过程，事实上，当各节点的坐标与运输总量分布均匀，运输费率 a_i 为线性的情况下，第 2）步求出的初始值就已经是一个满意的解了。

【例 10-1】 海王星辰要在大连甘井子区建立一座新的城市配送中心，此配送中心需要能够满足该地区五个连锁分店的销售要求，分店的坐标及每月的销售量数据以及运输费率 R_i 近似。见表 10-1，请求出一个理论上的配送中心的位置。结果保留两位小数。

表 10-1　五个连锁分店的销售要求

位　置	坐　标	运输费率 R_i	月销量/t
一分店	(4, 3)	1	15
二分店	(7, 12)	2	25
三分店	(3, 1)	3	45
四分店	(4, 6)	3	10
五分店	(2, 2)	2	20

解：

运输费率 R_i 即是公式中的 a_i，可对应代入上文重心法相应的公式中。

每个分店的月销售量即各分店每月配送货物过程中需要的总运输量，即为重心法公式中的 w_i，可将对应数据代入上文重心法相应的公式中。具体步骤如下：

第一步，写出公式

$$X = \frac{\sum_{i=1}^{n} a_i w_i x_i}{\sum_{i=1}^{n} a_i w_i} \qquad Y = \frac{\sum_{i=1}^{n} a_i w_i y_i}{\sum_{i=1}^{n} a_i w_i}$$

第二步，根据公式列出算式

$$X = \frac{(4 \times 1 \times 15)\text{t} + (7 \times 2 \times 25)\text{t} + (3 \times 3 \times 45)\text{t} + (4 \times 3 \times 10)\text{t} + (2 \times 2 \times 20)\text{t}}{(15 \times 1 + 25 \times 2 + 45 \times 3 + 10 \times 3 + 20 \times 2)\text{t}}$$

$= 3.76$

$$Y = \frac{(3 \times 1 \times 15)\text{t} + (12 \times 2 \times 25)\text{t} + (1 \times 3 \times 45)\text{t} + (6 \times 3 \times 10)\text{t} + (2 \times 2 \times 20)\text{t}}{(15 \times 1 + 25 \times 2 + 45 \times 3 + 10 \times 3 + 20 \times 2)\text{t}}$$

$= 3.85$

第三步，计算出结果　所求配送中心的理论位置在原坐标系里的位置为(3.76, 3.85)。

(2) 多元配送中心选址　多元配送中心选址之前需要考虑三个问题。

1) 需要建立多少个配送中心。

2) 每一个配送中心建立在什么地方。

3) 每一个配送中心的规模如何。

这些问题的答案取决于以下因素：供应商的地址，客户服务的基础，预计的客户服务水平，租用费用，出租费用和建造费用，税收以及保险。

多元配送中心的选址是一个非常复杂的问题，现在国内外许多专家学者都对配送中心的选址问题进行了研究，并提出各不相同的方法。例如，Aikens C. H

总结了线性规划、0—1 规划、动态规划等九种基本形式的选址模型，并分析比较了它们的用法；而其他学者研究了利用启发式方法的选址模型，如 Taniguchi E 和 Noritake M 提出了基于遗传算法求解配送中心规划和选址的模型，Elon Santos Correa，etc 利用改进的遗传算法解决了 p-中心定位问题；Jack B 和 Ephraim K 利用动态规划提出了解决多个设施布局的问题，但只给出了在一维的物流直线上多个设施的布局问题模型；孙会君，高自友建立了配送中心选址双层模型。多元配送中心选址的问题在将来的一段时间内还将是专家们研究的重点。

5. 配送中心选址的难度　选址非常重要，但是十分困难，在一定程度上，体现了物流理论中的“效益背反”原理。

（1）选址因素效益背反　选址涉及很多因素，而这些因素常常是相互矛盾的。例如，有利于配送的地方能较多地接受业务，但常常地价贵、租金高等。而且最难得问题是不同因素的相对重要性很难确定和度量。

（2）选址判断的标准会随时间变化而变化，现在认为是好的选址，过几天就不一定是好的了。

10.3　配送中心内部的规划设计

配送中心的内部设计可以采取两种方案。

1. 第一种方案　若配送中心是由仓储企业改扩建而形成的，中心内部可以在原有的基础上增建新的必备设施。在储运仓库向配送中心转变过程中，除新增设施外，原有设施的改造利用是一个重要问题。应根据所在企业的具体情况，充分利用现有的人力、场地、设备，组织开展套裁、剪切、改包装、初加工等业务，为进一步开展配送业务创造条件。对仓库建筑物来说，没有太多的特殊要求，可以在适应的内部改造基础上，充分加以利用。例如，为适合配送要求，在库房地面硬化的基础上可以铺设行走导轨和牵引索道，以安装活动货架和轨道式搬运车，对原有库房、场地进行重新划分，确定加工区、理货区、配货区，建立高层货架，提高空间利用率。现有仓库的机械设备大都简单、陈旧，但仍有部分具有可利用价值。对仍有利用价值者，可以通过增加附属器具，改良作业条件等途径提高作业能力和范围。例如，为叉车配置多种叉具，以便叉取不同外形的货物；改固定货架为活动货架；变普通货架为重力货架；增加起重机吊索种类；配置尺寸适宜的托盘和集装箱器具；对输送机进行改造，增加拣选装置，形成自动化或半自动化分拣。从储运仓库到配送中心的改变，对原有设施的改造和利用是一方面，更重要的在于完善经营体制、改变管理思想以及应用现代技术，只有这样，才能实现真正意义上的配送业务。

2. 第二种方案　配送中心为完全新建，则要求该配送中心不仅要具备装卸、搬运、保管等与产品活动完全适应的作业性质和功能，还必须满足提高经济效益，对作业量的变化和物品形状变化能灵活适应等要求。

配送中心的种类很多，其规模大小各异，然而，无论是哪一种类型的配送中心，其内部结构基本上都是相同的。也就是说，各种配送中心都是由管理系统和各种作业区组成的。若新建配送中心，其内部结构主要从下面几个方面着手进行构建：

现以一般性配送中心为例，介绍一下配送中心的内部结构。

1）管理系统（管理机构）。管理系统是配送中心的中枢神经。其职能是：对外负责搜集和汇总各种信息（包括用户订货和要货信息），并做出相应的决策；对内负责协调、组织各种活动，指挥调度各类人员，共同完成配送任务。就其位置而言，有的集中设在某一区域（管理区）内，有的则分布在各个作业区，由一个调度中心统一进行协调。

2）作业区。由于配送中心的类型不同，作业区的构成及其面积大小也不尽相同。一般的配送中心，其作业区主要包括以下几个部分：

①进货场。在这个作业区内，工作人员必须完成接收货物的任务和货物入库、拣选之前的准备工作（如卸货、检验、分拣等）。因货物在进货场停留的时间不太长，并且处于流动状态，故进货场的面积相对来说都不算太大。但若是流通型的配送中心，此区域可能会相对大一些。

②保管场。在这个作业区内，存储或分类存储经过检验后的货物。由于所选货物需要在这个区域内停留一段时间，并且占据一定的位置，因此相对而言，保管场所占的面积比较大。据介绍，这个作业区大体上要占整个作业区面积的一半左右。个别配送中心（如煤炭、水泥配送中心）的储存面积甚至要占配送中心总面积的一半以上。从位置上来看，保管场多设在紧靠接货站台的地方，也有的设在流通加工区的后面。

③理货配装区。理货配装区是配送中心的工作人员进行拣货和配货的作业场所，其面积大小因配送中心的类型不同而异。一般说来，拣选货和配送工作量比较大的配送中心（或者说，向多家用户配送多种商品且按照少批量、多批次方式配送商品的配送中心）其理货区的面积都比较大；反之，拣选及配货任务不太大的配送中心，其理货区所占的面积也不大。

④发货区。发货区是工作人员将组配好的货物装车外运的作业区域。从布局和结构上看，发货区与进货场类似，也是由运输货物的线路和接靠载货车辆的站台、场地等组成，所不同的是，发货区位于整个作业区的末端，而进货场位于首端。

⑤流通加工区。有很多从事加工作业的配送中心，在结构上除了设置一般性作业区外，还设有流通加工区。在这个区域内，配备着加工设备。

除了上述区域外，配送中心内部可能还设有特殊物品保管场等其余的区域。

3. 确定配送中心内部布局的步骤

（1）关联性分析　在了解了配送中心的内部结构之后，需要对配送中心内部结构进行关联性分析。所谓的关联性分析是指进行配送中心设计时，设施的选用、布局及评价项目等总称为关联性分析。

进行关联性分析的顺序如下：

1）列举必要的设施。它包括正门、事务所、绿化地、杂品仓库、配送中心内部的各结构等。

2）编制关联性分析的相互关系表。它是对上述各项设施进行靠近性分析的图表。如图 10-4 所示。

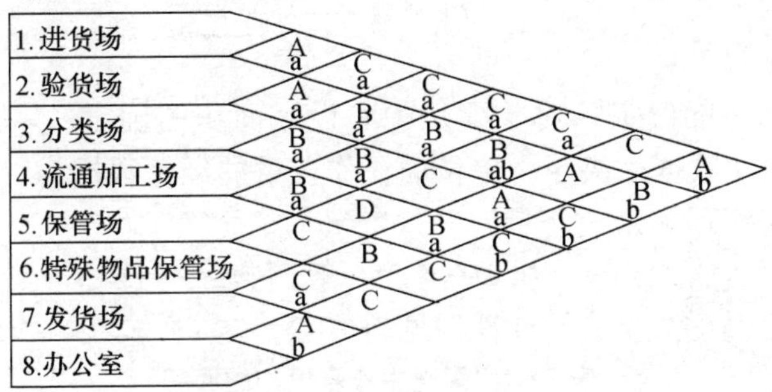

图 10-4　配送中心设施关联性分析的相互关联图

a——方便物品流程　b——方便票据流程　A——非常重要

B——重要　C——普通　D——不重要

3）绘制关联线路图。对于各相互关联的设施位置关系，根据前项评价，按照互相之间的关联性进行设计。如图 10-5 和图 10-6 所示。

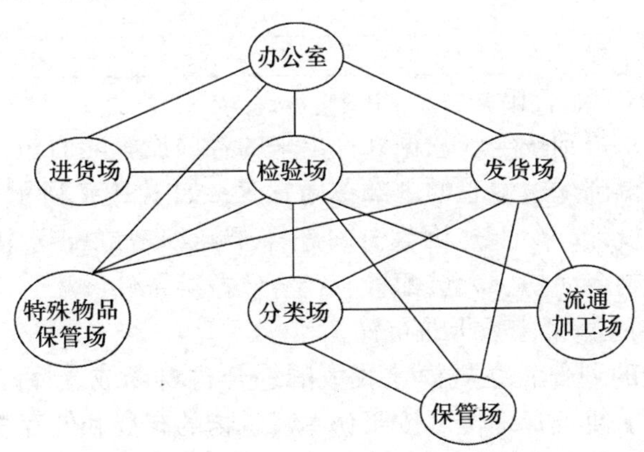

图 10-5　关联性分析的关联线路图

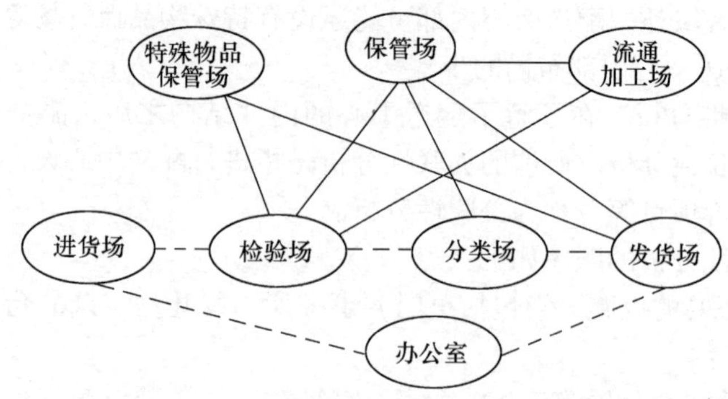

图 10-6　货物流程及设施配置关联线路图

－－－关联性强　——关联性弱

（2）设施面积的确定　对于配送中心设施面积的确定，一般按照作业量的大小，根据经验性数据来决定。单位面积作业量的经验数据为：

保管设施（库存剩余货物量）——$1t/m^2$。

处理货物的其他设施——$0.2t/m^2$。一般而言，每日处理货物 50t 的小规模配送中心，其面积及作业量的计算，见表 10-2。

表 10-2　配送中心各设施的面积

设施名称	每日作业量	单位面积作业量/$t\cdot m^{-2}$	设施面积/m^2
收货验收场所	25	0.2	125
分类场所	15	0.2	75
保管场所	35	1.0	35
流通加工场所	2.5	0.2	12.5
特殊商品存放场	2.5	0.2	12.5
配送场所	25	0.2	125
办公室			30
合计			415

注：作业量为入库量 25t，出库量 25t，保管时间 7 天（5t/日）。

通过表 10-2，得到按经验数据计算出来的各项设施的面积，再结合它们之间的相互位置，可得到配送中心的内部布局方案，如图 10-7 所示。

配送中心的设计，除上述因素外，还需要详细考虑配送中心内部的装卸路线、保管场所、剩余面积、人员配置、经济效益等条件。

4. 配送中心内部保管场所的布置

（1）保管区的划分　在规模比较大的综合材料场或仓库，储存的物品品种多、数量大，为了便于管理，可按照仓库建筑物的布局和储存物品的类别，划定若干储存保管区。划分储存保管区的方法有：

1）按照物品的理化性质分区。它是将库存货物按其理化性质分成若干大类，对每一类物品划定一个储存保管区，如金属材料、非金属材料、机电产品等。这种划分储存保管区的方法，有利于针对某类货物的特征，采取相应的保管措施，便于对某一类物品进行集中统一的管理。

2）按物品的使用方向分区。它是按照物品的使用方向和用途，将物品分为若干大类，如铁路材料场可将修车用料、建筑工程用料、通信信号用料等每类物品，划定一定的储存保管区。这种分区的方法，便于对基层用料单位配送，用料单位来料厂领料时也比较方便。其缺点是，用于同一方向的物品品种繁多、性质各异，要求不同的保管条件，给保管带来一定的困难。

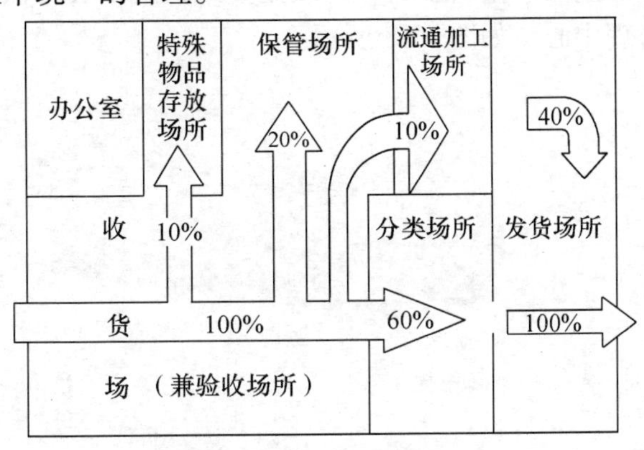

图 10-7　配送中心的内部布局

3）混合分区。它是指将以上两种方法结合起来运用，有的按物品的性质，有的按物品的使用方向。

（2）库房的分配　库房的分配对本保管区的仓储设备进行统一的规划和使用，对提高保管质量、便利仓库作业、降低保管费用有直接影响，可以说它是搞好物品保管的基础。具体到某种物品应储存在什么地方，应综合考虑各方面的因素，如物品的理化性质、加工程度、自身价值、用途和作用、批量大小、单位重量和体积等。其中物品的理化性质是划分保管场的主要依据。此外，物品在库保管时间的长短、仓库所在地的地理气候条件、储存物品的季节等，也是必须考虑的因素。

（3）楼库各层的使用分配　楼库多为 3 ~ 5 层。各层的保管条件和作业条件不同，应合理分配与使用。

1）楼库的最底层。地坪承受能力强，净空比较高，两侧和两端均可设库门和站台，收发作业方便，但地坪易返潮，易受仓库边道路灰尘的影响。因此应存放大批量、单位重量大、体积大、收发作业频繁、要求一般保管条件的物品，如金属材料、金属制品等。

2）楼库的中间层。楼板承载力比较差，净空比较低，增加了垂直方向的搬运的难度，只能从竖井升降机或电梯收发物品，作业不方便。但楼板比较干燥，采光通风良好，受外界温、湿度的影响小，保管条件比较好，所以适合存放体积较小、重量较轻、保管条件比较高的物品，如电工器材、仪器仪表等。

3）楼库的最顶层。它除具有与中间层相同的条件外，还具有对保管和作业不利的方面。因为屋面直接受日光照射，受温度的影响比较大，而且收发作业更加不方便，因此适合存放收发作业不太频繁、要求一般保管条件的轻体物品，如纤维制品、塑料制品等；或是交给配送中心的辅助部门来使用，如可以作为信息管理中心。如图 10-8 所示。

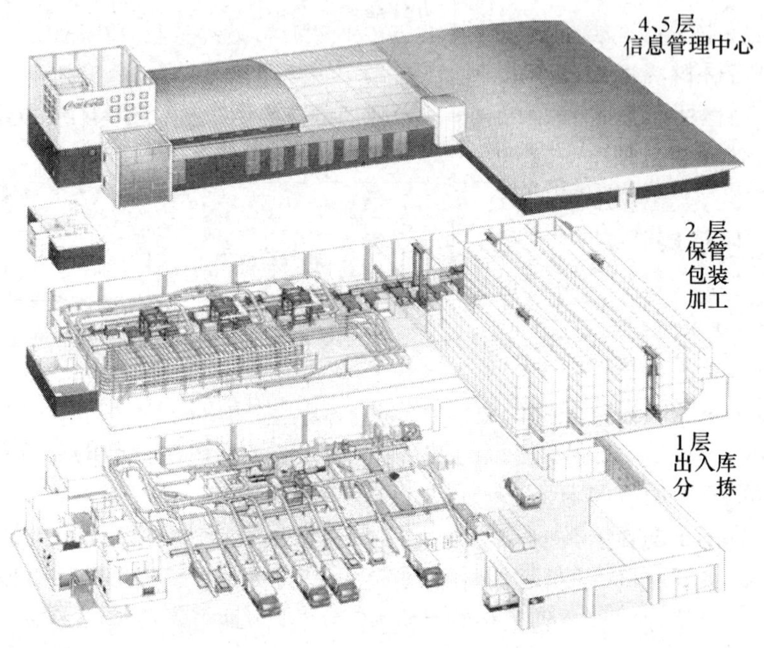

图 10-8 多层配送中心的内部布局

（4）确定存入同一库房的物品品种 对存入同一库房的物品，应考虑彼此间的互容性。凡两种物品相互之间不发生或很少发生不良影响的，称两者之间具有互容性，如金属材料、金属制品、金属零配件、机械设备等，彼此之间不发生影响，允许存入同一库房。

5. 配送中心内车流及装卸站台的布置

（1）车流布置 配送中心内部的车流量很大，所以配送中心总体设计的成败，很大程度上取决于车流规划得合理与否。配送中心的设计必须包括车辆行驶路线图。

为了保证配送中心车辆的井然有序，一般采取“单向行使和分门出入”的原则，以及大型货车、中型货车、乘用小车的出入口以及车辆行驶线路分开的原则，同时注意的是配送中心内部的车道必须是继承环状，不应出现尽端式回车场，如图 10-9 和图 10-10 所示。

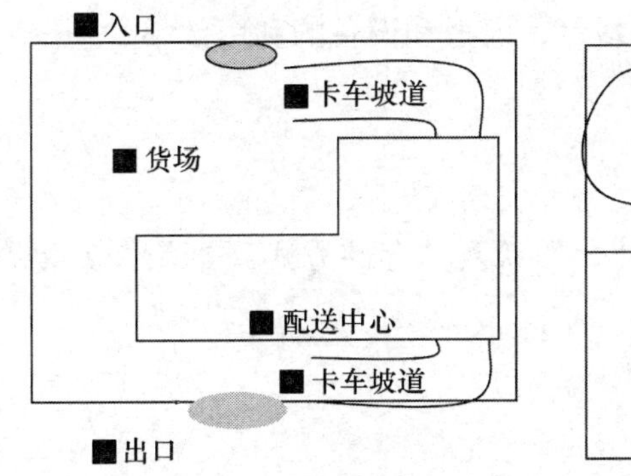

图 10-9　继承环状车道

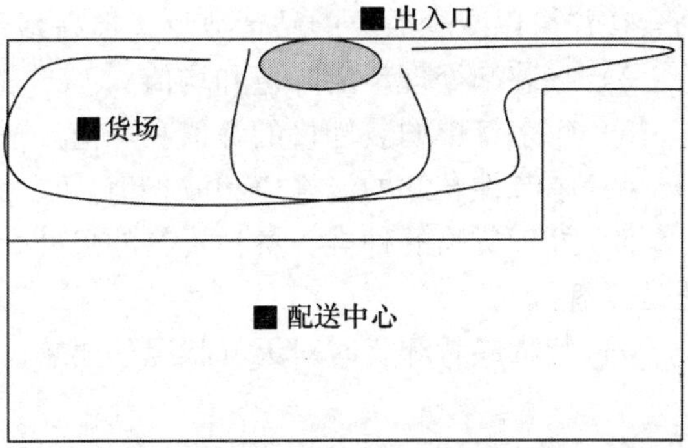

■出入口
■货场
■配送中心

图 10-10　尽端式回车场

要求配送中心的主要道路宽度较大，通常为四车道，甚至六车道，大型货车、集装箱车进出的最小转弯半径不小于15m。

（2）配送中心装卸站台的设计　图 10-11 表示了几种典型的装卸站台的布局。站台的设计和选址主要由以下几个问题确定：

1）是否允许零售消费者直接提货。

2）运货车辆是否要求统一规格。

3）供货/取货是相互独立的还是在同一地点进行？

4）公路和铁路运输系统的设计布局如何？

5）是否有足够空间调遣车辆和控制仓库的入口和通道？

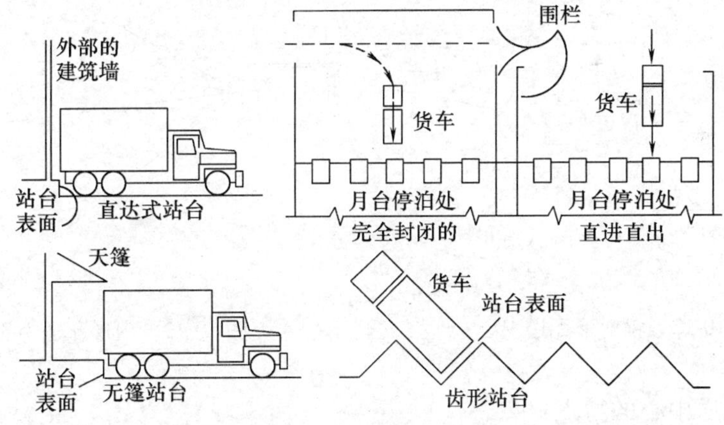

图 10-11　典型站台布局

需要装卸站台的数量对于站台设计和选址也有重要影响。需要的站台数量必须根据以下因素来确定：

1）供货/取货的时间分配（比如上午发送、下午接受，或者相反）。考虑此因素往往可以减少需要的站台数目，提高站台、人力和设备的利用效率。

2）日装卸处理量的峰值和均值。

3）每宗订单的装卸量的峰值和均值。

4）季节性装卸的波峰值和波谷值。

5）处理货物的种类，各种货物的尺寸、形状及其存储方式（纸箱、集装箱还是托盘）。

6）装货或者卸货时对天气状况的要求。

10.4　物流网点的合理布局

配送中心选址建设的过程中，形成了配送中心在已存在的物流网点的宏观布局。一般情况下，物流网点的布局可以分为以下几种形式：

1. 辐射形　配送中心位于众多用户之中，物品由配送中心向四周配送，形成辐射状。如图 10-12 所示。这类型的配送中心需要适应以下条件：

1）配送中心附近是用户相对集中的经济区域。

2）配送中心靠近主要运输干线，利用干线运输将货物运送到配送中心之后，再通过配送中心的配送功能送至客户手中。

2. 扇形　商品从配送中心向一个方向配送，形成扇形。如图 10-13 所示。

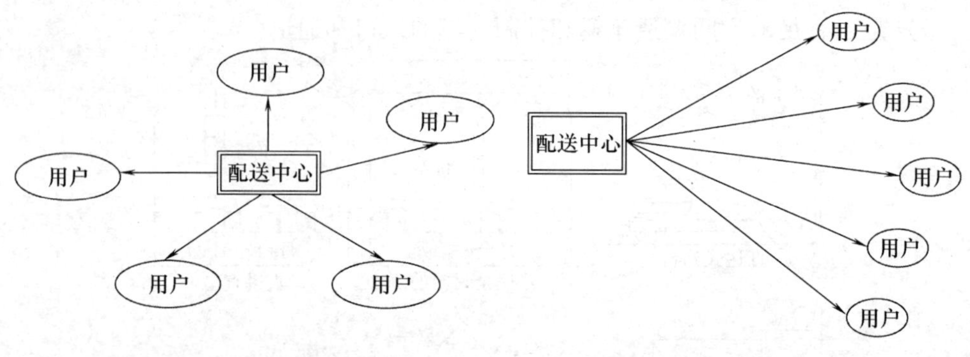

图 10-12　辐射形配送中心　　图 10-13　扇形配送中心

扇形配送中心的特点：

1）商品有一定的流向。

2）配送中心位于主要运输干线的中途或终端。

3）配送中心的物品配送方向与干线运输方向一致或在运输干线侧面。

3. 双向辐射形　物品从配送中心向两个相反方向配送。如图 10-14 所示。

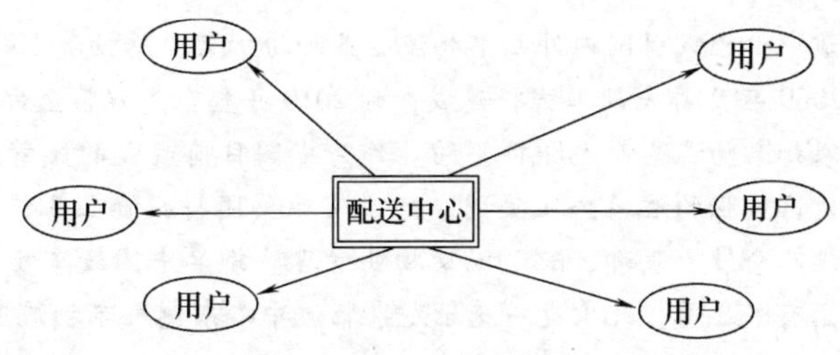

图 10-14　双向辐射形配送中心

双向辐射形配送中心的特点：

1）配送中心要靠近主要运输干线。

2）配送中心的物品向运输干线两侧配送。

案例分析 10

龙泉驿 20 亿打造西部“无水港”

抢抓成都泸州港口物流发展战略合作大好机遇，作为全市水陆通道东大门的龙泉驿区将斥资 20 亿元，建设公水联运的西部一流公路“无水港”。龙泉驿区将全力推进公水联运大通关基地建设，实现泸州港与龙泉物流中心的无缝对接，将这条通道建成效率高、成本低、效益好的公水联运“黄金通道”，成为全市与长江水运港口对接的重要中转中心，为出口货物提供通关便利。

1. 公路货物年处理能力 2 400 万 t　“如果对公路、铁路、水运三种运输方式的成本作一个比较，差不多可以用元、角、分的关系来形容。”龙泉驿区物流中心管委会常务副主任张燕表示，龙泉驿区位于成都市东部，居川渝要津，是成渝经济走廊的桥头堡，连接川东、川中、川南 10 余个市近 100 个县（区），具有到达泸州港、重庆港最便捷的优势，具备建设公水联运大通关基地，打造西部一流公路“无水港”的绝佳条件。

借力长江黄金水道的龙泉物流中心，规划选址于成都经济开发区南端，控规面积 2 200 亩，向东拓展区 1 400 亩（1 亩 = 4/6hm^2），向南拓展区 1 200 亩，公路货物年处理能力为2 400 万 t。该中心规划布局了管理服务区、仓储配送区、口岸物流区、货运集散区 4 个功能分区，项目总投资 20 亿元。引人关注的是，中心将建设口岸联检大楼、监管仓、集装箱堆场等设施，海关功能还有可能延伸过来，实现“一关三检”（海关、物品检验、动植物检验和卫生检验）。

龙泉驿区作为全省汽车及工程机械制造基地的产业优势，将参照天津港与石家庄等工业区合作的模式，加强与泸州和重庆的合作，将两港现有的物流资源最大限度地为成都所用，实现区（经开区）港（泸州、重庆）联动。

2. 知名物流企业将强势加盟　为抢先打造西部一流“无水港”，龙泉驿区将以世界 100 强、国内 50 强物流企业为重点，建立健全物流项目招商储备库，重点引进具有重大带动作用的关键项目。目前该中心已吸引国内外知名物流企业纷纷加盟，总投资10亿元的深圳宝湾物流已经开工建设，2009年9月一期工程将建成，到2010年整个工程将全部竣工。

据悉，国内两家知名物流企业也即将签约。作为中国目前最大的民营航运及国际货运代理企业集团和西南地区最强的航运企业集团，民生实业集团将投资2.6亿元，在龙泉物流中心从事口岸大楼建设及仓储、装卸、配送以及物业管理。排名中国汽车物流行业三甲之列的吉林省长久实业集团有限公司，此次也将选址龙泉物流中心东侧汽车物流园内，占地245亩，总投资2亿元，拟建长久西南商品车中转基地。

前段时间从龙泉驿区相关部门传来可靠消息，总投资6 000万美元、占地200亩的美国沃尔玛配送中心项目，目前也基本敲定落户龙泉物流中心。

资料来源：成都日报2008年11月18日。

思考题：为什么沃尔玛会选择在此物流中心进行落户？

思考与练习

1. 配送中心选址的原则有哪些？
2. 简述配送中心选址的条件。
3. 一般情况下，物流网点布局可以分为几种形式？

第 11 章　配送运作管理

【本章学习目标】

掌握配送作业计划编制应考虑的因素、主要依据、主要内容；重点掌握配送线路确定的原则和线路设计方法。能计算、选择最佳配送路线。

11.1　配送作业计划

11.1.1　配送作业计划的内容与种类

配送虽然是一种物流业务，但商流是编制配送作业计划的依据，即由商流决定何时、何地向何处送何种货物。配送中心根据客户的要求，拣配客户订货的品种、规格和数量，安排恰当的运输工具、运输路线和运量，以便使商品安全、及时地送给客户。配送计划是根据配送的要求，事先做好全局筹划并对有关职能部门的任务进行安排和布置。

1. 配送作业计划的主要内容

1）按日期排定客户所需商品的品种、规格、数量、送达时间、送达地点、送货车辆与人员等。

2）优化车辆行走路线与运送车辆趟次，并将送货地址和车辆行走路线在地图上标明或在表格中列出。如何选择配送距离短、配送时间短、配送成本低的线路，需要根据客户的具体位置、沿途的交通情况等作出优先选择和判断。除此之外，还必须考虑有些客户或其所在地点环境对送货时间、车型等方面的特殊要求，如有些客户一般不在上午或晚上收货，有些道路在某高峰期实行特别的交通管制等。因此，确定配送批次顺序应与配送线路优化综合起来考虑。

3）按客户需要的时间结合运输距离而确定启运提前期。

4）按客户要求选择送达服务的具体组织方式。

配送计划确定之后，还应将物品送达时间、品种、规格、数量通知客户，使客户按计划准备好接货工作。

2. 配送作业计划的种类　配送作业计划根据其配送作业的时间安排，可以分为：

（1）配送主计划　针对未来一定时期内的配送业务所制订的计划。

（2）日配送计划　是配送中心逐日进行实际配送作业的调度计划。

（3）特殊配送计划　是指配送中心针对突发事件或者不在主计划规划范围

内的配送业务，或者不影响正常性每日配送业务所作的计划。

配送作业计划的格式，见表 11-1。

表 11-1　配送作业计划表

配送点（或部门）　　　　　　　　　　　　　　　　　　年　月　日

序号	客户名称	订购物品品名	物品规格	配送数量	配送时间	运输工具及数据
合　计						

11.1.2　编制配送作业计划的考虑因素

配送作业计划的编制对于整个配送活动的实施具有重要的作用，配送作业计划作为一种全局性的事前方案，对于整个配送活动具有客观上的导性和过程上的规定性，是有效开展配送的第一步。从物流的观点来看，配送几乎包括了物流的全部活动；从整个流通过程来讲，它又是物流与商业信息流的统一体。具体而言，配送作业计划的编制应考虑如下内容：

1. 配送的对象（客户）　由于配送中心的种类很多，因此配送的对象（即客户）也有所不同，其出货形态也不尽相同。这些客户可能是经销商、配送中心、大型超市、百货公司、便利店及平价商店等中的一种或几种。其中经销商（营业所）、配送中心及大型超市等的订货量较大，它的出货形态可能大部分是整托盘出货，小部分为整箱出货；而超市的订货量其次，它的出货形态可能 10% 属于整托盘出货，60% 是属于整箱出货，30% 属于拆箱出货；而便利店及平价商店的订货量较小，它的出货形态可能 30% 属于整箱出货，70% 属于拆箱出货。配送中心有可能同时出现整托盘、整箱及拆箱货的情形，此种情形由于客户层次不同以及订货量大小差异性大，订货方式非常复杂，同时有业务员抄单、电话订货、传真订货及计算机联机（EOS，POS）等方式，是配送中比较复杂的一种，难度也较高。配送中心的出货形态也可能出现整托盘及整箱拣货的形态（大型超市及百货公司）以及整箱及拆箱拣货的形态（超市及便利店）。此种情形由于客户层次整齐，订货量大小差异小，订货大部分采用计算机联网方式（EOS，POS），是配送中比较简单的一种，难度也比较小。

2. 配送的物品种类　配送中心所处理的物品品项数差异性非常大，多则上万种以上，少则数百种甚至数十种，由于品项数的不同，其复杂性与困难性也有所不同。例如，所处理的物品品项数为 10000 种的配送与品项数 1 000 种的配送是完全不同的，其物品储放的储位安排也完全不同。

另外，在配送中心所处理的物品种类不同，其特性也完全不同。例如，目前比较常见的配送物品有食品、日用品、药品、家电、服饰货物、录音带、化妆品、汽车零件及书籍等，分别有其特性，配送中心的厂房硬件及物流设备的选择也完全不同。所以需要研究分析所需配送的各种物品的性能、运输条件，并在考虑需求数量的条件下，确定运输方式及相应的运载工具等。

3. 物品的配送数量或库存量　这里的配送数量或库存量包含三个方面的含义：一是配送中心的出货数量；二是配送中心的库存量；三是配送中心的库存周期。物品的出货数量的多少和随时间的变化趋势会直接影响到配送中心的作业能力和设备的配置。例如，一些季节性波动、年节的高峰等问题，都会引起出货量的变动。

配送中心的库存量和库存周期将影响到配送中心的面积和空间的配置。因此应对库存量和库存周期进行详细的分析。一般进口物品的配送中心因进口船期的原因，必须拥有较长的库存量（约两个月以上）；而流通型的配送中心，则完全不需要考虑库存量，但必须注意分货的空间及效率。

4. 物流渠道　目前，常见的物流渠道主要有如下几种模式：

1）工厂—配送中心—经销商—零售商—消费者。

2）工厂—经销商—配送中心—零售商—消费者。

3）工厂—配送中心—零售店—消费者。

4）工厂—配送中心—消费者。

因此在制订物流配送作业计划时，必须了解物流渠道的类型，然后根据配送中心在物流渠道中的位置和上下游客户的特点进行规划。

5. 物流的服务水平　物流企业建设配送中心的一个重要的目的就是提高企业的服务水平，但物流服务水平的高低恰恰与物流成本成正比，也就是说，服务品质越高则其成本也越高。但是站在客户的立场而言，希望以最经济的成本得到最佳的服务，所以原则上物流的服务水准，应该是合理的物流成本下的服务质量。物流服务水平的主要指标包括订货交货时间；物品缺货率；增值服务能力等。企业应该针对客户的需求，制订一个合理的服务标准。

6. 物流的交货时间　物流服务质量中，物流的交货时间非常重要，因为交货时间太长或不准时都会严重影响零售商的业务，因此交货时间的长短与守时与否成为物流企业的重要评估项目。所谓物流的交货时间是指从客户下订单开始，订单处理、库存查询、理货、流通加工、装车及货车配送到达客户手上的这一段时间。物流的交货时间根据厂商的服务水准的不同，可分为 2 小时、12 小时、24 小时、2 天、3 天、1 星期送达等几种。

7. 配送货物的价值　在制订配送计划时，还应该注意研究配送物品的价值。

配送物品的价值与物流成本有很密切的关系，因为在计算物流成本时，往往会计算它所占物品单价的比例。因此如果物品的单价高则其百分比相对会比较低，客户则能够负担得起；如果物品的单价低则其百分比相对会比较高，则客户会感觉负担较重。

11.1.3 编制配送计划的主要依据

1. 客户订单　一般客户订单对配送物品的品种、规格、数量、送货时间、送达地点、收货方式等都有要求。客户订单是拟定运输计划最基本的依据。

2. 客户分布、运输路线和距离　客户分布是指客户的地理位置分布。客户位置离配送据点的距离长短、配送据点到达客户收货地点的路径选择，直接影响到运输成本。

3. 配送的各种物品的体积、形状、重量、性能、运输要求　配送货物的体积、形状、重量、性能、运输要求是决定运输方式、车辆种类、载重、容积、装卸设备的制约因素。

4. 运输、装卸条件　运输道路交通状况、运达地点及其作业地理环境、装卸货时间、天气等对运输作业的效率也起相当大的约束作用。

编制配送计划时，需要考虑的因素及主要依据如图 11-1 所示。

11.1.4 配送作业计划的编制

配送作业计划的编制主要以人为判断为主、计算机辅助配合，目的在于取得即时可用的可行性配送手段及路线，对企业尤为重要。

1. 基本配送区域划分　划分基本配送区域就是将客户所在地的具体位置作一系统统计，并将其作区域上的整体划分，将每一客户囊括在不同的基本配送区域之中，以作为下一步决策的基本参考。

2. 配送批次决定　当配送中心的货品性质差异很大，有必要分开配送时，就要根据每份订单的物品特性作优先级的划分，如生鲜食品与一般食品的运送工具不同，须分批配送；还有化学物品与日常用品的配送条件有差异，也要分开配送。

3. 暂定配送先后次序　信用是创造后续客源的要素，因而在客户要求的时间准时送货非常必要，在考虑其他因素做出确定的配送顺序前，应先按客户的要货时间将配送的先后次序作概略的掌握。

4. 安排车辆　车辆安排要解决的问题是安排什么车型、种类的配送车，是使用自用车或是外雇车。要从客户方面、车辆方面及成本方面来共同考虑。在客户方面，必须考虑各客户的订货量,物品体积、重量以及客户接货地点的卸货特性限制;在车辆方面,要知道到底有哪些车辆可供调派以及这些车辆的积载量与重量限制;在成本方面,必须根据自用车的成本结构及外雇车的计价方式来考虑如何选择比较划算。在安排车辆时,要全面考虑上述三方面的问题,以做出最佳决策。

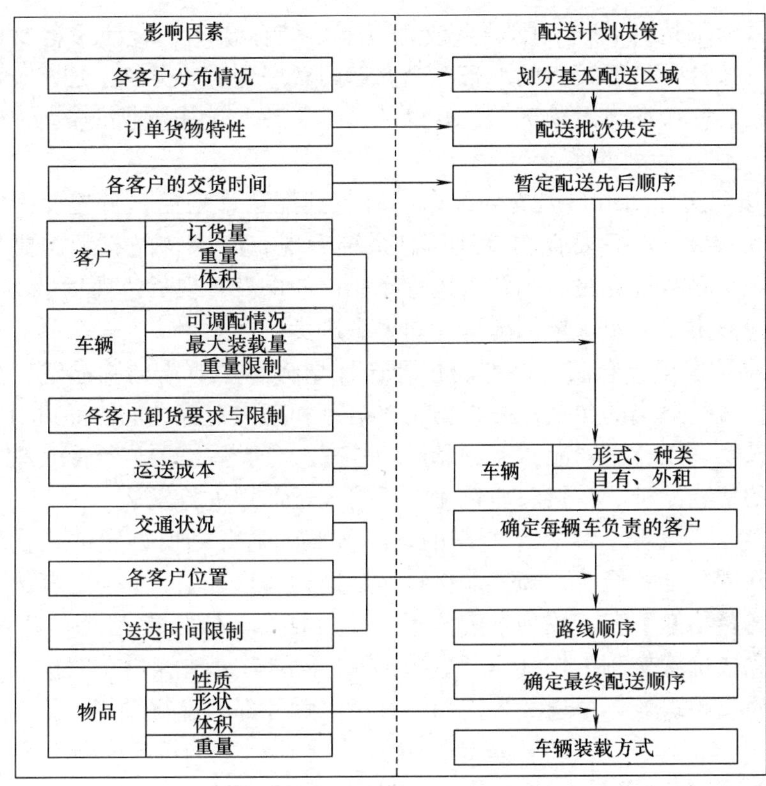

图 11-1　编制配送计划考虑因素及主要依据

5. 决定每辆车所负责的客户　既然已做好配送车辆的安排，对于每辆车所负责的客户所在地点也确定了。

6. 路径选择　知道了每辆车需负责的客户后，要以最快的速度完成对这些客户的配送，就必须根据各客户所在位置的关联性及交通状况来作路径的选择。除此之外，对于有些客户所在环境或有其送达时间的限制也要考虑。

7. 确定最终送货顺序　做好车辆的调配安排及配送路径的选择后，根据各车辆的配送路径先后，即可将客户的配送顺序确定。

8. 车辆装载方式　决定了客户的配送顺序，接下来就是如何将物品装车，以什么次序上车的问题。原则上，知道了客户的配送顺序先后，只要将物品根据后送达先上车的顺序装车即可，但有时为妥善利用空间，可能还要考虑物品的性质（怕震、怕撞、怕湿）、形状、容积及重量来作弹性置放。此外，对于这些物品的装卸方式也有必要依物品的性质、形状等来确定。

11.1.5　配送作业计划的下达与实施

1. 配送作业计划的下达　配送作业计划制定后，可以通过计算机网络或表格的形式及时下达到客户、配送点或直接下达储存仓库、装卸搬运及运输等部门。使客户按计划做好接货的准备；仓储部门做好理货、分拣、加工、配货、包装等准备；装卸搬运及运输部门做好设备、工具、人员等作业准备。

2. 配送作业计划的实施

（1）按配送计划组织进货　配送中心收到配送计划后，首先要确定配送物品的种类和数量，然后要查询管理信息系统看现有库存物品有无需要的订货物品，如有现货且数量充足，则转入拣货作业；如果没有现货或现货量不足，则要及时向供应商发出订单，根据配送计划组织进货。

（2）配货发运　仓储理货部门按配送计划将客户所需的物品进行分货、加工和配货，进行适当的包装，并根据用户信息和车次对拣送的物品进行物品号码和数量的核实，以及对物品状态、品质的检查。分类后需要进行配货检查，以保证发运前的货物品种、数量、质量无误后按配送计划进行发运。

（3）送达与交割　将客户所需的物品按照配送计划所确定的最优路线，在规定的时间内安全、经济、高效地将物品运送到客户手中，并且送货人员应协助收货单位将货物卸下车，放到指定位置，并与收货单位收货人员一起清点物品，做好送货完成确认交割工作（送货签收回单）。同时，请客户在回执上签字并填写好配送质量跟踪表，由送货人连同结算报由财务部门进行结算。

11.2　配送路线

11.2.1　确定配送路线的目标

目标的选择是根据配送的具体要求、配送中心的实力及客观条件来确定的。可有以下多种目标选择方法：

1. 以效益最高为目标　以利润的数值最大为目标值是一般以企业当前的主要考虑因素，同时兼顾长远的效益。

2. 以成本最低为目标　由于成本对最终效益起决定作用，选择成本最低为目标实际上还是选择了以效益为目标。

3. 以路程最短为目标　成本和路程相关性较强，而和其他因素甚微相关时，可以采用路程最短的目标。如果道路条件、道路收费影响了成本，单以最短路程为最优解则不合适。

4. 以吨千米（t · km）最小为目标　其在长途运输时常作为目标选择。在多个发货站和多个收货站的条件下，而又是整车发到的情况时，选择吨千米最低为目标可取得满意的结果。

5. 以准时性最高为目标　以准时性为目标确定配送路线就是要将各用户的时间要求和路线先后到达的安排协调起来。准时性是配送中重要的服务指标。

6. 以劳动消耗最低为目标　以油耗最低、驾驶员人数最少、驾驶员工作时间最短等劳动消耗为目标确定配送路线，这主要是在特殊情况下（如供油异常紧张、油价非常高、意外事故引起人员减员、某些因素限制了配送驾驶员人数等）所要选择的目标。

以上目标在实现时都受到许多条件的约束，必须在满足这些约束条件的前提下取得成本最低或吨千米最小的结果。一般配送的约束条件有以下几项：

1）满足所有收货人对物品品种、规格、数量、时间等的要求。

2）配送路线允许通行的时间限制。某些路段在一定的时间范围内，不允许某种类型的车辆通行，故应当考虑这一因素。

3）配送中心的现有能力限制。配送中心的能力包括运输能力和服务能力这两个方面。

4）运输工具载重量和容积的限制。如果货物超过了运输工具规定的标准载重量和容积，则会影响运输过程的安全，同时在安排货物的配送路线时应保证同路线上的货物重量不超过所使用运输工具的载重量。

5）自然因素的限制。它主要包括气象条件和地形条件。

6）其他不可抗力因素的限制。其他不可抗力因素主要指法律的颁布、灾害的发生、战争的爆发等。这些因素发生时，为了规避风险，应进行充分估计，并购，买相应保险。

11.2.2　配送路线方案的选择

1. 经验判断法　经验判断法是指利用行车人员的经验来选择配送路线的一种主观判断方法。一般是以驾驶员习惯行驶路线和道路行驶规定等为基本标准，拟定出几个不同的方案，通过倾听有经验的驾驶员和送货人员的意见，或者直接由配送人员凭经验作出判断。这种方法缺乏科学性，易受掌握信息的详尽程度限制，但运作方式简单、快速、方便。通常在配送路线的影响因素较多，难以用某种确定的数学关系表达时，或难以以某种单项依据评定时采用。

2. 综合评分法　综合评分法是指能够拟定出多种配送路线的方法，评价指标明确，只是部分指标难以量化，或是对某一项指标有突出的强调与要求，而采取加权评分的方式来确定配送路线。

综合评分法的步骤如下：

1）拟定配送路线方案。

2）确定评价指标。

3）对方案进行综合评分。

【例 11-1】　配送中心设立配送路线方案评价 10 项指标，即配送全过程的配送距离，行车时间，配送准时性，行车难易，动用车辆台/次数，油耗，车辆状况，运送量，配送客户数，配送总费用。每个评分标准分为四个档次并赋予不同的分值，即差（1分）、较好（2分）、良好（3分）、最优（4分），满分是40分。然后在表上为配送路线方案评分，根据最后的评分情况，在各个方案之间进行比较，最后确定配送路线。如表11-2所示，是对一配送路线方案进行评分的情况。该方案总分为3+4+4+4+2+3+4+3+4+2=33。

表11-2　路线方案评分表

序号	评价指标	差	较好	良好	最优
		1分	2分	3分	4分
1	配送全过程的配送距离			✓	
2	行车时间				✓
3	配送准时性				✓
4	行车难易程度				✓
5	动用车辆台/次数		✓		
6	油耗			✓	
7	车辆状况				✓
8	运送量			✓	
9	配送客户数				✓
10	配送总费用		✓		

3. 图上作业法（破圈法）　货物从始点出发至终点，有两条以上路线并交织成网状，并形成回路圈。在这种运输网络中，任取一圈，从圈中去掉最大距离（时间或费用）的边（路线），在余下的圈中，重复这个步骤直至无圈为止，即可求出最短路线。破圈法一般在运输网络图的基础上进行计算，因此也叫图上作业法。

【例11-2】　某批货物从配送中心起点A运送到终点J，如图11-2所示，求最短路径。

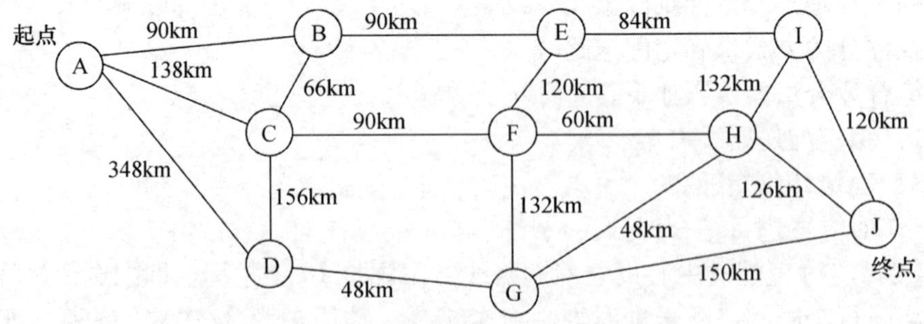

图11-2　配送中心A的配送网络

第一步，A-B-C 形成一个回路，去掉 A-C 最长的路线。

第二步，A-C-D 形成一个回路，去掉 A-D 最长的路线。

第三步，B-C-F-E 形成一个回路，去掉 E-F 最长的路线。

第四步，C-D-G-F 形成一个回路，去掉 C-D 最长的路线。

第五步，E-F-H-I 形成一个回路，去掉 H-I 最长的路线。

第六步，F-H-G 形成一个回路，去掉 F-G 最长的路线。

第七步，I-H-J 形成一个回路，去掉 H-J 最长的路线。

第八步，H-J-G 形成一个回路，去掉 G-J 最长的路线。

用破圈法求解得最短路线为 A-B-E-I-J，最短运输距离为 90 + 90 + 84 + 120 = 384km

图 11-3 为配送中心 A 到客户 J 最优配送路线方案图。

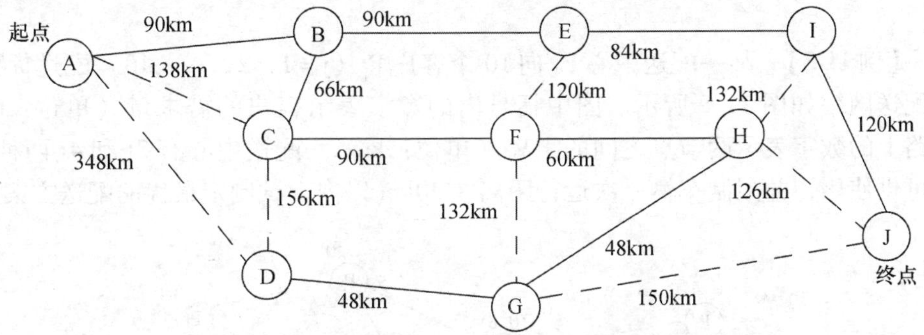

图 11-3　配送中心 A 到客户 J 最优配送路线方案图

注：1. 图中虚线表示破圈过程，即去掉的边情形。

2. 粗实线表示最短路线。

4. 节约里程法　节约里程法是根据配送中心的运输能力和配送中心到各客户以及各客户之间的距离来制订使总车辆运输的吨千米数量最小的配送方案。

节约里程法的基本思路如图 11-4 所示设 P_0 为配送中心，分别向用户 P_i 和 P_j 送货。P_0 到 P_i 和 P_j 的距离分别为 a 和 b，两个用户 P_i 和 P_j 之间的距离为 c，送货方案只有两种即配送中心 P_0 向客户 P_i，P_j 分别送货和配送中心 P_0 向客户 P_i，P_j 同时送货，如图 11-4a 和图 11-4b。比较两种配送方案。

方案 a 的配送路线为 $P_0 \to P_i \to P_0 \to P_j \to P_0$，配送距离为 $d = 2a + 2b$

方案 b 的配送路线 $P_0 \to P_i \to P_j \to P_0$，配送距离为 $d = a + b + c$

显然，方案 a 不等于方案 b，可以节约里程。$(2a + 2b) - (a + b + c) = a + b - c > 0$，这个节约量“$a + b - c$”被称为“节约里程”。根据节约法的基本思想，如果一个配送中心 P_0 分别向 N 个客户 P_j（j = 1，2，…，n）配送物品，在汽车载重能力允许的前提下，每辆汽车的配送线路上经过的客户个数越多，里程节约量越大，配送线路越合理。

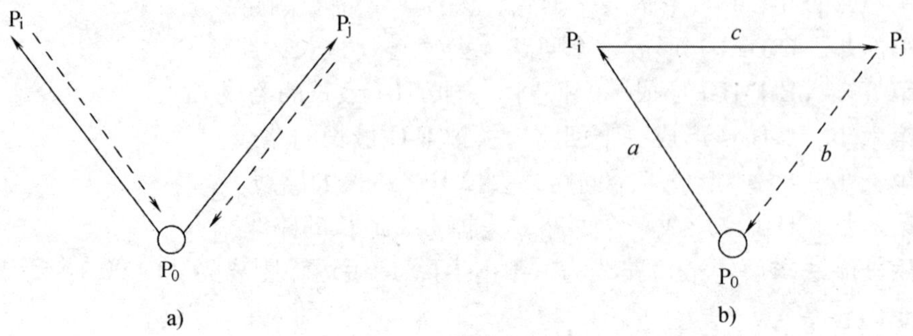

图 11-4　配送中心配送路线的选择

【例 11-3】 某一配送中心 P_0 向 10 个客户 P_j（j = 1，2，…，10）配送货物，其配送网络如图 11-5 所示。图中括号内的数字表示客户的需求量（单位：t），线路上的数字表示两节点之间的距离（单位：km）。配送中心有 2t 和 4t 两种车辆可供使用，并限制车辆一次运行距离在 30km 以内。试制定最优的配送方案。

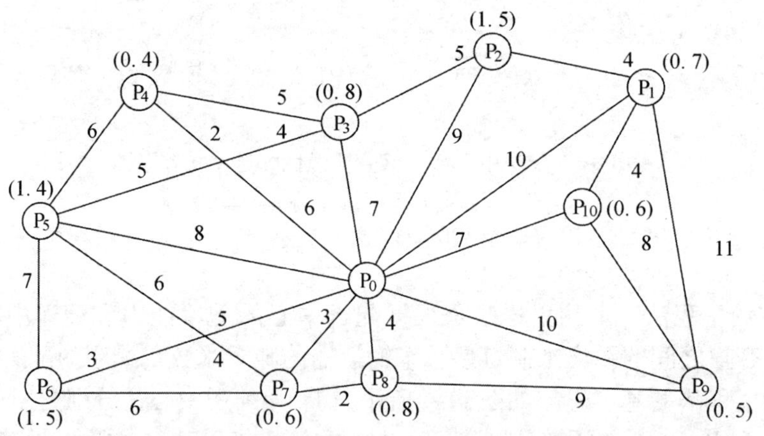

图 11-5　配送网络图

第一步，计算最短距离。根据配送网络中的已知条件，计算配送中心与客户及客户之间的最短距离，得出配送路线最短的距离矩阵，如图 11-6 所示。

第二步，从最短距离矩阵中（见图 11-6）计算出各用户之间的节约行程如图 11-7 所示。例如，计算 P_1 至 P_2 的节约距离。P_0 至 P_1 距离 $a = 10\text{km}$，P_0 至 P_2 距离 $b = 9\text{km}$，P_1 至 P_2 距离 $c = 4\text{km}$，$a + b - c = 15$。

P_0										
10	P_1									
9	4	P_2								
7	9	5	P_3							
8	14	10	5	P_4						
8	18	14	9	6	P_5					
8	18	17	15	13	7	P_6				
3	13	12	10	11	10	6	P_7			
4	14	13	11	12	12	8	2	P_8		
10	11	15	17	18	18	17	11	9	P_9	
7	4	8	13	15	15	15	10	11	8	P_{10}

图 11-6　配送路线最短距离矩阵（单位：km）

P_1									
15	P_2								
8	11	P_3							
4	7	10	P_4						
0	3	6	10	P_5					
0	0	0	3	9	P_6				
0	0	0	0	1	5	P_7			
0	0	0	0	0	4	5	P_8		
9	4	0	0	0	1	2	5	P_9	
13	8	1	0	0	0	0	0	9	P_{10}

图 11-7　配送路线节约行程图（单位：km）

第三步，对节约行程按大小顺序进行排序，见表 11-3。

表 11-3　配送路线节约行程排序表

序　号	连接点	节约行程/km	序　号	连接点	节约行程/km
1	P_1-P_2	15	13	P_6-P_7	5
2	P_1-P_{10}	13	14	P_7-P_8	5
3	P_2-P_3	11	15	P_8-P_9	5
4	P_3-P_4	10	16	P_1-P_4	4
5	P_4-P_5	10	16	P_2-P_9	4
6	P_1-P_9	9	16	P_7-P_8	4
7	P_5-P_6	9	19	P_2-P_5	3
8	P_9-P_{10}	9	19	P_4-P_6	3
9	P_1-P_3	8	21	P_7-P_9	2
10	P_2-P_{10}	8	22	P_3-P_{10}	1
11	P_2-P_4	7	22	P_5-P_7	1
12	P_3-P_5	6	22	P_7-P_9	1

第四步，按照节约行程排列顺序表（见表11-3），组合成配送路线图。

1）初始解。如图11-8所示，从配送中心 P_0 向各个客户配送，共有配送路线10条，总运行距离为148km。因每个客户需求量都没有超过2t，所以需要2t车10辆。

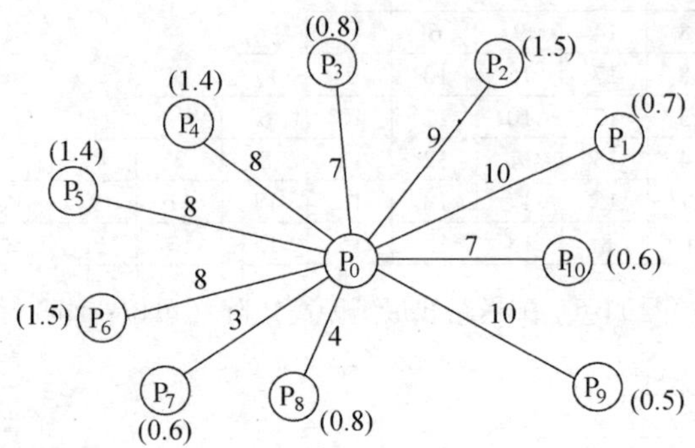

图11-8　初始解

2）二次解。按照节约行程的大小顺序连接 P_1-P_2、P_1-P_{10}、P_2-P_3，如图11-9所示，配送路线变成7条，总运行距离为109km，节约里程15km＋13km＋11km＝39km。配送中心 P_0 到 P_4、P_5、P_6、P_7、P_8、P_9 各一辆2t车，共计6辆，规划的配送路线Ⅰ，装载量3.6t，需4t车1辆。

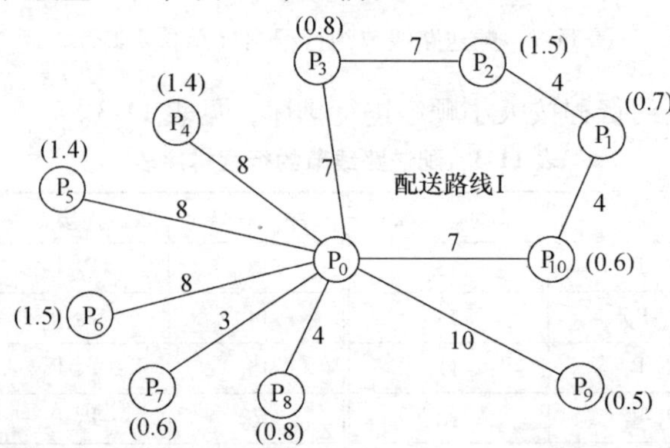

图11-9　二次解

3）三次解。按照节约行程大小顺序，应该是 P_3-P_4 和 P_4-P_5，P_3-P_4 和 P_4-P_5 都有可能连接到二次解的配送线路Ⅰ中，但是由于受车辆装载量和每次运行距离这两个条件的限制，配送路线Ⅰ不能再增加客户，为此不再连接 P_3-P_4，连接 P_4-P_5，组成配送路线Ⅱ，该路线装载量为1.8t，运行距离22km。此时，配送路线共6条，总运行距离99km，需要2t车5辆，4t车1辆。

4）四次解。接下来的顺序是 P_1-P_9、P_5-P_6，由于将客户 P_1 已组合到配送路线Ⅰ中，而且该路线不能再扩充客户，所以不再连接 P_1-P_9，连接 P_5-P_6 并加入到配送路线Ⅱ中，配送路线Ⅱ装载量为 3.3t，运行路线为 29km。此时，配送路线共有 5 条，运行距离 90km，需要 2t 车 3 辆，4t 车 2 辆。

5）五次解。按节约行程顺序排列接下来的，应该是 P_9-P_{10}、P_1-P_3、P_2-P_{10}、P_2-P_4、P_3-P_5，但是，这些连接均由于包含在已组合的配送路线中，不能再组成新的配送路线。接下来可以将 P_6-P_7 组合再配送路线Ⅱ中，这样配送路线Ⅱ装载量为 3.9t，运行距离为 30km，均未超出限制条件，此时，配送路线只有 4 条，运行距离 85km，节约里程 10km + 9km + 5km = 24km，需要 2t 车 2 辆，4t 车 2 辆。

6）最终解。接下来的节约行程大小顺序为 P_7-P_8，由于受装载量及运行距离限制，不能再组合到配送路线Ⅱ内，所以不再连接 P_7-P_8，连接 P_8-P_9 组成新的配送路线Ⅲ，节约里程 5km，如图 11-10 所示。到此为止，完成了全部的配送路线的规划设计。

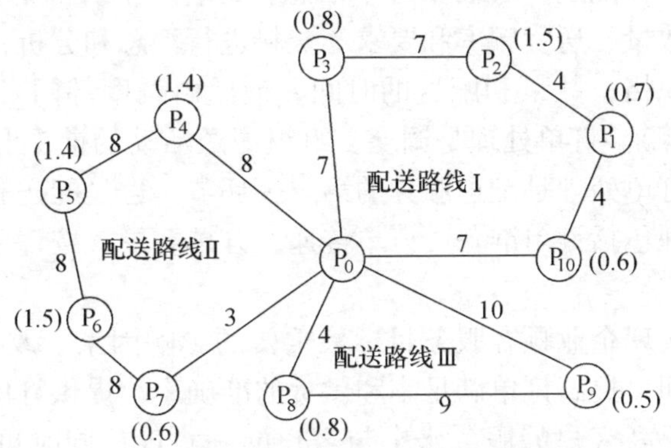

图 11-10　最佳配送路线（最终解）

共有 3 条配送路线，运行距离 80km。总共节约里程为 39km + 24km + 5km = 78km，需要 2t 车 1 辆，4t 车 2 辆。其中

配送路线Ⅰ，4t 车 1 辆，运行距离 27km，节约 39km，装载量为 3.6t。

配送路线Ⅱ，4t 车 1 辆，运行距离 30km，节约 24km，转载量为 3.9t。

配送路线Ⅲ，2t 车 1 辆，运行距离为 23km，节约 5km，装载量为 1.3t。

11.3　组织配送作业

11.3.1　配送作业的基本流程

配送作业的具体程序包括订单处理、储存、加工、拣选、包装、配装、送货、送达服务等，每个作业项目之间衔接紧密，环环相扣，整个过程既包括实物流，又包括信息流，同时还有资金流，如图 11-11 所示。

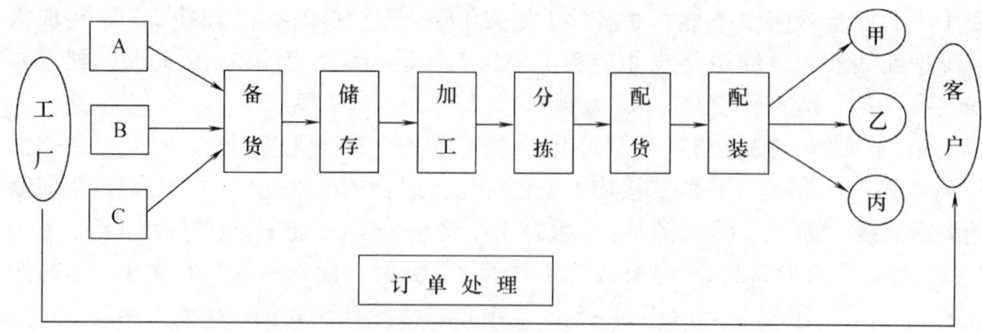

图 11-11　物流配送作业基本流程图

1. 订单处理　配送业务活动是以客户订单发出的订货信息作为其驱动源。在配送活动开始前，配送中心根据订单信息，对客户的分布、所订商品的品名、商品特性和订货数量、送货频率和要求等资料进行汇总和分析，以此确定所要配送的货物种类、规格、数量和配送的时间，最后由调度部门发出配送信息（如拣货单、出货单等）。订单处理是调度、组织配送活动的前提和依据，是其他各项作业的基础。订单处理是配送服务的第一个环节，也是配送服务质量得以保证的根本。订单处理包括订单准备、订单传递、订单登录、按订单供货、订单处理状态跟踪等活动。

订单处理是实现企业顾客服务目标最重要的影响因素。改善订单处理过程，缩短订单处理周期，提高订单满足率和供货的准确率，提供订单处理全程跟踪信息，可以大大地提高客户的服务水平与客户的满意度，同时也能够降低库存水平，在提高客户服务水平的同时降低物流总成本，使企业获得竞争优势。

准确、完备、快速的信息处理与信息传递是现代物流管理发展的主要驱动力。物流信息系统是改善包括订单处理在内的物流管理过程的重要工具，而订单处理则是其核心部分。

在订单的处理过程中，应遵循的原则是，使客户产生信赖、缩短订货周期、提供紧急订货、减少缺货现象、不忽略小客户、装配力求完整、提供对客户有利的包装、随时提供订单处理的情况。订单处理具体步骤包括：

（1）接受订货　接受订货是订单处理的第一步。配送中心接受客户订货的方式主要有传统订货方式和电子订货方式两大类。传统订货方式是指利用人工方法书写、输入和传送订单，主要有电话订货、传真订货、直接和客户见面接受订货等方式。电子订货方式是指配送中心借助计算机信息系统处理系统，将订货信息转为电子信息并通过通信网络传送订单的一种订货方式。电子订货方式主要有通过手持终端机及扫描器扫描物品信息进行订货、POS 机订货和订货系统进行订货。

（2）订单确认　接受订单后，需对其进行确认。其主要内容包括以下几点：

①确认物品数量及日期。接受订单后就需对物品数量及日期进行确认。物品数量及日期的确认是对订货资料项目的基本检查，即检查品名、数量、送货日期等是否有遗漏、笔误或不符合公司要求的情形。尤其当送货时间有问题或出货时间已延迟时，更需与客户再次确认订单内容或更正运送时间。

②确认客户信用。不论是何种订单，接受订单后都要查核客户的财务状况，以确定其是否有能力支付该订单的账款。通常的做法是检查客户的应收账款是否已超过其信用额度。

③确认订单形态。在接受订货业务上，表现为具有多种订单的交易形态，所以物流中心应对不同的订单形态采取不同的交易及处理方式。订单形态主要有一般交易、现销式交易、间接交易、合约式交易、寄库式交易等。

④确认订货价格。不同的客户、不同的订购量，可能有不同的价格，输入价格时系统应加以检核。

⑤确认加工包装。要详细确认并记录客户对于订购的物品，是否有特殊的包装、分装或贴标等要求，或是有关赠品的包装等资料。

（3）设定订单号码　每一订单都要有其单独的订单号码，号码由控制单位或成本单位指定，除了便于计算成本外，可用于制造、配送等一切有关工作，且所有工作说明单及进度报告均应附此号码。

（4）建立客户档案　客户档案应包括客户名称、代号、等级，客户信用额度，客户销售付款及折扣率的条件，开发或负责此客户的业务员资料，客户配送区域，客户收账地址，客户点配送路径顺序，客户点适合的送货车辆形态，客户点卸货特性，客户配送要求，延迟订单（即过了订货时间的订单）的处理方式。

（5）存货查询及依据订单分配存货　输入订货物品的名称、代号时，系统就查对存货档的相关资料，看此物品是否缺货，如果缺货则提供物品资料或是此缺货物品已采购但未入库的信息，这些便于接单人员与客户协调是否改订替代品或是允许延后出货，以提高人员的接单率及接单处理效率。存货的分配模式可分为单一订单分配及批次分配两种。

①单一订单分配。此种情形多为线上即时分配，也就是在输入订单资料时，就将存货分配给该订单。

②批次分配。累积汇总数笔订单资料输入后，再一次分配库存。物流中心因订单数量多、客户类型等级多，且多为每天固定配送次数，因此通常采用批次分配以确保库存能作最佳的分配。采用批次分配时，要注意订单的分批原则，即批次的划分方法。由于作业的不同，各物流中心的分批原则也可能不同，一般有下面几种方法：按接单顺序、按配送区域路径、按流通加工要求等划分。

（6）计算订单拣取的标准时间　订单处理人员要事先掌握每一个订单或每

批订单可能花费的拣取时间，以便有计划地安排出货过程，因此，要计算订单拣取的标准时间。

(7) 依照订单排定出货时间及拣货顺序　前面已由存货状况进行了存货的分配，但对于这些已分配存货的订单，应如何安排出货时间及拣货先后顺序，通常会再依客户需求、拣取标准时间及内部工作负荷来拟订。

(8) 分配后存货不足的处理　若现有存货数量无法满足客户需求，客户又不愿以替代品替代时，则应按照客户意愿与公司政策来决定对应方式。其处理方式大致有以下几种：

①重新调拨。若客户不允许过期交货，而公司也不愿失去此客户订单时，则有必要重新调拨分配订单。

②补送。若客户允许不足额的订货等待有货时再予以补送，且公司政策也允许，则采用补送方式。若客户允许不足额的订货或整张订单留待下一次订单一起配送，则也采用补送处理。

③删除不足额订单。若客户允许不足额订单可等待有货时再予以补送，但公司政策并不希望分批出货，则只好删除订单上得不到满足的订货要求。若客户不允许过期交货，且公司也无法重新调拨，则可考虑删除不足额订单。

④延迟交货。一是有时限延迟交货，即客户允许一段时间的过期交货，且希望所有订单一起配送；二是无时限延迟交货，即不论需要等多久，客户都允许过期交货，且希望所有订货一起送达，则等待所有订货到达再出货。对于这种将整张订单延后配送的，也应将这些顺延的订单记录存档。

⑤取消订单。若客户希望所有订单一起配送到达，且不允许过期交货，而公司也无法重新调拨时，则只有将整张订单取消。

(9) 订单资料处理输出　订单资料经由上述处理后，即可开始打印出货单据，以展开后续的物流作业。出货单据主要包括拣货单、出库单、送货单和缺货资料。

2. 备货　也称进货，是配送的准备工作或基础工作，包括筹集货源、订货、购货、集货及有关的质量检查、结算、交接等。配送的优势之一，就是可以集中不同客户的需求进行一定规模的备货，即通过集中采购，扩大批量进货，从而降低商品交易价格。同时，分摊进货运输装卸成本，减少备货费用，取得集中备货的规模优势。备货是决定配送成败的初期工作，如果备货成本太高，将会大大地降低配送的效益，配送的功能也会大打折扣。备货作业的内容包括：从送货车上将物品卸下并核对该物品的数量及状态（数量检查、质量检查、开箱等），然后将必要信息书面化。其具体步骤如下：

(1) 制订进货作业计划　进货作业计划是根据采购计划与实际的进货单据，以及供应商的送货规律与送货方式来制订的。制订进货作业计划的目的是依据订单所反映的信息，掌握物品到达的时间、品类、数量及到货方式，尽可能准确地预测出到货时间，以尽早做出卸货、储位、人力、物力等方面的计划和安排，保证整个进货流程的顺利进行，同时提高作业效率，降低作业成本。

（2）物品送达　物品运达后，需配送中心从相应站、港接运物品，对直接送达配送中心的物品，必须及时组织卸货入库。配送中心卸货一般在收货站台上进行。送货方到指定地点卸货，并将抽样物品、送货凭证、发票等交验；卸货方式通常有人工卸货、输送机卸货和叉车卸货等。

（3）物品的分类与编号　物品分类是将多品种物品按其性质或其他条件逐次区别，分别纳入不同的物品类别，并进行有系统的排列，以提高作业效率。

编号就是将货品按其分类内容，进行有次序的编排，用简明的文字、符号或数字代替物品的名称、类别及其他有关信息的一种方式。由于备货作业是配送作业的一个前期阶段，因而如何让后续作业能够迅速、正确地进行，并使物品品质及作业水准也能得到妥善的维持，在进货阶段对物品做好清楚有效的编号，应是不可省略的一项手续。

（4）收货及验收　物品的验收工作包括“品质的检验”和“数量的点收”双重内容。在对物品验收核对时主要是核对物品条码（或物流条码）、物品的件数、物品包装上的品名、规格。物品验收完毕，必须对进货信息进行处理。物品经验收确认后，必须填写“验收单”，并将有关入库信息及时准确地登入库存物品信息管理系统，以便及时地更新库存物品的有关数据。

3. 储存　存储物品是购货、进货活动的延续。在配送活动中，物品存储有两种表现形态：一种是储备形态；另一种是暂存形态。配送储备是按一定时期的配送经营要求形成的对配送资源的保证。一般来说，其储备数量较大，储备结构也较完善，视货源及到货情况，可以有计划地确定周转储备及保险储备结构及数量。

储存作业是要充分考虑最大限度的利用空间，最有效地利用劳力和设备，最安全和经济地搬运物品，最良好地保护和管理物品。在库存环节应妥善规划与管理库存物品的储位，以求提高储存系统的经济性和运行效率。

4. 流通加工　流通加工是指物品在物流配送的过程中，为了更好地满足客户的要求，改善物品功能，适应多样化的客户需求，提高物品的附加值，促进销售，推进物流系统化而对物品进行的加工。在配送作业中，流通加工这一功能要素属于增值性活动，不具有普遍性。虽然不具有普遍性，但通常是具有重要作用的功能要素。有些加工作业属于初级加工活动，如按照客户的要求，将一些原材料套裁；有些加工作业属于辅助加工，如对物品进行简单组装，给物品贴上标签或套塑料袋等；也有些加工作业属于深加工，食品类配送中心的加工通常是深加工，如将疏菜和水果洗净、切割、过磅、分份并装袋，加工成净菜，或按照不同的风味进行配菜组合，加工成原料菜等配送给超市或零售店。

5. 分拣及配货　分拣及配货不仅是配送不同于其他物流形式的功能要素，也是配送成败的一项重要支持性工作，它是完善送货、支持送货的准备性工作，是不同配送企业在送货时进行竞争和提高自身经济效益的必然延伸。

分拣是按照客户（或储存）的要求将物品分开，或按物品的品种、出入库的先后顺序将其分门别类地堆放到指定的仓位和场地。在接收到的所有订单中，每张客户的订单都至少包含一项以上的物品，如何将这些不同种类数量的物品由配送中心中取出并集中在一起，此即所谓的拣货作业。对于小体积多品种物品可以采取摘取的方式拣选，工作人员拉着周转箱在排列整齐的仓库货架间巡回走动，按照拣货单上标明的品种、数量和规格挑选出客户需要的物品放入周转箱内；或采用人工作业配合自动传输系统拣取；也可以采用高度自动化的保管和搬运结合成一体的高层货架系统，用计算机进行集中控制，自动进行存取作业。而对大体积或大数量物品的出货，可以采取播种分堆的方式分拣。拣货作业基本步骤如图 11-12 所示。

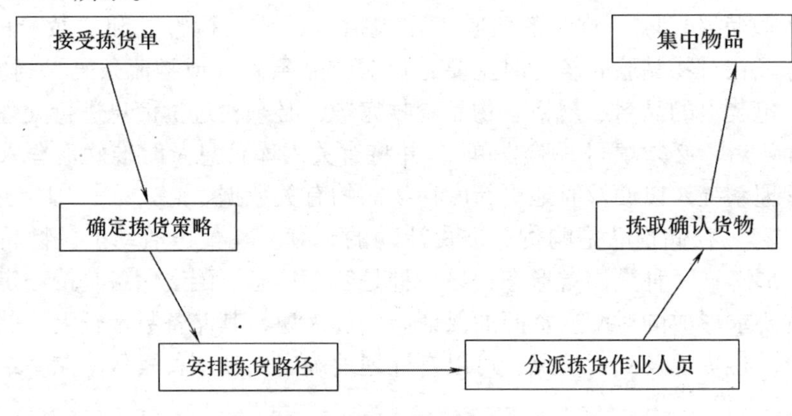

图 11-12　拣货作业基本步骤

配货是用各种拣选设备和传输装置，将存放的物品按客户的要求分拣出来，配备齐全，送入指定发货地点。配货作业是指把拣取分类完成的物品经过配货检查过程后，装入容器和做好标志，再运到配货准备区，待装车后发送。配货作业需按一定步骤进行，其步骤一般为：

（1）分货　分货就是把拣货完毕的物品按客户或配送路线进行分类的工作。分类方式一般有以下几种：

1）人工分货。人工分货是指所有分货作业过程全部由人工根据订单或其他传递过来的信息进行，而不借助任何计算机或自动化的辅助设备。

2）自动分类机分货。自动分类机分货是指利用计算机和自动分辨系统完成分货工作。这种方式不仅快速省力，而且准确，尤其适应于多品种业务繁忙的配送中心。利用自动分类机分货的主要过程如下：将有关物品及分类信息通过自动分类机的信息输入装置，输入自动控制系统；当物品通过移载装置移至输送机上时，由输送系统运送至分类系统；分类系统是自动分类机的主体，这部分的工作过程为先由自动识别装置识别物品，再由分类道口排出装置，按预先设置的分类要求将物品推出分类机。分类排出方式有推出式、浮起送出式、倾斜滑下式、输送带送出式等，同时为尽早使各物品脱离自动分类机；避免发生碰撞而设置缓冲装置。

3）旋转架分类。旋转架分类是将旋转架的每一格位当成客户的出货框，分类时只要在计算机中输入各客户的代号，旋转架即会自动将货架转至作业员面前。

（2）配货检查　配货检查作业是指根据客户信息和车次对拣送物品进行物品号码和数量的核实，以及对物品状态、品质的检查。分类后需要进行配货检查，以保证发运前的物品品种、数量、质量无误。目前，配货检查常用的方法有物品条码检查法、声音输入检查法和重量计算检查法。

（3）包装、打捆　配货作业的最后一环，便是要对配送物品进行重新包装、打捆，以保护物品，提高运输效率，便于配送到户时客户识别各自的物品等。配货作业中的包装主要是指物流包装，其主要作用是为了保护物品并将多个零散包装物品放入大小合适的箱子中，以实现整箱集中装卸、成组化搬运等，同时减少搬运次数，降低货损，提高配送效率。另外，包装也是物品信息的载体，通过在外包装上书写产品名称、原料成分、重量、生产日期、生产厂家、物品条码、储运说明等，可以便于客户和配送人员识别物品，进行物品的装运。通过扫描包装上的条形码还可以进行物品跟踪，配货人员可以根据包装上的装卸搬运说明对物品进行正确操作。

6. 配装　当单个客户的配送数量不能达到车辆的有效载运负荷时，就存在如何集中不同客户的配送物品、进行搭配装载以充分利用运能和运力的问题，这时就需要配装。配装与一般送货的不同之处在于，通过配装送货可以大大提高送货水平、降低送货成本。所以，配装是配送系统中具有现代特点的功能要素，也是现代配送与以往送货的重要区别之一。

7. 送货　送货作业是利用配送车辆把客户订购的物品从制造厂、生产基地、批发商、经销商或配送中心，送到客户手中的过程。送货通常是一种短距离、小批量、高频率的运输形式。它以服务为目标，以尽可能满足客户需求为宗旨。送货作业是配送中心最终直接面对客户的服务，是配送的末端作业。

配送运输属于运输中的末端运输、支线运输，它和一般运输形态主要区别在于：配送运输是较短距离、较小规模、频度较高的运输形式，一般使用汽车做运输工具。它和干线运输的另一个区别是，配送运输的路线选择问题是一般干线运输所没有的，干线运输的干线是唯一的运输线，而配送运输由于配送客户多，一般城市通路交通较为拥挤。如何组合成最佳路线，如何使配装和路线有效搭配等，是配送运输的特点，也是难度较大的工作。

配送业务中的送货作业包含将物品装车并实际配送，而达成这些作业则需要事先规划配送区域的划分或配送路线的安排，由配送路线选用的先后次序来决定物品装车顺序，并在物品配送途中进行物品跟踪、控制、制订配送途中意外状况及送货后文件的处理办法。

在进行送货服务时，必须注意以下几点：确保在指定的时间内交货；完好无缺地把物品送到客户手中；以最佳的态度对待客户，从而维护配送中心的形象；为让客户方便，必须按客户要求送货；对客户点的送货计划，应具有一定的弹性，如紧急送货、信息传递、顺道退货、辅助资源回收等；对客户收费低廉，让客户感到实惠。

11.3.2 配送作业的特殊流程

配送中心的特殊业务流程是配送中心的物品分配体系依其承担职能的不同而形成的。它是指某一类配送中心（即个别配送中心）进行配送作业时所经过的特殊程序（或过程），其中包括转运型、加工型和分货型三种不同的特殊作业流程。

1. 转运型配送中心的作业流程　转运型配送中心主要从事配货和送货活动，本身无储存物品的仓库，而是利用设立在其他地方的“公共仓库”来补充物品。为了保证配货、送货工作的顺利开展，有时配送中心也暂存一部分物品，但一般都把这部分物品存放在理货区，不单独设置储货区。实际上在这类配送中心内部，物品暂存和配货作业是同时进行的。例如，配送生鲜食品的配送中心都按照这种程序开展业务活动。转运型配送中心的作业流程，如图 11-13 所示。

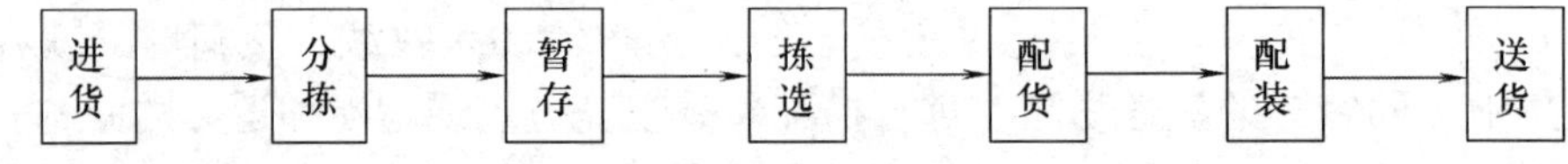

图 11-13　转运型配送中心的作业流程

2. 加工型配送中心的作业流程　加工型配送中心以流通加工为主，因此，在其配送作业流程中，储存作业和加工作业居主导地位。由于流通加工多为单品种、大批量产品的加工作业，因此，虽然进货量比较大，但加工的产品种类较少，一般都不单独设立拣选、配货等环节，而是将加工好的物品；特别是生产资料，直接运到客户划定的货位区内。加工型配送中心的作业流程，如图 11-14 所示。

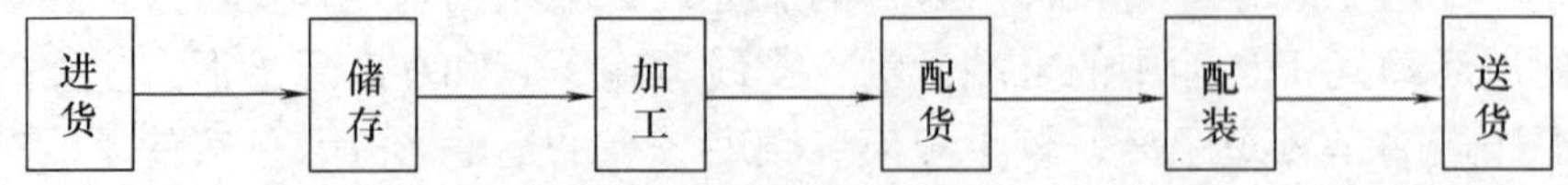

图 11-14　加工型配送中心的作业流程

3. 分货型配送中心的作业流程　分货型配送中心是以中转物品为其主要职能的配送机构。在一般情况下，将批量大、品种单一的物品进货转换成小批量发货（如不需要加工的煤炭、水泥等物资），流程比较简单，无需拣货、配货、配装等作业程序，其作业流程如图 11-15 所示。

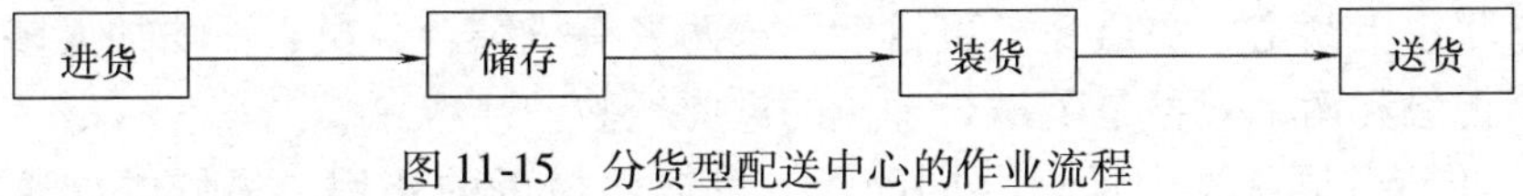

图 11-15　分货型配送中心的作业流程

11.4　配送作业的合理化

11.4.1　物流配送合理化的标志

对于配送合理化与否的判断，是配送决策系统的重要内容，目前国内外尚无一定的技术经济指标体系和判断方法，按一般认识，以下若干标志是应当纳入的：

1. 库存标志　库存是判断配送合理与否的重要标志。具体指标包括库存总量和库存周转两方面。

2. 资金标志　具体判断标志取决于资金总量、资金周转和资金投向的改变。

3. 成本和效益　总效益、宏观效益、微观效益、资源筹措成本都是判断配送合理化的重要标志。

4. 供应保证标志　供应保证能力可以从缺货次数、配送企业集中库存量、即时配送的能力及速度方面判断。

5. 社会运力节约标志　可以简化判断为社会车辆总数减少，而承运量增加为合理、社会车辆空驶减少为合理、一家一户自提自运减少，社会化运输增加为合理。

6. 客户企业仓库、供应、进货人力物力节约标志　配送作业实施后，各客户企业库存量、仓库面积、仓库管理人员以及用于配送作业的人员均应减少，以解决客户的后顾之忧。

7. 物流合理化标志　配送必须有利于物流合理可以从是否降低了物流费用、是否减少了物流损失、是否加快了物流运转速度、是否发挥了各种物流方式的最优效果、是否有效衔接了干线运输和末端运输、是否不增加实际的物流中转次数、是否采用了先进的技术手段几方面判断。

物流合理化的问题是配送要解决的大问题，也是衡量配送本身是否合理的重要标志。

11.4.2　配送合理化的方式

1. 推行一定综合程度的专业化配送　通过采用专业设备、设施及操作程序，取得较好的配送效果并降低配送过分综合化的复杂程度及难度，从而追求配送合理化。

2. 推行加工配送　通过加工和配送结合，充分利用本来应有的这次中转，而不增加新的中转求得配送合理化。同时，加工借助于配送，加工目的更明确，和客户联系更紧密，更避免了盲目性。这两者有机结合，投入不增加太多却可追求两个优势和两个效益是配送合理化的重要经验。

3. 推行共同配送　通过共同配送，可以以最近的路程、最低的配送成本完成配送，从而追求合理化。

4. 实行送取结合　配送企业与客户建立稳定、密切的协作关系。配送企业不仅成了客户的供应代理人，而且承担客户储存据点，甚至成为物品代销人，在配送时，将客户所需的物品送到，再将该客户生产的物品用同一车运回，这种物品也成了配送中心的配送物品之一，或者作为代存代储，免去了生产企业库存包袱。这种送取结合，使运力充分利用，也使配送企业功能有更大的发挥，从而追求合理化。

5. 推行准时配送系统　准时配送是配送合理化的重要内容。配送做到了准时，客户才有资源把握，可以放心地实施低库存或零库存，可以有效地安排接货的人力、物力，以追求最高效率的工作。另外，保证供应能力也取决于准时供应。从国外的经验看，准时供应配送系统是现在许多配送企业追求配送合理化的重要手段。

6. 推行即时配送　即时配送是最终解决客户担心的断供之忧，大幅度提高供应保证能力的重要手段。即时配送是配送企业快速反应能力的具体化，是配送企业能力的体现。即时配送成本较高，但它是整个配送合理化的重要保证手段。此外，客户实行零库存，即时配送也是重要保证手段。

11.4.3　优化物流配送系统的做法

1. 全面掌握客户的需求情况　对本配送区域的客户进行细致周密的调查研究，了解和掌握各个客户企业销售、加工、设备维修和基本建设等情况，以及所需原材料、燃料、辅助材料和各种配件的品种、规格、型号、数量、接受价格和供应周期等情况，并进行科学的预测。在此基础上，建立配送档案，深入客户，随时掌握客户需要，迅速传递信息，保证按需组织配送。只有全面、准确地掌握了客户的需要情况，配送才有明确的目标和方向。

2. 建立稳定的资源基地和客户需求　有没有稳定的资源基地，是配送能否持续稳定发展的关键。客户的需求是否稳定也是配送效率能否提高的重要因素。客户需求稳定，有利于配送计划的制订和配送作业的管理，可以提高配送效率，还可以降低配送成本。与客户建立稳定的供需关系，可以通过多种渠道，如签订长期配送协议，建立合作伙伴关系等。

3. 加强配送的计划管理　生产和销售的连续性和计划性，决定了配送要有很强的计划性。从配送业务本身来看，它也是一项需要多方面密切协调配合的工作，组织资源、配货、储运、送货上门等一系列活动，都要有严密的计划。要在掌握客户需求的基础上，制订发展配送的总目标和分阶段目标，以及实施步骤和措施，做到有计划分期地订货和采购，确定合理的库存储备。

4. 调整建立与配送相适应的组织结构　一定的组织结构是发展配送的组织保证。在企业自营配送的情况下，应设立独立的配送管理和执行部门，并应与其他部门如销售、市场等处于相同级别，配送管理机构的设置应与配送的重要性相匹配。在专业的物流企业或配送企业中，对配送业务的管理也应有与之相适应的部门，并将配送业务的管理与其他物流业务的管理分开进行。

5. 科学地组织好配送　配送作业具有很强的科学性，如配送半径的确定，有一个经济合理的范围，需要根据配送运输和整车运输的成本进行分析。在保证客户需求及时齐备地组织配送的前提下，按商品流通合理化的要求，科学地确定配送路线和批量，在客户比较集中的地区做到定线送货，有利于降低配送成本。

6. 争取各方面的协作和支持　配送是一项系统工程，涉及资源单位、客户和运输等有关部门和单位，只有得到各方面的支持，才能做好这项工作。配送企业或部门要协调好各方面的关系，争取他们的协作，共同搞好配送活动。为使配送正常运行和发展，有关管理部门还要研究和制订保证配送的政策、法规、管理措施和办法，使配送的具体做法，如价格、结算办法和利益分配等逐步规范化。

案例分析 11

苏宁电器1990年创立于江苏南京，是中国3C（家电、计算机、通信）家电连锁零售企业的领先者，是国家商务部重点培育的“全国15家大型商业企业集团”之一。

物流是苏宁电器的核心竞争力之一。苏宁电器建立了区域配送中心、城市配送中心、转配点三级物流网络，依托Web地图服务（Web Map Server，WMS）和运输管理系统（Transportation Management System，TMS）等先进信息系统，实现了长途配送、短途调拨与零售配送到户一体化运作，平均配送半径80～300km日最大配送能力17万台套，实现24小时送货到户。

苏宁电器相继在杭州、北京、南京等地开发建设了现代化物流基地，上海、天津、沈阳、成都、长春、无锡、合肥、徐州等地物流基地建设也全面铺开。预计到2015年，将完成全国60个物流基地的布局。通过专业化、机械化、信息化的运作，苏宁电器物流基地可支持50～200亿元的年商品销售规模，零售配送半径最大可达150km。

到2020年，苏宁电器连锁店总数将达3000家，销售规模达3 500亿，同时完成60个物流基地的建设，进入世界一流企业的行列。

资料来源：http://wenwen. soso. com

思考题：高效的物流配送体系给苏宁电器带来了哪些生机？

思考与练习

1. 编制配送计划的主要依据是什么？

2. 确定配送路线的方法常见的有哪几种？

3. 已知配送中心（P_0）向5个客户（P_1-P_5）配送货物，其配送路线网络、配送中心与客户的距离以及客户之间的距离如图11-16所示，图中括号内的数字表示客户的需求量（单位：t)，线路上的数字表示两节点之间的距离（单位：km)，配送中心有3台2t货车和2台4t货车可供使用。

（1）采用节约里程法制订最优的配送方案。

（2）设客车行驶的速度平均为40km/h，比较优化后的方案比单独向客户分送方案可节约多少时间？

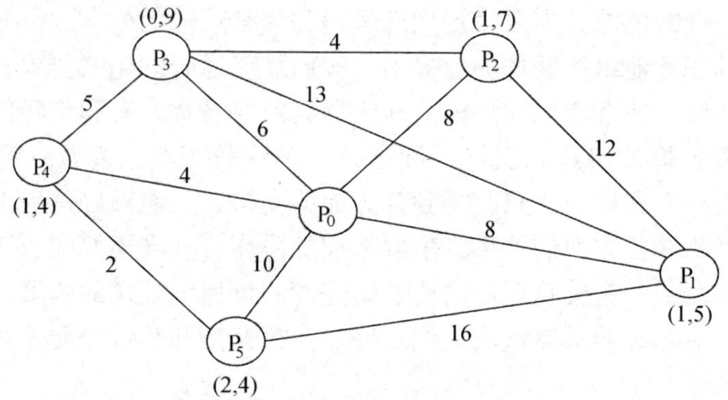

图11-16　配送网络图

第 12 章　电子商务与物流配送

【本章学习目标】

了解电子商务的基本特征，现代物流特点，掌握电子商务物流配送的特点及要求，掌握电子商务物流配送的模式。能够合理选择电子商务物流配送模式。

12.1　电子商务与物流配送的特点与作用

12.1.1　电子商务与物流配送

最近几年，越来越多的物品加入了电子商务的行列。现实中的杂货店、大卖场、专卖店、跳蚤市场，已经在网络上找到了对应，就连高级化妆品和奢侈品也包括在内。网上买卖钻戒，乍一听够刺激，不少人曾经对网上珠宝店会有市场表示怀疑，但网络珠宝店却十分“吃香”。随着电子商务的快速发展，其领域也逐渐向高端产业延伸，有网友甚至说，或许就在不久的将来，连在网上看房、在线支付房款也会变成现实。

电子商务的迅速发展，对我国传统的物流运输企业提出了更高，更迫切的要求。从传统的运输仓储企业转型为现代物流企业正是势在必行。

一个完整的电子商务活动，必须通过信息流、商流，货币流、物流四个流动过程有机构成。现在看来，商流、信息流、货币流可以有效地通过互联网络来实现，在网上可以轻而易举完成物品所有权的转移。但是这毕竟是“虚拟”的经济过程，最终的资源配置，还需要通过物品实体的转移来实现，也就是说，尽管网上可以解决物品流通的大部分问题，但是却无法解决物品的实际流通和配送。

1. 电子商务概述　电子商务通常是指是在全球各地广泛的商业贸易活动中，在互联网开放的网络环境下，基于浏览器/服务器应用方式，买卖双方不谋面地进行各种商贸活动，实现消费者的网上购物、商户之间的网上交易和在线电子支付以及各种商务活动、交易活动、金融活动和相关的综合服务活动的一种新型的商业运营模式。

（1）电子商务定义　电子商务是以计算机网络为基础，以电子化方式为手段，以商务活动为主体，在法律许可范围内所进行的商务活动过程。

（2）电子商务的基本特征　以互联网为基础的网络环境，演义跨国界的实际市场环境；以计算机网站为基本单元，虚拟实际市场的商店、银行、税局等市场基本单元；实际的商务事物处理信息化，信息处理电子化，即实际的商务事物处理（包括订货、销售、支付、认证等）都变成了网络上的信息处理。

2. 物流配送概述　物流配送是共同化的服务模式，物流配送共同化包括物流资源利用共同化、物流设施与设备利用共同化以及物流管理共同化等。

3. 电子商务物流配送问题分析　电子商务作为一个高速发展的行业同样存在瓶颈问题即“物流瓶颈”。电子商务的物流瓶颈在我国现在的主要表现是在网上实现商流活动之后，没有一个有效的社会物流配送系统对实物的转移提供低成本的、适时的、适量的转移服务。配送的成本过高、速度过慢是偶尔涉足电子商务的买方最为不满的问题。依靠互联网可以解决商流及其相关问题，但是却无法解决物流的主要问题。在这种情况下，未来的流通时间和流通成本，绝大部分被物流所占有。因此，物流对未来的经济发展会起到非常大的决定和制约作用。和电子商务的发展相比，即便是发达国家的物流，其发展速度也难以和电子商务的发展速度并驾齐驱。在我国，物流更是处于经济领域的落后部分，先进的电子商务和落后的物流形成了非常鲜明的对比。网络经济、电子商务的迅猛发展势头，会加剧物流瓶颈的作用。所以，在关注电子商务的同时，要以更大的精力建设基础物流平台系统和与电子商务配套的配送服务系统，逐渐改善我国的物流平台，建立现代化的物流产业。

12.1.2　电子商务物流配送的要求

近几年来，互联网技术迅猛的发展态势终于将电子商务浮出了水面。电子商务一经出现，便对传统商业模式带来了划时代的变革，引起了企业各界对其高度关注。所有大大小小的公司，都在以创记录的速度制订自己的网络计划，注册自己的网址，建立自己的商务系统。与此同时，物流业——这一新兴领域，被称之为第三利润的源泉，开始在我国如火如荼地初步发展起来，物流公司如雨后春笋般纷纷建立。毋庸讳言，电子商务与物流是一对天生的搭档，应该说，电子商务是未来几年发展的必然，电子商务离不开物流的发展，它需要物流体系强有力的支持，同时电子商务又给物流的发展提供了难得的发展机遇，并为其指明了发展方向，对于刚刚开展初级物流服务的物流企业来说，如何尽快将自身融入电子商务的发展，在未来几年迅速强大起来，是当前所需迫切思考和要解决的首要问题。

当前，电子商务发展中遇到的最大障碍就是金融与物流配送，就金融而言，如何安全可靠地在网上实行资金支付，进行网上信用证、支票、现金清算、转账结算、资金划拨、存贷等业务是人们所担心的焦点，它是电子商务能否成败的关键。

电子商务模式下，要想快速、低廉地将产品交付，除非供需双方距离很近，否则是很难做到的，解决这个问题的办法是建立一整套能够进行集成化、规模化的运输配送体系来完成。这种配送体系从宏观上应分广域网、层域网、子域网，广域网覆盖层域网，层域网覆盖子域网，网网相盖。各网的节点分别是物流基地、物流中心和配送中心。

建立这样的配送体系后，就能很好地满足客户需求了。当客户从网上购买某件物品时，由于各配送中心都是联网的，相当于连锁店形式，生产商就从距离客户最近的配送中心为其送货。因距离较短，客户就会快速、低廉地得到所需物品。

12.1.3 电子商务物流配送的特点

（1）物流配送服务系列化　电子商务下，新型物流配服务功能除了传统的储存、运输、包装、流通加工等服务外，还在外延上扩展至市场调查与预测、采购及订单处理、向下延伸至物流配送咨询、物流配送方案的选择与规划、库存控制策略建议、货款回收与结算、教育培训等增值服务。

（2）物流配送反应速度快　电子商务下，新型物流配送服务的反应速度越来越快，前置时间越来越短，配送时间越来越短，物流配送速度越来越快，物品周转次数越来越多，物流配送功能越来越集成化。

（3）物流配送目标系统化　新型物流配送从系统角度统筹规划一个公司整体的物流配送活动，不求单个活动的最优化，但求整体活动的最优化。

（4）物流配送作业规范化　电子商务下的新型物流配送强调功能作业流程、作业、运作的标准化和程序化，使复杂的作业变成简单的易于推广与考核的运作。

（5）物流配送手段现代化　电子商务下的新型物流配送使用先进的技术、设备与管理为销售提供服务，生产、流通、销售规模越大、范围越广，物流配送技术、设备及管理越现代化。

（6）物流配送组织网络化　新型物流配送有完善、健全的物流配送网络体系，网络上点与点之间的物流配送活动保持系统性、一致性，这样可以保证整个物流配送网络有最优的库存总水平及库存分布，运输与配送快捷、机动。

（7）物流配送经营市场化　新型物流配送的具体经营采用市场机制，无论是企业自己组织物流配送，还是委托社会化物流配送企业承担物流配送任务，都以“服务—成本”的最佳配合为目标。

12.1.4 电子商务物流配送作用

电子商务 = 网上信息传递 + 网上交易 + 网上结算 + 物流配送，这个公式体现了完善的商务活动由信息流、商流、资金流和物流四个流动过程构成，通过互联网可以轻松地实现信息流、商流和资金流，完成信息传送或者商品所有权的转移，但是电子商务的最重要一环是实现实物的转移，这还必须依赖于物流。物流与其他商务活动的脱节，将会制约电子商务的有效运作，阻碍企业向客户提供最满意的服务，使客户丧失对企业的信任，最终选择较为传统与保守的商务模式。

因此，物流配送的成功与否，直接关系到电子商务的成败，是电子商务的一个重要衡量指标。

合理地构建适应电子商务发展的物流配送系统，实现物流配送体系的社会化和产业化，是实现电子商务快速发展的必要条件。物流配送的社会化和产业化是指流通代理制与配送制相结合，通过合理化布局的社会物流网将分散的物流集中起来，形成产业，实现物流的规模效益和企业零库存生产。

12.2 电子商务配送模式及其选择

12.2.1 电子商务对传统物流配送的冲击和影响

1. 对传统的物流配送观念的冲击　传统的物流配送企业需要置备大面积的仓库，而电子商务系统网络化的虚拟企业将散置在各地的分属不同所有者的仓库通过网络系统连接起来，使之成为“虚拟仓库”，进行统一管理和调配使用，服务半径和货物集散空间都放大了。相应的物流观念也必须是全新的。

2. 网络对物流配送的实施控制　一个先进系统的使用，会给一个企业带来全新的管理方法。传统的物流配送过程是由多个业务流程组成的，受人为因素影响和时间影响很大。网络的应用可以实现整个过程的实时监控和实时决策。新型的物流配送的业务流程都由网络系统连接。当系统的任何一个神经末端收到一个需求信息的时候，该系统都可以在极短的时间内作出反应，并可以拟定详细的配送计划，通知各环节开始工作。这一切工作都是由计算机根据人们事先设计好的程序自动完成的。

3. 物流配送持续时间的缩短　在传统的物流配送管理中，由于受信息交流的限制，完成一个配送过程的时间比较长，但这个时间随着网络系统的介入会变得越来越短，任何一个有关配送的信息和资源都会通过网络管理在几秒钟内传到有关环节。

4. 网络系统的介入，简化了物流配送过程　传统物流配送整个环节极为繁琐，在网络化的新型物流配送中心里可以大大缩短这一过程。在传统的物流配送企业中，大量的人力从事简单而复杂的劳动，人成了机器、数字和报表的奴隶，劳动的辛苦是普遍存在的。在网络化管理的新型物流配送企业，这些机械的工作都会交给计算机和网络，而留给人们的是能够给人以激励、挑战的工作。人类的自我实现的需求得到了满足。

12.2.2 电子商务配送模式

1. 建立呼叫中心　对那些销售或者客户服务情况都很复杂，或者拥有足够业务量来承担高额固定成本的企业而言，自建呼叫中心是很理想的选择。它的优点在于能够控制流程、质量和客户关系；能够获取服务和流程的高度柔性；能够采用最佳的技术，从而获取更低的成本和可能的最低运作成本。

2. B2C 电子配送方案提供商

（1）邮政服务　国家邮政公司都有着密度很大的投递网络，在 B2C 送货中占有明显的优势。

（2）第三方物流和服务提供商　第三方物流和服务提供商依赖其在运输和分销中拥有的专业技术，正主宰着新的电子配送世界。

（3）全球包裹运送商　全球包裹运送商通过网络，投入巨额资金来集成他们提供给客户的服务。

（4）电子配送专家　电子配送专家有两种提供商。一种将精力集中在基于资产的服务上，另一种则将精力集中在信息的互动上。

电子商务配送模式虽然有上面几种，但从大的方面讲，可以分为两种，即自营模式和外包模式。无论企业采用哪种方式，都应该趋利避害，尽可能地充分利用其优势，尽量避免其对企业的危害。两种模式的优劣主要体现在以下几个方面：

（1）自营电子商务配送模式　自营模式是指企业自己拥有并管理经营企业的电子商务配送系统和配送设施设备。这种模式的优点是：可以便企业的原有的物流配送设施设备得到尽可能的利用，减少资源的闲置和浪费；在企业富余人员较多的情况下，由企业自己来经营和管理电子商务配送系统和配送设施设备，可以解决企业部分人员的就业压力；便于企业对整个电子商务配送系统的控制，使之更好地为企业的物品制造和市场营销服务。

自营电子商务配送模式的不足主要表现在：自营模式投资巨大，周转期长，企业的投资经营风险大；分散企业的人力、物力、财力，不利于企业的专业化经营，不利于企业把有限的资源用在优势产业上，充分发挥其核心竞争力；当企业的业务量较大时，企业的物流配送成本可能还可以承受，当业务量较小时，物流配送成本就会增加，不利于企业的规模化经营的需要；当企业物品结构或服务区域范围需要调整时，就会出现原有的物流配送设施、设备等较难适应新的业务需要。

（2）外包电子商务配送模式　外包电子商务配送模式就是把企业的物流配送业务，通过外包方式承包给第三方物流配送企业来完成。这种将电子商务配送外包模式的优点体现在：符合社会专业化分工协作的要求，有利于规模化经营，可以提高物流配送效率，降低物流配送成本；可以把企业的各种资源用在有竞争优势的地方，增强企业的核心竞争力；方便企业的业务调整，当企业的物品结构或经营空间需要调整时，可以同其他物流配送企业再签订物流配送服务的协议；可以减少企业投资物流配送系统的投资风险。

企业采用外包电子商务配送系统的缺点表现在：不利于本企业对物流配送渠

道的控制，有时会使企业受制于人。当企业的业务量很大时，物流配送业务外包，反而不利于企业降低物流配送成本。因为自营物流配送业务时固定成本大，变动成本小，若物流配送业务外包，则所有成本都是变动成本，当企业业务量很大时。外包配送业务的物流配送成本会超过成本平衡点时的成本。所以，企业是采用电子商务物流配送业务自营模式还是外包模式主要应考虑企业业务量的大小。

12.2.3 现代电子商务中对物流配送方式的选择

传统物流配送与电子商务的结合使得物流配送的效率大大提高，电子商务的物流配送被配送双方所广泛认可和接受。电子商务物流配送之所以成为发展的主流，主要原因在于这种配送模式能够使配送企业快捷、高效、低成本地为客户提供个性化的配送服务。然而，这种快捷、高效、低成本、个性化，并非电子商务物流配送的固有特点，事实上，它还依赖于合适的配送方式的选择。

企业选择什么样的电子商务物流配送方式不仅仅取决于企业本身的物流配送能力，这一选择过程实质上是多种因素考量的结果。电子商务物流配送方式的选择应当主要基于如下几个方面的考量：企业的配送能力是否能够满足配送业务需求，这是选择电子商务物流配送模式首先应当考虑的因素，企业的核心业务是什么，物流配送在企业中处于什么样的地位，物流配送对企业的生产经营有何影响，这些问题也应当成为电子商务物流配送模式选择的依据。

12.2.4 我国电子商务配送模式

我国从事电子商务的公司为解决物流配送的问题，主要采取以下方式：

1. 建立自己的配送渠道和设施，依靠自己的能力搞配送　这是具有雄厚实力的电子商务公司常所采取的物流策略。

2. 委托专业物流配送　机构完成物品配送；这种方式比较适合我国国情，可进一步向独立第三方物流发展，但应解决好目前矛盾比较集中的物品配送价格等问题。

3. 与百货商店、连锁店、邮政快递等原有配送网络搞联合、协作　共同完成物流配送。这种方式将电子商务配送与传统物流配送一体化，有利于集中使用物流资源，优化物流配送网络，应提倡和鼓励。此种方式可进一步向供应链管理发展，但应解决传统企业信息化程度低、配送渠道和设施不完善等问题。

4. 自营与外包相结合的配送模式　这类电子商务公司一般来说拥有一部分物流资源，但是不能满足商务扩展的需要。由于建立自己的配送体系投资太大，资金不足；对市场估计不足而害怕承担太大的风险；配送体系建设周期太长，不能满足自己的盈利期望等，是导致采取此配送模式的主要原因。

5. 共同配送模式　共同配送模式是指在同一地区，多个企业为了追求配送合理化，在物流运动中相互配合、联合运动，共同制订配送计划、共同进行理货、共同使用配送车辆送货的一种形式。电子商务公司采用此种配送模式可以以最近的路程，最低的配送成本完成配送任务。

6. 综合物流代理模式　综合物流代理是第三方物流的模式之一，即由一家在物流综合管理经验、人才、技术、理念上均有一定优势的企业，对电子商务交易中供求双方的所有物流活动进行全权代理的业务活动。该代理系统是利用计算机和网络通信技术在互联网上建立了一个多对多的虚拟市场，根据物流一体化的原则，有效地对供应链上下游企业进行管理。

12.3　电子商务配送系统

电子商务的出现方便了消费者。消费者可以坐在家中轻松地在网上搜索、查看、挑选、下订单，完成购物过程。物流配送是电子商务中商品和服务的最终体现，是实现电子商务的根本保证。随着电子商务的推广与应用，物流配送对电子商务的影响日益明显，已成为电子商务企业的生命线。

物流配送信息系统是解决物流配送系统畅通的关键所在，是电子商务的重要组成部分。物流配送信息系统主要包括订单服务系统、配送系统、退货管理系统、客户满意度调查和投诉反馈系统及物流数据管理与分析系统。

12.3.1　物流配送系统设计原则

在电子商务条件下，企业的配送系统在设计过程中遵循以下几条原则：

1. 功能完整性原则　系统要根据企业物流配送的实际需要，尽可能全面、完整地制订出相应的管理规范。

2. 系统可靠性原则　也就是说系统在正常情况下可靠运行，实际是要求企业物流配送系统具有准确性和稳定性。

3. 物流配送系统具备灵活性原则　系统在软、硬件环境发生故障的情况下仍能部分使用和运行。

4. 实用性原则　企业配送部门每天要处理的账单繁多，数据量大，输入输出必须操作方便、易于掌握，尽可能采用代码输入，将汉字输入量减少到最低程度，做到快速、可靠。

12.3.2　物流配送系统构建中的问题

1. 以订单流为核心的处理系统，能够保持订单的畅通无阻和实时更新　通过使用电子商务平台，配送中心能够使客户、供应商分享业务信息　为了更好地发挥配送系统的作用，应继续将订单系统完善，我们可以用定单跟踪系统，使整个业务流程能实时、在线地被了解、查询和反馈，提高顾满意度。

2. 企业物流配送中心是一个可视化的仓库管理平台（包含入库管理、出库管理以及仓储管理）　可以按照仓库管理模式对所管理的信息仓库货物采取数据库的方式进行存储和操作管理。此时，可视化界面是方便配送中心的操作所必须的。

3. 最短路径问题　路径优化的算法有很多种，如迪克斯特拉算法（Dijkstra）弗洛伊得 Floyd 算法等。可按照目前公认解决此类问题最经典的 Dijkstra 算法来解决此类问题。

4. 配送跟踪和在途车的调度　配送跟踪实质就是一个全球定位系统的监控模块。对在途车辆进行的各种调度的需求是设计系统时要考虑的一个重要问题。

5. 数据库结构　数据库设计的好坏直接影响到系统的复杂度、安全性、可靠性等性能。数据库设计时应做到以下几点：系统中数据表格的设计要简单明了，一个表描述一个实体或实体间的一种联系，避免设计大而杂的表格；避免在表格之间出现重复字段；用外部关键字保证关联表格之间的联系。

12.3.3　关于物流配送系统运行

1. 配送费用问题　企业构建电子商务平台的物流配送系统需要良好的硬件设施做后盾，比如网络设备、通信设施以及高效率的配送车辆等。建立这样一个新型的物流配送系统需要企业的大量投资，即便是大型家电企业也要权衡再三。

2. 配送管理问题　传统企业物流配送在管理方面缺乏严格的规章制度，存在着诸多问题，如送货时间长、送货不准时、送货时间不稳定、缺货造成货物无法配送、岗位责任划分不清等。企业从事电子商务物流配送的确存在着很多问题，这些问题在电子商务出现之前似乎还是不那么明显，但是，随着电子商务的迅猛发展，这些问题全部暴露出来，最终降低企业配送系统的工作效率。

3. 新技术的运用问题　将电子商务技术应用到传统企业物流配送系统中，改变了传统配送理念和配送模式。在世界信息化高度发展的今天，在物流配送管理中必然要用到越来越多的现代物流技术，如全球卫星定位（GPS）、地理信息系统（GIS）、射频识别技术（RFID）和计算机仿真技术等。借助新技术进行电子商务物流配送系统网络的优化也是要考虑的一个重要问题。

12.3.4　电子商务配送信息系统

电子商务和物流是信息技术飞速发展的结果，特别是近几年，电子商务好像雨后春笋般地快速发展。一方面，电子商务的普及在一定程度上推动了网络和信息技术的普及和应用，方便了人们的生活；另一方面，电子商务的普及也对现代物流配送提出了更高的要求。在此背景下，电子商务配送信息系统应运而生，此系统主要包括以下几个功能系统：

1. 订单服务系统　当用户通过网络下订单后，订单服务系统迅速查询库存清单、查看缺货状况，这些信息必须实时地反馈给客户（前述案例中的网站正是缺少这方面的考虑，给客户带来不便）。同时调用客户管理系统查询该客户的相关信息。确认订单后，订单服务系统将客户订单发送到离客户最近的仓储中心。在整个过程中，订单服务系统需要同客户管理系统、仓储管理系统密切地协同工作。

2. 配送系统　当客户订单中的物品都备齐后，进行统一包装，进入配送系统。配送系统包括处理运输需求，设计运输路线、调度运力资源、运输的实施等。这个过程还包括通过网络系统对物品运输状态进行跟踪的服务，应急调整和安排运输任务等。

3. 退货管理系统　退货管理即对客户退货进行处理。客户因某种原因退货，企业应制订相应的退货处理政策。退货可集中由配送企业送回原仓储地点，由专人清理、登记、查明原因，如系产品质量问题应及时通知订货系统停止订货，并通知网站管理部门将网页上有关货物的信息及时删除。如退货还可继续使用，可进入库存。

4. 客户满意度调查和投诉反馈系统　客户服务质量是销售企业保留老客户、吸引新客户的重要因素。客户满意度调查一般包括客户请求的响应速度、客户请求的满足时间和客户请求的满足质量等。

5. 物流数据管理与分析系统　物流数据管理与分析是对物流配送整个过程中所产生的数据进行分析和挖掘，产生一些深度报告，作为电子商务企业选择专业物流配送企业的依据，也可以帮助电子商务企业及时调整市场推广策略和对客户的承诺，同时还可以帮助电子商务企业做出市场销售预测。

良好的物流配送系统在降低电子商务成本、优化库存、提高电子商务企业经济和社会效益方面具有重要意义。

案例分析 12

“宅急送”与首信公司合作建设电子商务物流配送系统

为适应信息化时代电子商务对物流企业的需求，有效地突破第三方现代物流配送这一瓶颈，“宅急送”公司与首信公司日前签署合作建设基于互联网上的物流配送系统协议，该系统将成为国内领先的电子商务物流配送体系，并自即日起进入应用阶段。

作为国内大型的专业物流配送公司，“宅急送”具有专业的物流技能经验和信息化网络化发展的战略眼光。它在国内建有 19 家分公司，30 余家分支机构，业务范围覆盖全国。但庞大的业务需要先进的信息技术、网络技术的介入和支持。为此“宅急送”加大企业信息化建设力度，早在 1996 年即自主开发了当时处于国内领先地位的企业内部管理信息系统（Management Information System，MIS），目前又在全面导入 ERP/LRP 系统。此次率先开通投入使用的“宅急送网上速递配送系统”（www. zjs. com. cn）就是“宅急送”全面实现企业信息化的重要组成部分。它不仅为“宅急送”的广大客户增加了网上业务委托和货物查询服务功能，同时它作为首都电子商城的配套设施也为入住商城的 3 500 多家商户和广大消费者提供了便捷的物流配送服务。

由首都信息发展股份有限公司建设和运营的首都电子商城（www. beijing. com. cn），是一个综合性多功能的电子商务平台，是提供多样化的第三代电子商务支撑平台。首信公司建设有全国最强大的在线支付平台，同时为企业和个人提供专业的CA认证体系。

“宅急送”网上速递配送系统开通后，客户可通过“宅急送”的网络平台在网上实现业务委托、货物查询和网上支付等基本功能。客户只需轻点鼠标，选择所中意的配送方式，即可在家中坐享上门服务。

与此同时，“宅急送”率先在同行业中采用GPS全球卫星定位技术，对公司货运车辆实行全国范围内全程监控。客户经“宅急送”公司授权可在自己的办公室上网监控运送自己货物车辆的具体位置。此举使我国快运业在全国范围内建立快件监控、调度系统，从而提高服务水准，在激烈的市场竞争中处于不败之地提供了强有力的保障。

资料来源：新浪财经网。

思考题：“宅急送”与首信公司合作建设电子商务物流配送系统为“宅急送”带来的好处是什么？

思考与练习

1. 电子商务对物流配送的要求是什么？
2. 电子商务物流配送的特点是什么？
3. 电子商务配送模式有哪些？
4. 如何选择电子商务下的配送方式？

参 考 文 献

[1] 张念，刘俐. 仓储与配送管理[M]. 大连：东北财经大学出版社，2006.
[2] 郑彬. 仓储作业实务[M]. 北京：高等教育出版社，2005.
[3] 施国洪，钱芝网. 仓储管理实务[M]. 北京：中国时代经济出版社，2007.
[4] 纪寿文，李克强，缭立新，等. 仓储与配送管理[M]. 深圳：海天出版社，2004.
[5] 刘彦平. 仓储和配送管理[M]. 北京：电子工业出版社，2006.
[6] 刘莉. 仓储管理实务[M]. 北京：中国物资出版社，2006.
[7] 郭元萍. 仓储管理与实务[M]. 北京：中国轻工业出版社，2005.
[8] 周云霞，杨思东. 仓储管理实务[M]. 北京：电子工业出版社，2007.
[9] 薛威，王晓阔. 物流仓储管理实务[M]. 北京：高等教育出版社，2006.
[10] 花永剑，许迅安. 仓储管理实务[M]. 杭州：浙江大学出版社，2008.
[11] 田源. 仓储管理[M]. 北京：机械工业出版社，2005.
[12] 熊正平，黄君麟. 库存管理[M]. 北京：机械工业出版社，2007.
[13] 别文群，李江立. 物流信息管理系统[M]. 广州：华南理工大学出版社，2005.
[14] 王世文. 物流管理信息系统[M]. 北京：电子工业出版社，2006.
[15] 范新辉. 物流信息系统应用[M]. 北京：机械工业出版社，2006.
[16] 张秀生. 物流信息技术[M]. 北京：科学出版社，2007.
[17] 郑克俊. 仓储与配送管理[M]. 2版. 北京：科学出版社，2005.
[18] 秦龙有. 仓储与配送管理[M]. 北京：机械工业出版社，2005.
[19] 王淑荣. 配送作业实务[M]. 北京：科学出版社，2007.
[20] 李永生，郑文岭. 仓储与配送管理[M]. 2版. 北京：机械工业出版社，2007.
[21] 张健雄. 助理物流师[M]. 北京：中国劳动社会保障出版社，2005.
[22] 谢声，詹荣富，吴漪芸. 现代物流配送中心运营与管理[M]. 广州：暨南大学出版社，2006.
[23] 陈修齐. 现代仓储与配送管理[M]. 北京：电子工业出版社，2008.
[24] 郑文岭，赵阳. 仓储管理[M]. 北京：机械工业出版社，2008.
[25] 黄静. 仓储管理实务[M]. 大连：大连理工大学出版社，2007.
[26] 丁立言，张铎. 物流配送[M]. 北京：清华大学出版社，2002.
[27] 江少文. 配送中心运营管理[M]. 北京：高等教育出版社，2006.
[28] 朱华. 配送中心管理与运作[M]. 北京：高等教育出版社，2003.
[29] 翟光明. 仓储与配送实务[M]. 北京：人民交通出版社，2005.
[30] 方仲民. 物流系统规划与设计[M]. 北京：机械工业出版社，2003.
[31] 蔡临宁. 物流系统规划——建模及实例分析[M]. 北京：机械工业出版社，2003.

21 世纪高职高专规划教材书目(经管、财会和文法类)

（有＊的为普通高等教育“十一五”国家级规划教材，有＊＊的为普通高等教育国家级精品教材并配有电子课件）

＊高等数学（经管类用）
经济应用数学
应用文写作
应用文写作教程
经济法
经济法实务
经济法概论
＊C 语言程序设计
计算机文化基础
文献信息检索教程画（第 2 版）
创新能力考试指导
大学生身心健康教育
职业院校学生心理健康
心理学原理与应用
法律基础
法律基础概论
税法
税法实务
行政法
＊办公自动化技术
电子商务
＊电子商务概论
计算机网络技术
＊管理学原理（第 2 版）
管理学基础
管理信息系统
管理实践指南
企业经营管理
统计学
统计学及统计实务
项目管理
金融学概论
金融学基础
宏观经济学

＊流通经济学
西方经济学
微观经济学

＊流通经济学
国际投资
国际贸易实务
国际贸易理论与实务
国际金融
国际商务
国际商务谈判
外经贸英语函电
外经贸英语信函写作
外贸英语函电与单证
商务英语函电
＊商务英语口语
商务英语口语教学指要
英语翻译
英美概况
＊推销学（第 2 版）
消费心理学
消费心理学及实务
市场营销学
现代市场营销学
市场营销实务
网络营销
公司理财项目教学案例
＊汽车营销学
汽车保险与理赔
保险学
保险实务
＊证券投资学（第 2 版）
证券交易实务
＊中国税收（第 2 版）
税收法律与案例分析

中国税制及实务处理
中国税收及策划
审计学
审计实务
公共关系原理及实务
秘书学原理及实务
档案管理学
会计基础
基础会计
＊＊基础会计学
财务管理
管理会计
财务会计
成本会计
管理会计
会计电算化
会计模拟实务
财务会计综合模拟实训教程
＊财务报表分析（第 2 版）
企业财务管理
＊广告学概论
广告文案写作

旅游学概论
中国旅游地理
饭店财务与管理
餐饮服务与管理
现代物流基础
物流技术基础
物流仓储与配送实务
物流管理
物流运输管理与实务

＊房地产开发与经营（第 2 版）